JN074215

令和**6**年度

よくわかる

税制改正と実務の 徹底対策

税理士 成田　一正　┐編著

税理士 中島　孝一　┘

税理士 飯塚　美幸　┐

税理士 市川　康明　│共著

税理士 西野道之助　┘

日本法令

まえがき

　自民・公明両党は、令和5年12月14日に令和6年度税制改正大綱を決定し、公表しました。今年もまた政治の混乱ぶりにより、ギリギリになっての公表となっています。税制改正は、表の年と裏の年があり、昨年は贈与税の改正という大きな課題がありましたので、表の年。今年は大きな改正もあまりないような年度になっています。それでも与党税制改正大綱は例年どおりのボリュームある内容となっています。

　決定された「大綱」は前日の自民党での（案）とは冒頭の記載が4行削除されています。（案）の段階では「原油価格高騰・トリガー条項について」（令和4年4月19日自由民主党・公明党・国民民主党検討チーム）を踏まえつつ、引き続き三党による協議を行う、となっていましたが、国民民主党が内閣不信任案に賛成をしたところ、この記載が削除されてしまいました。まさに「税制は政治で決まる」というものの、トリガー条項は今後どうなってしまうのでしょうか。

　今回の最大の課題は、減税論議でした。減税論議は岸田首相が政権浮揚のきっかけ（？）なのか、税収増の還元策として1人当たり計4万円の減税策を打ち出しました。一方で、自民党の宮沢洋一税制調査会会長は、所得税減税については岸田首相が唱える「税収増の還元」との立場はとらないと明言していました。結果、所得税減税を賃金の上昇が追いつくまでの「一時的な措置」とし、将来のことは避けています。

　この減税の具体的内容はかなり難しい処理となっており、与党大綱の公表と同日に内閣府は「定額減税を補足する給付」という文書を公表しています。それにしても難解な措置となっています。また、児童手当の対象を高校生まで拡充することにあわせて扶養控除の縮小が予定されています。税制の体系がますます複雑になってくるように思えます。

　与党大綱には「安いニッポン」という表現が3か所もあり、我が国のデフレが大きな問題で、「世界の物価・賃金との差が拡大した」ということを「社会の共通認識とする必要がある」とまでしています。しかし

ながら、税制の対応でどこまで「デフレ脱却・構造転換」が実現できるかです。

　与党大綱では研究開発投資や設備投資に係る負担を軽減していた従来の投資減税とは異なる発想で制度設計がされました。中小企業やスタートアップ支援にも配慮されています。賃上げ促進税制はまた改正が行われましたが、赤字法人に５年間の繰越控除を認めるなど、税理士泣かせの内容も含まれています。ストックオプション税制の改正は、今年問題となった信託型ストックオプションに対応したのではないか。その他、グローバル・ミニマム課税、戦略分野国内生産促進税制、イノベーションボックス税制と新しい課題に対応する税制が考えられています。一方、「法人税率の引上げも視野に入れた検討が必要」と、これからの方向性も打ち出しています。

　税制の基本原則のひとつは、国民が理解しやすい「簡素さ」のはずです。しかし、近年の改正では期限付きや段階的適用といった追加措置が相次ぎ、税制は複雑化の一途をたどっています。場当たり的な対応に追われ、税体系全体をどうしたらよいかという根本的な議論が置き去りになっている感があります。この点は昨年も同様のことを述べました。毎年12月のギリギリになってからの議論ではなく、根本的な議論も平行して行っていただきたいと考えます。

　本書は、与党税制改正大綱を基に税制改正のポイントを早期に明らかにするために、平成10年に初版を発刊し、それ以来毎年改定を積み重ねています。今年も平川会計パートナーズ、松木飯塚税理士法人、税理士法人おおたか３社の現メンバー及びＯＢが結集して、最新情報を収集・分析してまとめております。相互に検討・分析した内容を株式会社日本法令の編集により、読者の方々に提供させていただきます。とりわけ日本法令竹渕様のご協力には感謝申し上げます。

　本書を有効にご活用いただき、新税制への理解を深め、経済・経営環境のさらなる対応の一助になれば、一同幸甚に存じます。

　　令和６年２月

　　　　　　　　　　　　　　成田　一正　＆　執筆者一同

CONTENTS

第3編 検討事項

第1編

令和6年度税制改正のあらまし

第1章
令和6年度税制改正の基本的考え方

◆はじめに

　ここ数年、税制の後押しもあり、大企業を中心に賃金の上昇が続いていますが、世界的な物価上昇に追いつかない状況です。

　今回の税制改正では、賃上げ促進税制の強化に加えて所得税・個人住民税の定額減税により、物価上昇を上回る賃金上昇の実現を目指します。

　また、企業の攻めの投資を後押しするため、一定の戦略分野の国内投資を支援する戦略分野国内生産促進税制や、研究開発の成果である知的財産から生じる所得を優遇するイノベーションボックス税制が創設されます。

　なお、防衛費の財源となる税制措置については、昨年度に続き施行時期が未確定となっています。

　デフレ下では、良い製品を生み出しても、高く売れず、働きが評価されず、賃金も上がらず、経済も成長しない。さらにその状態が四半世紀に及んだ結果、世界の物価・賃金との差が拡大した。いわゆる「安いニッポン」である。デフレ構造に逆戻りするわけにはいかない、このことを社会の共通認識とする必要がある。30年ぶりの高水準の賃上げ、過去最大の民間投資など、日本経済は明らかに動き始めた。デフレ脱却・構造転換に向けた千載一遇のチャンスを逃さぬよう、この動きを止めることなく、より多くの方が享受できるようさらに拡げていく必要がある。

継続的に賃金が増えることで、生活に対する安心が育まれ、働けば
報われると実感できる社会、新しい挑戦の一歩を踏みだそうという
気持ちが生まれる社会、こうしたマインドが地方や中小企業にまで
浸透するような社会を築かねばならない。

　それが、この数年間で我が国が達成すべき政治課題であると我々
は考えている。

　上記の現状認識から、令和6年度税制改正では、まずは、物価上
昇を上回る賃金上昇の実現を最優先の課題とした。岸田内閣で打ち
出した新しい資本主義は、賃金上昇は、コストではなく、投資であ
り成長の原動力であると、大きく発想を転換した。その趣旨を税制
改正の中でも明確に位置付けたものである。

（以下、囲み内は与党税制改正大綱）

❶　構造的な賃上げの実現

　所得税・個人住民税の定額減税により、今後の賃金上昇と相まって、
目に見える形で可処分所得を伸ばします。賃上げ促進税制を強化して賃
上げにチャレンジする企業の裾野を広げ、さらに、中小企業の中堅企業
への成長を後押しする税制も組み合わせることで、賃金が物価を上回る
構造を実現し、国民がデフレ脱却のメリットを実感できる環境を作りま
す。

❷　生産性向上・供給力強化に向けた国内投資の促進

　世界の産業構造の変化に対応し、戦略分野の国内投資を大胆に支援す
る戦略分野国内生産促進税制を創設します。また、G7で3番目となる
イノベーションボックス税制を創設し、攻めの投資が生産性の向上や賃
金上昇につながる環境を整備し、企業のデフレマインドを払拭していき
ます。

　また、働き手に新たな活躍の場を提供し、生産性や潜在成長率を引き
上げていくため、スタートアップ・エコシステムの抜本的強化として、
ストックオプション税制の年間の権利行使価額の上限を大幅に引き上げ

るなど、ステージごとの課題解決に資するようきめ細かく対応します。

❸ 人口減少、経済のグローバル化への対応

　こどもを生み育てることを経済的理由であきらめない社会を実現するため、政府として次元の異なる少子化対策を進める中で、税制においても、子育て世帯を対象とした上乗せを行うなど、子育て支援措置を講じます。

　また、グローバル化に対応しつつ、我が国企業の国際競争力の維持及び向上に資するよう、国際課税制度の見直しに係る国際合意に沿って、企業間の公平な競争環境の整備に資するグローバル・ミニマム課税について順次法制化を進めます。

　今後とも、経済社会の構造変化を踏まえつつ、働き方への中立性の確保、世代間・世代内の公平の実現、デジタル化の活用による納税者利便の向上などの観点から、中長期的な税制の検討を進める。その際、行動変容を促す税制措置の効果分析等、EBPM（証拠に基づく政策立案：Evidence Based Policy Making)の取組みを着実に強化する。併せて、経済を立て直し、そして財政健全化に向けて取り組む中で、経済成長を阻害しない安定的な税収基盤を築いていく。

　加えて、過疎化や高齢化といった地方の課題の解決及び地方活性化に向けた基盤づくりとして、地方税の充実確保を図る。また、東京一極集中が続く中、行政サービスの地域間格差が過度に生じないよう、地方公共団体間の税収の偏在状況や財政力格差の調整状況等を踏まえつつ、税源の偏在性が小さく税収が安定的な地方税体系の構築に向けて取り組む。

第2章

各主要課題の令和6年度税制改正での取組み

❶ 構造的な賃上げの実現

(1) 所得税・個人住民税の定額減税

　令和6年の所得税・個人住民税の定額減税を実施します。具体的には、納税者（合計所得金額1,805万円超の高額所得者については対象外）及び配偶者を含めた扶養家族1人につき、令和6年分の所得税3万円、令和6年度分の個人住民税1万円の減税を行うこととします。

(2) 賃上げ促進税制の強化

　常時使用従業員数2,000人超の大企業については、継続雇用者の給与等支給額の増加に応じた控除率の上乗せについて、さらに高い賃上率の要件を創設し、従来の4％に加え、5％、さらには7％の賃上げを促していきます。

　従来の大企業のうち、常時使用従業員数2,000人以下の企業を「中堅企業」と位置付けた上で、より高い賃上げを行いやすい環境を整備します。

　中小企業においては、当期の税額から控除できなかった分を5年間にわたって繰り越すことを可能とします。

　教育訓練費を増加させた場合の上乗せ要件については、適用要件の緩和を行い、活用を促進します。併せて、厚生労働省による認定制度（「くるみん」、「えるぼし」）を活用し、控除率の上乗せ措置を講じます。

　また、「従業員への還元」や「取引先への配慮」が必要なマルチステークホルダー方針の公表が要件となる企業の範囲を、中堅企業枠の創設に伴い拡大します。消費税の免税事業者との適切な関係の構築の方針につ

いても記載が行われるよう、マルチステークホルダー方針の記載事項を明確化します。

　また、多額の内部留保を抱えながら賃上げや国内投資に消極的な企業に対する特定税額控除規定の不適用措置について、要件を強化します。

(3) 合併・事業譲渡による生産性向上を通じた中堅・中小企業の賃金引上げ

　中小企業の生産性の向上や経営基盤の強化を促し、中堅企業へと成長を後押しするため、中小企業事業再編投資損失準備金制度について、複数回のM&Aを実施する場合には、積立率を現行の70％から最大100％に拡充し、据置期間を現行の５年から10年に延長する措置を講じます。

(4) その他考慮すべき課題

　租税特別措置については、毎年度、期限が到来するものを中心に、廃止を含めてゼロベースで見直しを行います。また、存置するものについては、適切な適用期限を設定します。

❷ 生産性向上・供給力強化に向けた国内投資の促進

(1) 戦略分野国内生産促進税制の創設

　GX、DX、経済安全保障という戦略分野において、国として特段に戦略的な長期投資が不可欠となる投資を選定し、それらを対象として生産・販売量に比例して法人税額を控除する戦略分野国内生産促進税制を創設します。措置期間を通じた控除上限は、既設の建屋等を含む生産設備全体の額とするほか、各年度の控除上限として、当期の法人税額の40％（半導体については当期の法人税額の20％）との上限を設けます。企業の投資の中長期的な予見可能性を高める観点から、措置期間を計画認定から10年間とした上で、４年間（半導体は３年間）の税額控除の繰越期間を設けます。

(2) イノベーションボックス税制の創設

　国内で自ら行う研究開発の成果として生まれた知的財産から生じる所得に対して優遇するイノベーションボックス税制を創設します。

　具体的には、企業が国内で自ら研究開発を行った特許権又はAI分野のソフトウエアに係る著作権について、当該知的財産の国内への譲渡所得又は国内外からのライセンス所得に対して、所得の30％の所得控除を

認める制度を設けます。

　他方、本税制と一部目的が重複する研究開発税制については、試験研究費が減少した場合の控除率の引下げを行うことにより、投資を増加させるインセンティブをさらに強化するためのメリハリ付けを行います。

⑶　スタートアップ・エコシステムの抜本的強化

　昨年度に引き続き、スタートアップ・エコシステムの抜本的強化のための税制措置を講じます。

　「出口」について、ストックオプション税制における保管委託要件について、スタートアップ自身による管理の方法を新設します。さらに、ストックオプション税制の年間の権利行使価額の上限を、最大で現行の３倍となる年間3,600万円への引上げを実施します。

　「入口」、「事業展開」に関して、エンジェル税制については、令和５年度税制改正により措置されたスタートアップへの再投資に係る非課税措置を含め、再投資期間の延長について、令和７年度税制改正において引き続き検討します。

　オープンイノベーション促進税制は、現在のままの形で適用期限を２年延長します。

　令和５年度税制改正により創設された親法人の持分を一部残すスピンオフを適格株式分配とする制度について、認定計画の公表時期を見直すとともに、計画の認定要件の見直しを行った上、適用期限を４年延長します。

　発行者以外の第三者が継続的に保有する暗号資産については、一定の要件の下、期末時価評価課税の対象外とする見直しを行います。

⑷　税制措置の実効性を高める「メリハリ付け」

　我が国の法人税率は、これまで約40年間にわたって段階的に引き下げられ、現在の法人税率は、最高時より20％ポイント程度低い23.2％（実効税率ベースでは29.74％）となっています。

　令和６年度税制改正では、賃上げ促進税制や国内投資促進税制の強化で賃上げや投資に積極的な企業への後押しを行うこととしますが、一方で、それらに消極的な企業に対しては、一定のディスインセンティブ措置により行動変容を促す取組みも行うこととしています。

　こうしたメリハリ付けの観点とともに、財源の確保も重要です。

OECD/G20「BEPS^(注)包摂的枠組み」においてまとめられた「第2の柱」の取組みが進み、世界の法人税の引下げに係る、いわゆる「底辺への競争」（Race to the bottom）に一定の歯止めがかかるようになった中、今後、法人税率の引上げも視野に入れた検討が必要です。

（**注**）Base Erosion and Profit Shifting：税源浸食と利益移転

❸ 経済社会の構造変化を踏まえた税制の見直し

⑴ 子育て支援に関する政策税制

子育て支援を進めるため、以下の①から③について、下記❻と併せて行う子育て支援税制として、令和7年度税制改正において以下の方向性で検討し、結論を得ます。

ただし、①及び②については、令和6年限りの措置として先行的に対応します。

① 子育て世帯等に対する住宅ローン控除の拡充

子育て世帯及び若者夫婦世帯における借入限度額について、新築等の認定住宅については500万円、新築等のZEH水準省エネ住宅・省エネ基準適合住宅については1,000万円の借入限度額の上乗せ措置を講じます。

また、新築住宅の床面積要件について合計所得金額1,000万円以下の者に限り40㎡に緩和します。

② 子育て世帯等に対する住宅リフォーム税制の拡充

既存住宅のリフォームに係る特例措置について、子育て世帯及び若者夫婦世帯が行う一定の子育て対応改修工事を対象に加えます。

③ 子育て世帯に対する生命保険料控除の拡充

所得税において、生命保険料控除における新生命保険料に係る一般枠（遺族保障）について、23歳未満の扶養親族を有する場合には、現行の4万円の適用限度額に対して2万円の上乗せ措置を講ずることとします。

また、一時払生命保険については、これを控除の適用対象から除外します。

⑵ 今後の個人所得課税のあり方

① 私的年金等に関する公平な税制のあり方

個人型確定拠出年金（iDeCo）の加入可能年齢の70歳への引上げや拠

出限度額の引上げについて、具体的な案の検討を進めていきます。

② 人的控除をはじめとする各種控除の見直し

　歳出面を含めた政策全体での対応も踏まえつつ、個人所得課税における人的控除をはじめとする各種控除のあり方について検討を行います。

③ 記帳水準の向上等

　所得税の青色申告制度の見直しを含めた個人事業者の記帳水準向上等に向けた検討を行います。

(3) グローバル化を踏まえた税制の見直し

① 新たな国際課税ルールへの対応

　令和6年度税制改正において、所得合算ルール（IIR：Income Inclusion Rule）については、OECDにより発出されたガイダンスの内容や、国際的な議論の内容を踏まえた制度の明確化等の観点から、所要の見直しを行います。国内ミニマム課税（QDMTT：Qualified Domestic Minimum Top-up Tax）を含め、OECDにおいて来年以降も引き続き実施細目が議論される見込みであるもの等については、国際的な議論を踏まえ、令和7年度税制改正以降の法制化を検討します。

　外国子会社合算税制については、可能な範囲で追加的な見直しを行うとともに、令和7年度税制改正以降に見込まれるさらなる「第2の柱」の法制化を踏まえて、必要な見直しを検討します。

② 暗号資産等報告枠組み

　国内の暗号資産取引業者等に対し非居住者の暗号資産に係る取引情報等を税務当局に報告することを義務付ける制度を整備します。

③ プラットフォーム課税

　諸外国では、事業者に代わってプラットフォーム事業者に納税義務を課す制度（プラットフォーム課税）が導入されており、我が国においても、プラットフォーム課税を導入します。導入に当たっては、国外事業者が提供するデジタルサービスを対象とし、また、対象となるプラットフォーム事業者は、一定の規模を有する事業者とします。

　あわせて、国外事業者により行われる事業者免税点制度や簡易課税制度を利用した租税回避を防止するため、必要な制度の見直しを行います。

❹ 地域・中小企業の活性化等

(1) 中堅・中小企業の成長を促進する税制等

　成長意欲のある中堅・中小企業が、複数の中小企業をグループ化してグループ一体となって飛躍的な成長を遂げることができるよう、中小企業事業再編投資損失準備金制度を拡充します（前掲）。

　地域経済牽引事業の促進区域内において特定事業用機械等を取得した場合の特別償却又は税額控除制度について、主務大臣の確認要件の見直しを行った上で、成長志向型中堅企業に係る要件を満たす場合に機械装置等の税額控除率の引上げを行います。

　賃上げ促進税制については、従来の大企業のうち、常時使用従業員数2,000人以下の企業を新たに中堅企業と位置付けた上で、賃上げを行いやすい環境を整備します（前掲）。

　また、交際費課税について、損金不算入となる交際費等の範囲から除外される一定の飲食費に係る金額基準について、現行の1人当たり5,000円以下から1万円以下に引き上げます。

　法人版事業承継税制については、特例承継計画の提出期限を令和8年3月末まで2年延長します。令和9年12月末までの適用期限については今後とも延長を行いません。あわせて、個人版事業承継税制における個人事業承継計画の提出期限についても2年延長します。

(2) 外形標準課税

　前事業年度に外形標準課税の対象であった法人が資本金1億円以下になった場合でも、資本金と資本剰余金の合計額が10億円を超える場合には外形標準課税の対象とします。

　加えて、資本金と資本剰余金の合計額が50億円を超える法人等の100％子法人等のうち、資本金が1億円以下であって、資本金と資本剰余金の合計額が2億円を超えるものを外形標準課税の対象とします。

❺ 円滑・適正な納税のための環境整備

(1) インボイス制度開始後初めての確定申告期に向けた対応等

　インボイス制度開始後初めての確定申告期に向けて、納税者からの相談に的確かつ丁寧に対応できるように万全の相談体制を確保します。

　また、賃上げ促進税制においても、インボイス制度の実施に伴い、消費税の免税事業者との適切な関係の構築の方針についても記載が行われるよう、マルチステークホルダー方針の記載事項を明確化します（前掲）。

⑵　税務手続のデジタル化・キャッシュレス化による利便性の向上

　電子申告等の手続の簡素化や処分通知等の電子交付の拡充、法定調書の電子提出を一層進めていくための措置等を講じます。

　デジタル化やキャッシュレス化に対応した税制のあり方や納付方法の多様化について引き続き検討します。

⑶　地方税務手続のデジタル化

　納税者等からの求めに応じて、eLTAX及びマイナポータルを活用して電子的に送付する仕組みの導入に向けた取組みを進めます。また、eLTAXを通じた電子納付の対象に地方税以外の地方公金を追加するための措置を講じます。

⑷　課税・徴収関係の整備・適正化

　納税者が税額の減額を求める更正の請求において、仮装・隠蔽が行われているものの、現行制度上、重加算税等が課されない事例が把握されていることを踏まえ、重加算税等の見直しを行います。

　また、不正申告を行った法人の代表者等に対する徴収手続の整備等の所要の措置を講じます。

⑸　外国人旅行者向け免税制度の見直し

　免税制度について、免税店が販売時に外国人旅行者から消費税相当額を預かり、出国時に持出しが確認された場合に、旅行者にその消費税相当額を返金する仕組みとします。新制度の検討に当たっては、令和7年度税制改正において、制度の詳細について結論を得ます。

　さらに令和6年度税制改正においても、横流しされた免税購入物品と知りつつ仕入れた場合に、その仕入税額控除を認めないこととする措置を講じます。

❻　扶養控除等の見直し

　16歳から18歳までの扶養控除について、現行の一般部分（国税38万円、地方税33万円）に代えて、かつて高校実質無償化に伴い廃止された特定扶養親族に対する控除の上乗せ部分（国税25万円、地方税12万円）を復

元し、高校生年代に支給される児童手当と合わせ、所得階層間の支援の平準化を図ることを目指します。

扶養控除の見直しについては、令和7年度税制改正において、令和6年10月からの児童手当の支給期間の延長が満年度化した後の令和8年分以降の所得税と令和9年度分以降の個人住民税の適用について結論を得ます。

ひとり親控除について、対象となるひとり親の所得要件について、現行の合計所得金額500万円以下を1,000万円以下に引き上げます。

また、ひとり親控除の所得税の控除額について、現行の35万円を38万円に引き上げます。合わせて、個人住民税の控除額について、現行の30万円を33万円に引き上げます。

こうした見直しについて、令和8年分以降の所得税と令和9年度分以降の個人住民税の適用について扶養控除の見直しと合わせて結論を得ます。

❼　防衛力強化に係る財源確保のための税制措置

防衛力強化に係る財源確保のための税制措置については、令和5年度税制改正大綱に則って取り組みます。なお、たばこ税については、加熱式たばこと紙巻たばことの間で税負担の不公平が生じているため、課税の適正化による増収を防衛財源に活用します。その上で、国税のたばこ税率を引き上げることとし、課税の適正化による増収と合わせ、3円／1本相当の財源を確保します。

あわせて、令和5年度税制改正大綱及び上記の基本的方向性により検討を加え、その結果に基づいて適当な時期に必要な法制上の措置を講ずる趣旨を令和6年度の税制改正に関する法律の附則において明らかにします。

税目	対象	項目		改正前
所得税	個人	所得税の定額減税		新設
住民税		個人住民税の定額減税		新設
所得税		エンジェル税制		
			対象投資	株式等の取得のみ
			寄附金控除書類添付要件	添付要件あり
		NISAの廃止通知書交付方法		書面のみ
		ストックオプション税制		
			株式保管委託要件	非上場段階で権利行使後、証券会社等に保管委託することが必要
			権利行使価額の限度額	1,200万円／年
			社外高度人材	一定の要件を満たした社外高度人材が対象
		住宅ローン控除限度額		認定住宅4,500万円、ZEH3,500万円、省エネ3,000万円、東日本大震災の被災者向け4,500万円
		住宅リフォーム税制		認定、バリアフリー、省エネ、三世代同居、長期優良住宅化

改正のポイント一覧

改正後	施行日	増減税	関連頁
本人3万円+同一生計配偶者又は扶養親族3万円／1人	令和6年分	↓	36
本人1万円+控除対象配偶者又は扶養親族1万円／1人	令和6年度分	↓	55
			65
新株予約権や信託等を通じて取得した株式等を追加	－	↓	72
一部省略	－	－	74
電磁的方法を追加	－	－	76
			81
新たな株式管理スキームを創設し、発行会社による株式管理も可能とする		↓	85
付与会社が設立5年未満の場合2,400万円／年、5年以上20年未満の場合3,600万円／年		↓	86
非上場企業の役員経験者等を追加し、国家資格保有者等に求めていた3年以上実務経験の要件撤廃		↓	86
子育て世帯等の場合、認定住宅500万円、ZEH・省エネ1,000万円、東日本大震災の被災者向け500万円を上乗せ	令和6年中入居	↓	93
子育て対応改修工事を対象に追加	令和6年中入居	↓	95

税目	対象	項目		改正前
所得税	個人	土地収用交換等の5,000万円特別控除		追加・継続
		特定土地区画整理事業等に係る土地譲渡2,000万円特別控除		追加
		特定の民間住宅地造成事業に係る土地譲渡1,500万円特別控除		令和5年12月31日まで
		特定居住用財産買換・交換の長期譲渡所得の課税特例		令和5年12月31日まで
		居住用財産買換等の譲渡損失繰越控除		令和5年12月31日まで
		特定居住用財産の譲渡損失繰越控除		令和5年12月31日まで
		既存住宅耐震改修時の特別控除適用期限		令和5年12月31日まで
		既存住宅特定改修工事時の特別控除		
			適用期限	令和5年12月31日まで
			適用要件	合計所得金額3,000万円以下
			対象工事の追加	新設
		認定住宅新築時の特別控除		
			適用期限	令和5年12月31日まで
			合計所得金額要件	3,000万円以下
贈与税		住宅取得等資金贈与の非課税		
			適用期限	令和5年12月31日まで
			新築認定住宅要件	省エネ、耐震又はバリアフリー

改正後	施行日	増減税	関連頁
漁港水面施設運営権の消滅等により補償金を取得する場合を追加。障害者の就労移行支援の用に供する土地等の簡易証明制度の継続	ー	↓	104
国指定法人に譲渡した場合を追加	ー	↓	105
令和8年12月31日まで	ー	↓	105
令和7年12月31日まで	ー	ー	115
令和7年12月31日まで。適用申請書提出の場合、住宅借入金等残高証明書添付不要	令和6年1月1日から	ー	115
令和7年12月31日まで	ー	ー	115
令和7年12月31日まで	ー	ー	115
			118
令和7年12月31日まで	ー	ー	120
合計所得金額2,000万円以下	令和6年1月1日から	↑	120
子育て世帯が行う子育て対応リフォーム	令和6年1月1日から	↓	120
			122
令和7年12月31日まで	ー	ー	123
2,000万円以下	令和6年1月1日から	↑	123
			124
令和8年12月31日まで	ー	ー	125
ZEH水準省エネ、耐震又はバリアフリー	令和6年1月1日から令和8年12月31日まで	↑	126

税目	対象	項目		改正前
相続税贈与税	個人	事業承継税制の特例承継計画の提出期限		令和6年3月31日まで
	個・法	居住用区分所有マンション評価		個別通達により新設
法人税	法人	大企業向け賃上げ促進税制		
			基本の税額控除率	15%
			給与増加による上乗せ	増加率4%以上で10%加算
			教育訓練費増加による上乗せ	増加率20%以上で5%加算
			両立支援・女性活躍による上乗せ	新設
			中堅企業区分	新設
			マルチステークホルダー方針の提出	資本金10億円以上かつ従業員数1,000人以上
		中小企業向け賃上げ促進税制		
			教育訓練費増加による上乗せ	増加率10%以上で10%加算
			両立支援・女性活躍による上乗せ	新設
			繰越税額控除制度	新設
		特定税額控除の不適用措置		
			継続雇用者給与等支給額判定	資本金等10億円以上かつ常時使用従業員数1,000人以上で前年度黒字
			国内設備投資額判定	当期減価償却費の3割以下
		中小企業事業再編投資損失準備金		限度割合70%、益金算入期限5年

改正後	施行日	増減税	関連頁
令和8年3月31日まで	－	－	130
時価との乖離率を踏まえた区分所有補正率を適用	令和6年1月1日以後 相続・贈与	↑	142
			150
10%		↓	151
増加率4%以上で5%加算、増加率5%以上で10%加算、増加率7%以上で15%加算		↑↓	152
増加率10%以上かつ給与額の0.05%以上で5%加算	令和6年4月1日から 令和9年3月31日まで	↑↓	152
プラチナくるみん認定等で5%加算		↓	152
従業員数2,000人以下の企業		↓	153
常時使用する従業員数2,000人超を追加		－	153
			155
増加率5%以上かつ給与額の0.05%以上で10%加算	令和6年4月1日から 令和9年3月31日まで	↑↓	155
プラチナくるみん認定等で5%加算		↓	155
5年間繰越可		↓	155
			165
常時使用従業員数2,000人超で前年度黒字の場合を追加	令和6年4月1日から 令和9年3月31日まで	↑	165
一定の上乗せ措置該当の場合、当期減価償却費の4割以下		↑	165
複数回M&Aの場合、限度割合100%、益金算入期限10年に拡大	産業競争力強化法改正法施行日から令和9年3月31日までの取得	↓	167

税目	対象	項目		改正前
法人税	法人	戦略分野国内生産促進税制		
			事業適応計画認定期限	新設
			販売数量等に応じた税額控除	新設
		イノベーションボックス税制		新設
		研究開発税制の試験研究費範囲		要件追加
		増減試験研究費割合零未満の場合の控除率		
			控除率の算式	11.5%－(12%－増減試験研究費割合)×0.25
			控除率の下限	1%
		第三者保有の市場暗号資産の期末評価		時価法のみ
		適格現物出資		
			対象資産	要件追加
			内外判定	事業所により判定

改正後	施行日	増減税	関連頁
			173
産業競争力強化法改正法施行日から令和9年3月31日まで	事業適応計画認定日以後10年以内の日を含む事業年度	↓	174
半導体4,000円〜29,000円／1枚、電動車40万円（軽は20万円）／1台、鉄鋼2万円／1トン、基礎化学品5万円／1トン、航空機燃料30円／1リットル		↓	174
知財から生じるライセンス所得、譲渡所得を対象に当期所得金額×30%を限度に所得控除	令和7年4月1日から令和14年3月31日まで開始事業年度	↓	177
内国法人の国外事業所等を通じて行う事業に係る試験研究費を除外	−	↑	184
			184
①令和8年4月1日以後開始事業年度：8.5%+増減試験研究費割合×8.5／30。②令和11年4月1日以後開始事業年度：8.5%+増減試験研究費割合×8.5／27.5。③令和13年4月1日以後開始事業年度：8.5%+増減試験研究費割合×8.5／25	令和8年4月1日から	↑	187
なし		−	187
原価法も選択可	−	↓	190
			200
内国法人が外国法人本店等に無形資産等の移転を行う場合は除外	令和6年10月1日から	↑	201
法人の本店等及びPEにより判定		−	202

税目	対象	項目	改正前
法人税	法人	スマート農業技術活用促進の特別償却	新設
		交際費等の損金不算入除外	
		適用期限	令和6年3月31日まで
		飲食費等金額上限	5,000円／1人
		中小企業者の欠損金以外の繰戻還付不適用	令和6年3月31日まで
		中小企業者の少額減価償却資産損金算入	
		常時使用従業員数要件	500人以下
法・所		適用期限	令和6年3月31日まで
法人税	個・法	認定株式分配に係る課税の特例	令和6年3月31日まで
地方税	法人	外形標準課税法人追加	
		資本金1億円以下に減資した場合	対象外
		資本金1億円以下の100%子法人	対象外
消費税	個・法	国外事業者の電気通信利用役務提供の申告納税義務者	国外事業者

改正後	施行日	増減税	関連頁
①認定生産方式革新実施計画に記載された生産方式革新事業活動の用に供する設備等を構成する機械装置、器具備品、建物等及び構築物：32%、建物等及び構築物：16%、②促進に資する措置の用に供する設備等を構成する機械装置：25%	関係法令施行日から令和9年3月31日まで	↓	205
			210
令和9年3月31日まで	－	－	210
10,000円／1人	令和6年4月1日から令和9年3月31日まで	↓	210
令和8年3月31日まで	－	－	213
			216
出資金等1億円超の組合等は300人以下	令和6年4月1日から令和8年3月31日まで	↑	218
令和8年3月31日まで	－	－	216
要件改正の上、令和10年3月31日まで	令和6年4月1日から令和10年3月31日まで	－	194
			221
前年度課税対象かつ当該年度資本金+資本剰余金=10億円超の場合対象に	令和7年4月1日以後開始事業年度から	↑	226
親会社が資本金+資本剰余金=50億円超法人かつ当該年度資本金+資本剰余金=2億円超の場合対象に	令和8年4月1日以後開始事業年度から	↑	228
消費者向け役務提供取引高50億円超の特定プラットフォーム事業者を介する場合は特定プラットフォーム事業者	令和7年4月1日から	－	231

税目	対象	項目	改正前
消費税	個・法	国外事業者の事業者免税点要件	国内事業者と同様
		国外事業者の簡易課税要件	国内事業者と同様
		免税購入物品を仕入れた場合の仕入税額控除	可能
		高額特定資産取得時の納税義務免除の特例	税抜1,000万円以上／1取引の棚卸資産又は調整対象固定資産の課税仕入れの場合
		消費税に係る帳簿の記載事項	緩和
		一の免税事業者等からの仕入額が10億円超の場合	8割控除・5割控除の経過措置の適用可
国際課税	個人	非居住者に係る暗号資産等取引情報報告制度	新設
	個・法	非居住者に係る金融口座情報報告制度	追加
	法人	各対象会計年度の国際最低課税額に対する法人税等	追加
		外国子会社合算課税におけるペーパー・カンパニー特例の収入割合要件	追加
		子会社株式簿価減額特例	特定支配関係が発生した事業年度内に子法人から受ける期中配当はすべて対象

改正後	施行日	増減税	関連頁
特定期間の給与支給額判定適用不可、基準期間を有する場合の課税時判定厳格化	令和6年10月1日から	↑	237
国内PEを有しない場合、簡易課税制度及び2割特例適用不可	令和6年10月1日から	↑	241
不可	令和6年4月1日から	↑	244
金又は白金等の合計額が200万円以上である場合を追加	令和6年4月1日から	↑	248
①自動販売機等は、住所等の記載不要、②簡易課税者・2割特例適用者のインボイス導入後の経理処理方法の明確化	令和5年10月1日から	－	250
超えた部分は8割控除・5割控除の経過措置の適用不可	令和6年10月1日から	↑	250
国内の暗号資産取引業者等に対し非居住者の暗号資産に係る取引情報等の税務当局報告を義務化	令和8年分の取引情報について、令和9年分から	↑	264
報告金融機関の範囲に電子決済手段等取引業者及び特定電子決済手段等を発行する者を追加	令和8年1月1日から	↑	269
制度の簡素化や明確化	－	↓	254
外国関係会社の事業年度に係る収入等がない場合、その事業年度における収入割合要件判定は不要	－	↓	259
特定支配関係発生後に得たと認められる利益剰余金を原資とする期中配当については対象外	－	↓	273

税目	対象	項目	改正前
固定資産税等	個・法	固定資産税等負担調整措置	令和5年12月31日まで
納税環境整備		e-Taxによる申請等提出時手続	e-TaxのID・パスワードの入力及び電子署名・電子証明書の添付を要する
		処分通知等の電子交付可能手続	9種類のみ
		隠蔽・仮装に基づく更正請求書提出時の重加算税	賦課対象外
		保全差押え等の解除期限	通知をした日から6月を経過した日まで
		税務代理権限証書の様式	－
		供託事由消滅後の換価代金配当手続	すべての債権者の手続を要する
	個人	税理士登録事務	書面提出のみ
		学資支給金に係る国税の滞納差押	禁止
	法人	不正行為による国税回避時の役員等への追及	役員等への追及不可

改正後	施行日	増減税	関連頁
令和8年12月31日まで	－	→	134
Gビズ IDを利用してログインした場合、左記不要	－	－	277
納税者の同意を前提に、すべて可能	令和8年9月24日から	－	283
賦課対象	令和7年1月1日以後 申告期限到来分	↑	287
通知をした日から1年を経過した日まで	令和7年1月1日から	－	296
記載事項の簡素化、追加	令和8年9月1日以後 提出分	－	299
一定期間内に届出をしない債権者は除外して配当	－	－	308
マイナンバーを利用した電子化を追加	－	－	305
「高等教育の修学支援新制度」対象拡大範囲も禁止	－	－	312
移転を受けた財産等額を限度に第二次納税義務を課す	令和7年1月1日以後に 滞納分	↑	291

第2編

令和6年度税制改正の具体的内容

第1章

個人所得課税

1　所得税の定額減税

Question

　令和6年中に1人当たり4万円の所得支援が行われるという話を聞きました。この4万円はどのような方法で給付されるのでしょうか。

　A　岸田政権が打ち出した経済対策は、給付と定額減税という形で実施されます。このうち、所得税では1人当たり3万円（個人住民税1万円）が令和6年6月以降の給与等に係る源泉徴収税額から控除されます。また、給与所得者以外の方々にも、納税の方法に応じて同額が控除されることとなっています。以下では、所得税の定額減税（1人につき3万円）について解説します。

ここが変わる

　令和6年6月以降の源泉徴収税額又は予定納税等の納税額から特別控除として、所得制限（合計所得金額1,805万円以下）を設けた上、本人及び同一生計配偶者等の扶養親族について、それぞれ1人につき3万円が控除されます。

適用時期

(1) 給与所得者の場合

令和6年6月1日以後最初に支給を受ける給与等に係る源泉徴収税額から特別控除の額を控除します。控除しきれない場合は、翌月以降の給与等に係る源泉徴収税額から順次控除します。

(2) 公的年金等の受給者の場合

令和6年6月1日以後最初に支給を受ける公的年金等に係る源泉徴収税額から特別控除の額を控除します。控除しきれない場合は、その次の公的年金等に係る源泉徴収税額から順次控除します。

(3) 事業所得者等の場合

令和6年分の第1期予定納税額から特別控除の額を減額します。ただし、同一生計配偶者等の扶養親族に係る特別控除の額は、予定納税の減額承認申請の手続が必要になります。予定納税額がない場合は、令和6年分の確定申告時に特別控除の額を控除します。

解　説

❶ 改正の背景

(1) デフレ完全脱却のための総合経済対策

令和5年11月2日、「デフレ完全脱却のための総合経済対策」(以下「本経済対策」という)の閣議決定により、かねてより議論されていた「定額減税」の実施を令和6年度税制改正に盛り込むことが決定しました。本経済対策では、30年ぶりの高水準の賃上げや過去最大の民間投資を記録するなど、デフレ脱却の過渡期にある我が国において、税収の増額分を国民に還元し、可処分所得を伸ばすことを目標に掲げています。

なお、本経済対策は、「緊急的な生活支援対策」と「定額減税による所得向上対策」の二段階による経済対策となっており、住民税の課税が生じないレベルの収入の方には「給付」によって、所得税・個人住民税の課税が生じるレベルの収入の方には「減税」によって税収が還元されます。したがって、令和6年中には「給付」と「定額減税」をワンセットとした経済対策が行われることになります。

[経済対策による「給付」と「定額減税」の全体像]

■ 新たな層の国民に丁寧に対応しながら、物価高に対応し、可処分所得を増やす

● 様々な層の国民に丁寧に対応しながら、物価高に対応し、可処分所得を増やす
● 「簡素（わかりやすく事務負担が少ない）」「迅速（特に低所得の方々に）」「適切（できるだけ公平に）」のバランス

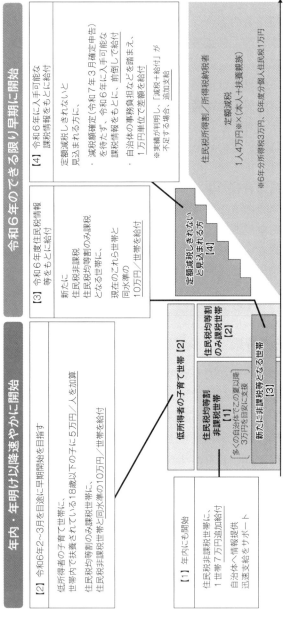

（内閣府資料）

[世帯類型別の収入水準と給付又は定額減税の対応イメージ]

		本人+扶養親族	住民税非課税	住民税均等割のみ課税	定額減税+調整給付	定額減税満額控除
給与収入	単身世帯	1	～100万円程度	～115万円程度	～210万円程度	210万円程度～
	夫婦子1人（大学生）	3	～205万円程度	～235万円程度	～575万円程度	575万円程度～
	夫婦子2人（小学生）	4	～255万円程度	～270万円程度	～535万円程度	535万円程度～
年金収入	高齢単身※	1	～155万円程度	～160万円程度	～230万円程度	230万円程度～
	高齢夫婦※	2	～210万円程度	～220万円程度	～355万円程度	355万円程度～

給付で対応

（注1）標準的な社会保険料支払いを仮定している。
（注2）単身世帯を除き、配偶者控除を適用。
※ 納税者本人は65歳以上、配偶者は70歳以上として計算。

（内閣府資料を一部加工）

⑵ 給付～緊急的な生活支援（低所得者支援枠の拡大等）～

○ 住民税非課税世帯への給付拡大

　本経済対策の第1の柱として、1世帯当たり3万円を目安とした重点支援地方交付金の「低所得世帯支援枠」が追加的に拡大されることになりました。これにより1世帯当たり7万円の追加給付が行われ、住民税均等割非課税世帯1世帯当たりの合計が10万円となる支援が実施されます。この給付金の給付方法は、各自治体が地域の事情に応じて決めることになっています。

　また、住民税均等割のみが課税される世帯についても、住民税非課税世帯と同水準の1世帯当たり10万円の給付が実施されます。

　なお、これらの他に、低所得者の子育て世帯には、世帯内で扶養されている18歳以下の子1人当たり5万円が追加で給付される見込みです。

■ 低所得者支援及び定額減税補足給付金にかかる制度概要

※いずれも「物価高騰対応重点支援地方創生臨時交付金」を活用

	給付類型	交付対象者	給付額（目安）	基準日（目安）	給付開始目途
①	住民税均等割非課税世帯への給付【R5非課税給付】	令和5年度住民税均等割の非課税者のみで構成される世帯の世帯主	7万円/世帯 多くの自治体でこの夏以降3万円を目安に支援済み	令和5年12月1日	令和5年12月以降に順次給付開始
②	住民税均等割のみ課税世帯への給付【R5均等割のみ課税給付】	令和5年度住民税所得割が課せられていない者のみで構成される世帯（①を除く）の世帯主	10万円/世帯	①と同一	令和6年2～3月目途以降に順次給付開始
③	低所得者の子育て世帯への加算【こども加算】	①・②・④給付対象世帯の世帯主（※当該者と基準日において同一世帯となっている18歳以下の児童が対象）	5万円/児童	①・②・④と同一	同上（④給付対象世帯については、④給付開始と同時期）
④(1)	新たに住民税均等割非課税となる世帯への給付【R6非課税給付】	新たに令和6年度住民税均等割の非課税者のみで構成される世帯の世帯主	10万円/世帯	具体の日付は別途通知予定	令和6年度住民税情報をもとに令和6年のできる限り早期に給付開始
④(2)	新たに住民税均等割のみ課税となる世帯への給付【R6均等割のみ課税給付】	新たに令和6年度住民税所得割（減税前）が課せられていない者のみで構成される世帯（上記を除く）の世帯主	10万円/世帯	同上	同上
⑤	定額減税しきれないと見込まれる所得水準の方への給付【調整給付】	定額減税可能額が減税前税額を上回る（減税しきれない）と見込まれる所得税／住民税の納税義務者	左記上回ると見込まれる額	実施主体決定日 令和6年1月1日 事務処理基準日 具体日付は別途通知予定	令和6年に入手可能な課税情報をもとに令和6年のできる限り早期に給付開始

令和5年度予備費 11月29日成立（①②③）
令和5年度予備費 12月22日閣議決定（④⑤）

※実施時期については、事務負担も踏まえながら、速やかな支給開始に向けて、地域の実情に応じた着手準備等、地方公共団体における柔軟な対応を可能とする。

（内閣府資料）

(3) 定額減税〜納税額のある国民への還元〜

　本経済対策の第2の柱として設けられた所得向上対策としての施策が「定額減税」です。この定額減税は、企業の賃上げマインドのさらなる向上を図るとともに、デフレ脱却に向けて可処分所得の増加を目指す施策です。

　具体的には、令和6年の夏のボーナス時期に合わせて、本人及び同一生計配偶者等の扶養親族1人当たり4万円（所得税3万円、個人住民税1万円）の減税を実施することで、可処分所得の増加による消費拡大に加え、子育て支援を含意した施策となるよう、定額減税を令和6年度税制改正事項として扱うことが本経済対策で決定されました。

　納税額のある者に対して給付という手段によらず、令和6年夏以降に減税を実施するという決定については、「ボーナス月である6月であれば、賃上げと定額減税、双方の効果を給与明細において目に見える形で実感することができ、幅広い国民が所得の下支えを実感することができる」（岸田首相）と考えられてのことです。

(4) 調整給付〜「間の方々」への対応〜

　本経済対策は低所得世帯への給付と、納税者に対する減税という2本柱で実施されますが、納税者の所得水準によっては、定額減税で控除しきれない場合も想定されるところです。こうした「間の方々」に対しては、定額減税で控除しきれない分を給付する「調整給付」という形で賄われます。調整給付は、所得税及び個人住民税で控除しきれない特別控除の額を万円単位に切り上げて給付することとされています。

❷　改正の内容

(1) 所得税の定額減税（国税）

① 所得税額の特別控除

　居住者の令和6年分の所得税額から、特別控除の額を控除します（非居住者は対象外）。

② 所得制限

　上記①の特別控除は、その者の令和6年分の所得税に係る合計所得金額（退職所得金額を含む）が1,805万円以下である場合に限ります。この所得制限は、給与所得者で年収2,000万円を超える者は、年末調整に

よらず確定申告が必要とされることに併せて設けられました。年末調整時における所得制限の判定は、令和6年分の基礎控除申告書により把握した合計所得金額を用いることになる見込みです。

③ 特別控除の額等

(イ) 特別控除の額

特別控除の額は、次の金額の合計額となります。ただし、その合計額がその者の所得税額を超える場合には、所得税額が限度となります。

区　分	特別控除の額
ⓐ　本人	3万円
ⓑ　同一生計配偶者又は扶養親族（居住者に該当する者に限る。以下「同一生計配偶者等」という）	1人につき3万円

例えば、本人のほかに、同一生計配偶者と子ども2人の3人を扶養している場合、所得税の特別控除の額は、12万円（本人3万円＋同一生計配偶者等3人×3万円）となります。

(ロ) 特別控除の額の計算方法

上記(イ)の特別控除の額は、住宅ローン控除等の税額控除後の所得税額から控除します。

なお、源泉分離課税となる預貯金の利子等や、確定申告しないことを選択した上場株式等の譲渡所得等の金額などは、計算の対象外となります。

(2) **特別控除の実施方法**

① 給与所得者に係る特別控除の額の控除方法

(イ) 給与又は賞与に係る源泉所得税額の控除

令和6年6月1日以後最初に支払を受ける給与等（賞与を含むものとし、給与所得者の扶養控除等申告書の提出の際に経由した給与等の支払者が支払うものに限る）につき源泉徴収をされるべき所得税の額（以下「控除前源泉徴収税額」という）から特別控除の額に相当する金額（その金額が控除前源泉徴収税額を超える場合には、その控除前源泉徴収税額に相当する金額）を控除します。

したがって、給与計算の担当者は、令和6年6月1日以降の最初の給与等の支払日までに、源泉徴収税額から控除する特別控除の額を決

定しておく必要があります。

　なお、源泉徴収税額からの特別控除に際しては、年末調整を除き、合計所得金額にかかわらず実施し、年末調整時において、合計所得金額が1,805万円超になると見込まれる場合には、控除実施済額について調整される見込みです。

［定額減税の減税額の計算方法］

● 預金利子等は対象外とする。
● 住宅ローン控除等の税額控除後の所得税額から減税を実施する。

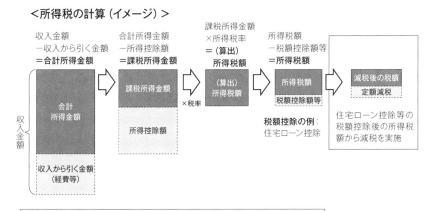

＜所得税の計算（イメージ）＞

○ 所得税の定額減税となる対象となる所得
　確定申告される所得、源泉徴収される給与所得（※）、
　年金機構が支給・源泉徴収する公的年金等に係る雑所得
　（注）対象外となるのは、利子所得、申告をしないことを選択した
　　　上場株式等の譲渡所得等
　（※）主たる給与支払い者によるものに限る

（自由民主党税制調査会資料）

㈦　控除しきれない場合

　特別控除の額に相当する金額のうち、上記㈠及びここに定めるところにより控除をしてもなお控除しきれない部分の金額は、以後令和6年中に支払われるその給与等（同年において最後に支払われるものを

除く）に係る控除前源泉徴収税額から、順次控除することになります。

(ハ)　中途入社の場合

　令和6年6月1日より後に雇用されて扶養控除等申告書を提出した者については、特別控除の額について年末調整時に控除することとし、各給与等支払時における控除については、行わないこととされます。

（注1） 上記(イ)及び(ロ)により控除する同一生計配偶者等に係る特別控除の額は、原則として源泉控除対象配偶者で合計所得金額が48万円以下である者又は扶養親族で居住者に該当する者について算出します。合計所得金額48万円超の配偶者は、配偶者自身が減税の対象となります。

（注2） 源泉徴収の際の上記(イ)及び(ロ)による控除は、現行の源泉徴収をされるべき額から行います。

（注3） 上記(イ)及び(ロ)について、給与所得者の扶養控除等申告書に記載した事項の異動等により特別控除の額に異動が生ずる場合には、年末調整により調整します（最初に決定した特別控除の額（令和6年6月1日以後、毎月の給与等から特別控除する額）は変更しない）。

(ニ)　源泉徴収されるべき所得税の額

　上記(イ)及び(ロ)により控除された後の所得税額をもって、それぞれの給与等につき源泉徴収をされるべき所得税の額とします。また、年の中途に扶養親族等の異動があった場合には、年末調整又は確定申告により対応することになります。

(ホ)　年末調整における処理

　令和6年分の年末調整の際に、年税額（住宅借入金等特別控除後の所得税額）から特別控除の額を控除します。

　また、特別控除の額を控除した金額に付加税率を乗じた税額を加えて、復興特別所得税を含めた年税額が計算されます。

　ただし、年末調整を除く給与収入に係る源泉徴収税額からの控除に当たっては、所得税及び復興特別所得税額が一体として納税されていることも踏まえ、その合計額から特別控除の額を控除します。

(ヘ)　扶養情報を把握するための措置

　上記(イ)及び(ホ)による控除について、給与等の支払者が同一生計配偶者等を把握するための措置が講じられます。

[給与所得者の定額減税の実施方法のイメージ]

● 賞与を含む給与収入については、主たる給与支払者の６月の源泉徴収税額から減税を実施する。

① 令和６年６月の源泉徴収税額が、
減税額（一人当たり所得税３万円）以上の場合（1か月で控除）

② 令和６年６月の源泉徴収税額が、
減税額（一人当たり所得税３万円）以下の場合（1か月以上）

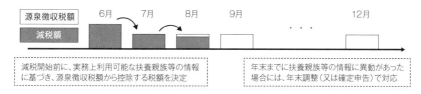

（自由民主党税制調査会資料）

　具体的には、源泉徴収義務者が把握できない以下の情報について、それぞれ次の方法により把握する方法を整備するとされています。

情　報	情報把握の方法の整備
年少扶養親族	個人住民税のために提出を受けている情報を活用し、令和６年６月から減税（新たに「源泉徴収に係る申告書」の提出を求めることも可能とする）
合計所得金額900万円超の者の配偶者	新たに「年末調整に係る申告書」の提出を求め、年末調整において減税（ただし、減税開始前に提出を受けて、６月から減税することも可能とする）

なお、扶養親族に該当するか否かの判断時期は、令和6年12月31日時点の状況によることになります。

　また、減税開始後の異動については、各月の源泉徴収では対応せず、年末調整又は確定申告により調整されます。

(ト)　給与等の支払明細書への減税実施額の記載

　上記(イ)の給与等の支払者は、上記(イ)又は(ロ)による控除をした場合には、支払明細書に控除した額（減税実施額）を記載することになります。

【給与等の支払明細書の記載例】

定額減税額（所得税）××円、定額減税××円等

　(注)　支払明細書に代えて別途の方法により交付することも可能とされます。

(チ)　源泉徴収票への減税実施額及び減税控除未済額の記載

　給与等の支払者は、源泉徴収票の摘要の欄に控除した額（減税実施額）及び減税控除未済額を記載することになります。

　また、合計所得金額が1,000万円超である居住者の同一生計配偶者（以下「非控除対象配偶者」という）分の特別控除を実施した場合には、その者の源泉徴収票の摘要欄に、その旨を記載します。

【源泉徴収票の摘要欄の記載例】

ⓐ　源泉徴収時所得税減税控除済額××円、控除外額××円
ⓑ　非控除対象配偶者減税あり（該当者のみ記載）

②　公的年金等の受給者に係る特別控除の額の控除

(イ)　公的年金等に係る源泉所得税額の減税

　令和6年6月1日以後最初に厚生労働大臣等から支払を受ける公的年金等（確定給付企業年金法の規定に基づいて支給を受ける年金等を除く）につき源泉徴収をされるべき所得税の額について、上記①(イ)、(ロ)及び(ニ)（上記①(ロ)（注3）を除く）に準じた取扱いとなります。

　(注)　上記(イ)について、公的年金等の受給者の扶養親族等申告書に記載した事項の異動等により特別控除の額に異動が生ずる場合には、確定申告により調整します。

[公的年金所得者の定額減税の実施方法のイメージ]

● 日本年金機構等が支払う公的年金（老齢年金）については、原則として６月以降の支給分に係る源泉徴収税額から減税を行う。

○ 公的年金所得者に係る減税の実施方法のイメージ

① 令和６年６月の源泉徴収税額が、
　減税額（一人当たり所得税３万円）以上の場合（１か月で控除）

② 令和６年６月の源泉徴収税額が、
　減税額（一人当たり所得税３万円）以下の場合（１か月以上）

（注）日本年金機構等に令和５年に提出された令和６年分の扶養親族等申告書に基づき、扶養親族等分も加味した額を、６月以降に支払われる公的年金の源泉徴収税額から控除。提出後に扶養関係の異動等があった場合、確定申告にて対応。

（参考）公的年金に対する源泉徴収
　・　公的年金については、年金支払者が源泉徴収を実施。
　・　隔月（偶数月）の年金支給の際に、支給額から源泉徴収税額を控除。

（自由民主党税制調査会資料）

(ロ)　源泉徴収票への記載

　上記(イ)の公的年金等の支払者は、源泉徴収票の摘要の欄に控除した額等を記載することになります。

③　事業所得者等に係る特別控除の額の控除

(イ)　第１期予定納税額からの控除

　令和６年分の所得税に係る第１期分予定納税額（７月）から本人分に係る特別控除の額に相当する金額を控除します。予定納税のない事

業所得者等の場合は、令和6年分の確定申告時に特別控除の額を控除します。

（ロ）　第2期予定納税額からの控除

特別控除の額に相当する金額のうち、第1期分予定納税額から控除をしてもなお控除しきれない部分の金額は、第2期分予定納税額（11月）から控除します。

（注） 予定納税に係る上記（イ）及び（ロ）による控除は、現行の納付すべき額から行います。

（ハ）　予定納税額の減額承認申請による同一生計配偶者等分の控除

予定納税額の減額の承認の申請により、第1期分予定納税額及び第2期分予定納税額について、同一生計配偶者等に係る特別控除の額に相当する金額の控除の適用を受けることができることとされます。

（ニ）　予定納税に係る第1期分の納期及び減額承認申請期限の変更

上記（ハ）の措置に伴い、令和6年分の所得税に係る第1期分予定納税額の納期を令和6年7月1日から9月30日までの期間（現行：同年7月1日から同月31日までの期間）とするとともに、同年6月30日の現況に係る予定納税額の減額承認申請の期限を同年7月31日（現行：同月15日）とします。

［個人事業主等の定額減税の実施方法］

● 原則として確定申告の機会に減税を行う。
● ただし、予定納税の対象者については、予定納税の機会を通じて減税を実施する。

○　**不動産所得・事業所得者等に係る減税の実施方法**

・原則として**確定申告の機会に減税**を行う。

・そのうえで、**予定納税の対象者**については、第1回予定納税の際に以下の通り対応する。

　・予定納税額の通知（6月）の際に、**本人分の減税額（3万円）を控除**した額を通知する。

　・簡易な手続きによる「減税申請」により、**扶養親族分については通知税額からの控除を可能**にする。

　・**減税申請の期限（7月15日）を7月31日**に、納付期限（7月31日）を

9月30日に延期する。

・第1回予定納税で控除しきれなかった減税額は、第2回予定納税（11月）の予定納税額から控除し、第2回予定納税に控除しきれなかった減税額は、確定申告において減税する。

（参考）予定納税制度

前年分の所得金額（事業所得、不動産所得等）や税額などをもとに計算した金額（予定納税基準額）が15万円以上になる場合、その年の所得税の一部をあらかじめ（7月、11月）納付するという制度。予定納税による納税額は、税務署が前年の所得金額等を基に計算し、通知（6月）する。

（自由民主党税制調査会資料）

　㋭　令和6年分確定申告の留意点

　　令和6年分の所得税に係る確定申告書を提出する事業所得者等は、その提出の際に所得税額から特別控除の額を控除します。

(3)　調整給付と計算方法

①　調整給付の概要（定額減税と低所得者支援の「間の方々」への対応）

　　居住者及び同一生計親族等に基づき算定される定額減税可能額が、令和6年に入手可能な課税情報を基に把握されたその居住者の令和6年分推計所得税額（令和5年分の所得税額の実績）又は令和6年度分個人住民税所得割額を上回る者に対し、その上回る額の合算額を基礎として、1万円単位で切り上げて算定した額が給付されます。これを「調整給付」といいます。

　　なお、令和6年分所得税及び定額減税の実績額等が確定したのち、調整給付額に不足のあることが判明した場合には、追加でその居住者に給付が行われるとされています。

　　また、各給与所得者の給付措置に係る給付額やその受給状況は、その給与所得者が令和6年6月1日以後支払を受ける給与等に係る控除前源泉徴収税額からの特別控除に影響を与えません（すなわち、源泉徴収事務には関係がありません）。

［定額減税しきれない所得水準の者への調整給付］

1.対象者(個人単位)

定額減税可能額が、令和6年に入手可能な課税情報を基に把握された当該納税者の「令和6年分推計所得税額」(令和5年分所得税額)又は「令和6年度分個人住民税所得割額」を上回る者

定額減税可能額：　所得税分　　　　＝3万円×減税対象人数

個人住民税所得割分＝1万円×減税対象人数

減税対象人数：　　納税者本人＋同一生計配偶者

＋扶養親族(16歳未満扶養親族を含む)の数

2.給付額

(1)+(2)の合算額(合算額を万円単位に切り上げる)

(1)所得税分定額減税可能額－令和6年分推計所得税額(令和5年分所得税額)((1)<0の場合は0)

(2)個人住民税所得割分減税可能額－令和6年度分個人住民税所得割額((2)<0の場合は0)

　なお、令和6年分所得税額及び令和6年度分個人住民税所得割額が確定した後、給付額に不足があることが判明した場合には、追加で給付する。

3.実施主体

住民税課税市町村
(特別区を含む)

4.①実施主体決定日/②事務処理基準日

①令和6年1月1日

②具体の日付は別途通知予定

5.交付金

物価高騰対応重点支援地方創生臨時交付金
【給付金・定額減税一体支援枠】

6.給付実務イメージ

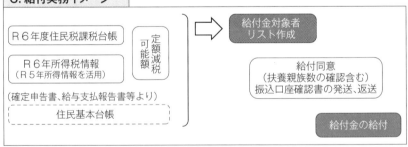

※ 令和6年のできる限り早期の給付開始に向けて、事務負担も踏まえながら、地域の実情に応じた早期の執行着手等、地方公共団体における柔軟な対応を可能とする方向で調整中。

(内閣府資料)

② 調整給付の計算方法

　上記①の調整給付の額は、次の図表のとおりです。

[調整給付額の計算方法]

○基本的な枠組み

⑴ 「所得税分控除不足額」の算出方法

定額減税可能額 ３万円×（本人＋扶養親族数）	−	みなし令和６年分所得税額（減税前） ＝令和５年分所得税額（実績）

　＝　　①所得税分控除不足額

　①＜０の場合は０

⑵ 「個人住民税分控除不足額」の算出方法

定額減税可能額 １万円×（本人＋扶養親族数）	−	令和６年度分個人住民税額（減税前）

　＝　　②個人住民税分控除不足額

　②＜０の場合は０

➡調整不足額＝①＋②（一万円単位で「切り上げて」算出）

【参考】市町村による「令和５年分所得税額」の把握方法について

○市町村は、「令和５年分所得税額」を以下のいずれかの方法で把握予定。

① 入手した「確定申告書」、「給与支払報告書」等に記載されている所得税額を基に各市町村の税務システムに取り込んでいる活用可能なデータから所得税額を把握

② 各市町村の税務システムに取り込んでいる個人住民税課税情報（所得金額や人的控除等の情報）から、市町村独自の算出システムを用いて所得税額を推計

③ 各市町村の税務システムに取り込んでいる個人住民税課税情報（所得金額や人的控除等の情報）から、国から示す「推計所得税額等算定ツール」を用いて所得税額を推計

※「所得税額」（国税）は、個人住民税の計算に必要がないため、データ化・システム化しておらず、活用可能なデータとして保持していない団体も存在。

（内閣府資料）

⑷　その他

その他所要の措置が講じられます。

⑸　制度の周知の徹底

令和 6 年度税制改正大綱には、「今回の特別控除の緊要性に鑑み、こ
れを円滑かつ早急に実施するため財務省・国税庁は直ちに必要な準備作
業に着手すること。具体的には、源泉徴収義務者が早期に準備に着手で
きるよう、財務省・国税庁は、法案の国会提出前であっても、制度の詳
細についてできる限り早急に公表するとともに、源泉徴収義務者向けの
パンフレットの作成等広報活動を開始し、給付金担当を含む関係省庁や
地方公共団体ともよく連携しながら、制度の趣旨・内容等について、丁
寧な周知広報を行うこと」と記載されており、令和 6 年 3 月末頃と見込
まれる税制改正法案の国会可決前であっても、財務省や国税庁を中心と
した早期の情報提供が行われることとされていました。

なお、財務省及び国税庁は、令和 6 年 1 月19日付で、「令和 6 年分所
得税の定額減税の給与収入に係る源泉徴収税額からの控除について」と
題する実施要領案を公表しています。今後のさらなる情報の発信に留意
しておく必要があります。

❸　実務のポイント

⑴　給付と減税のワンセットで理解をする

本経済対策では、低所得世帯に対する給付と納税が生じる個人への減
税がワンセットで行われることになりますので、定額減税だけではな
く、給付に関する理解も深めておく必要があります。特に定額減税のみ
では控除しきれず、調整給付により補填される従業員がいる場合など
は、源泉徴収義務者においても事前の周知が必要になると考えられます。

⑵　源泉徴収事務の留意点

①　減税開始前までの特別控除の額の決定

源泉徴収事務においては、給与計算の担当者は、まず、令和 6 年 6 月
1 日以降、最初の給与等の支払をする前（減税開始前）までに、各従業
員の源泉徴収税額から特別控除する額を決定する必要があります。この
際、同一生計配偶者等（年少扶養親族や、本人の合計所得金額が900万
円を超える場合のその者の配偶者）の扶養情報について、新たに情報を

収集するなど、事前準備から相当な事務負担が生じることに留意しておく必要があります。

② 給与計算システムの改定状況の確認

給与計算の担当者は、定額減税に合わせて各ベンダーから提供されるであろうシステム改訂に留意しておく必要があります。具体的には、各従業員別の特別控除の額の管理方法、給与明細書の表記のほか、年末調整時の源泉徴収票の摘要欄への表記、令和6年6月以降の扶養親族に異動があった場合の年末調整での特別控除の額の計算方法、中途での入退社社員の取扱いなど、先を見据えたシステム改訂の状況を確認する必要があります。

③ 給与計算システムを採用していない場合

給与計算の担当者で、給与計算システムを採用しておらず、手計算や毎月同額を定額送金しているケースなども実務ではあるものと考えられます。そのような場合は、別途、特別控除の額の管理簿や給与明細への記載方法、定額送金額の変更など、個別の細やかな対応が必要となることに留意が必要です。

(3) 給与所得以外に複数所得がある場合

令和6年度税制改正大綱では、給与所得と年金所得がある者など、複数の所得がある者の特別控除の対応方法は明確になっていません。複数の所得がある場合にどの所得から先に特別控除を実施するかなどの細目は、今後、情報等が発信されるものと思われます。

(4) 所得税額から控除しきれない場合（低所得者以外）

定額減税による特別控除の額の控除は、住宅ローン控除等の税額控除適用後の所得税額が限度となります。例えば、住宅ローン控除がある場合のように年末調整時や確定申告時に所得税額が零円になることも十分に想定され、その場合には特別控除の額が控除できないことになります。このような場合の対応について、控除不足額は調整給付による対応が予定されているようです[注]。

> **(注)**「令和5年度物価高騰対応重点支援地方創生臨時交付金（給付金・定額減税一体支援枠）～低所得者支援及び定額減税補足給付金～自治体職員向けQ&A（第1版）」参照。

(5)　所得制限と年分（年度）の関係

　定額減税には、「合計所得金額1,805万円」という所得制限が付されています。所得税は令和6年分、個人住民税は令和6年度分の税額で減税が実施されることになりますが、個人住民税の令和6年度分の課税所得は、令和5年分の所得税の課税所得がベースとなります。一方で、所得税の課税所得は暦年である令和6年分がベースとなりますので、所得制限の基準として使用する合計所得金額の判断時期が所得税と個人住民税で異なり、いずれか一方のみの減税となる可能性もあります。こうした場合の対応については、大綱では読み取れない部分ですので、今後の情報による確認が必要です。

(6)　調整給付額

　調整給付額の計算では、令和5年分の所得税額に基づく推計で所得税分控除不足額を計算することになっています。このとき、その後に令和6年分の実績額が確定した段階でさらに控除不足が生じた場合には、追加で調整給付が行われることとされています。

　一方、令和6年分の所得税の実績で控除不足が生じない場合には、調整給付を受けた分は過大となることが考えられますが、その過大分については、返還を求めない方向で検討されているようです(注)。

　　(注)　「令和5年度物価高騰対応重点支援地方創生臨時交付金（給付金・定額減税一体支援枠）～低所得者支援及び定額減税補足給付金～自治体職員向けQ&A（第1版）」参照。

2 個人住民税の定額減税

Question

令和6年度分の個人住民税では、所得税の定額減税と同様、個人住民税でも減税があるようですが、減税額と減税方法について教えてください。

A 所得税と同様、令和6年度分の個人住民税においても、居住者及び控除対象配偶者等1人当たり1万円の定額減税の措置がされることとなりました。特別控除は、特別徴収の手続を通じて実施されます。以下では、個人住民税の定額減税について解説します。

ここが変わる

令和6年6月以降の特別徴収税額又は普通徴収税額からの特別控除として、所得制限（合計所得金額1,805万円以下）を設けた上、本人及び控除対象配偶者等1人につき1万円の減税が特別徴収等の手続を通じて実施されます。

適用時期

(1) 給与所得者の場合

令和6年6月分の特別徴収は行われず、特別控除の額を控除した後の個人住民税の額の11分の1の額が令和6年7月以後の特別徴収税額から控除されます。

(2) 公的年金等の受給者の場合

令和6年10月1日以後最初に厚生労働大臣等から支払を受ける公的年金等につき特別徴収をされるべき個人住民税の額から順次、特別控除の額に相当する金額が控除されます。

(3)　普通徴収の場合

　　令和6年度の第1期納付分から順次、特別控除の額が控除されます。

(4)　同一生計配偶者分の特別控除

　　控除対象配偶者以外の同一生計配偶者分の特別控除の額は、令和7年度分の個人住民税において控除されます。

解　　説

❶　改正の背景

　　改正の背景について、詳細は「1　所得税の定額減税」を参照してください。

❷　改正の内容

(1)　個人住民税の定額減税と所得制限

① 特別控除の額の控除

　　納税義務者（国内に住所を有する者）の令和6年度分の所得割の額から、特別控除の額を控除します。

② 所得制限

　　その者の令和6年度分の個人住民税に係る合計所得金額が1,805万円以下である場合に限ります。したがって、令和5年分の所得税の合計所得金額が基準となると考えられます。

［個人住民税の定額減税の概要］

○令和６年度分の個人住民税所得割の額から、納税者及び配偶者を含めた
　扶養家族１人につき、１万円の減税を行う。

○減税は、特別徴収義務者や市町村の事務負担等も考慮しながら、各徴収
　方法に応じて、実務上可能な限り早い機会を通じて行う。

○定額減税による個人住民税の減収額については、全額国費で補填する。

（例）給与所得に係る特別徴収の場合

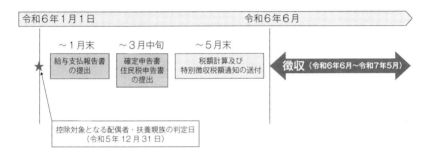

（自由民主党税制調査会資料）

③　特別控除の額等

　(イ)　特別控除の額

　　　特別控除の額は、次の金額の合計額となります。ただし、その合計
　額がその者の所得割の額を超える場合には、所得割の額が限度となり
　ます。

　　　また、控除対象配偶者を除く同一生計配偶者（国外居住者を除く）
　については、令和７年度分の所得割の額から、１万円を控除します（下
　記(ハ)参照）。

区　　　分	特別控除の額
ⓐ　本人	１万円
ⓑ　控除対象配偶者(注) 又は扶養親族（国外居住者を除く） （注）合計所得金額が1,000万円以下の納税義務者に係る合計所得 　　　金額が48万円以下の配偶者	１人につき１万円

　　　例えば、本人のほかに、控除対象配偶者と子ども２人の３人扶養し

ている場合、個人住民税の特別控除の額は、4万円（本人1万円＋控除対象配偶者等3人×1万円）となります

㈣　控除対象配偶者及び扶養親族等の判定時期

　　控除対象配偶者及び扶養親族の判定時期は、令和5年12月31日時点の状況によります。

㈥　同一生計配偶者の判定時期

　　控除対象配偶者以外の同一生計配偶者の情報は、令和6年分の所得税の申告等により初めて把握できる情報であるため、その情報を国・地方間で連携して把握します。

　　したがって、控除対象配偶者以外の同一生計配偶者分の特別控除の額は、令和7年度分の個人住民税の所得割の額から1万円が控除されます。

[個人住民税の定額減税の計算方法]

　○　全ての控除を行った後の所得割額から減税を実施する。
　　　※定額減税額を、道府県民税・市町村民税それぞれの所得割額の割合により按分。

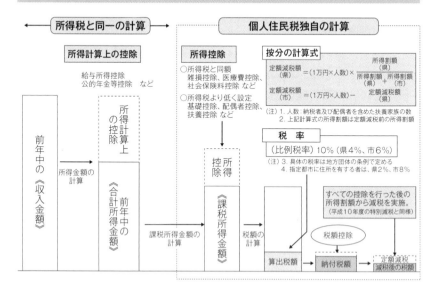

（自由民主党税制調査会資料）

⑵　特別控除の実施方法

①　給与所得に係る特別徴収の方法と特別徴収税額通知書等への記載

　㈠　令和6年6月分の特別徴収は行わない

　　特別徴収義務者は、令和6年6月に給与の支払をする際は特別徴収を行わず、特別控除の額を控除した後の個人住民税の額の11分の1の額を令和6年7月から令和7年5月まで、それぞれの給与の支払をする際毎月徴収することになります。

　㈡　特別徴収税額通知書への記載

　　地方公共団体は、令和6年度分の給与所得に係る個人住民税の特別徴収税額通知（納税義務者用）に控除した額（減税実施額）及び減税未済額を記載することとなります。

　㈢　給与支払報告書への記載

　　特別徴収義務者は、令和6年分の給与支払報告書の摘要の欄に所得税額から控除した額（減税実施額）及び減税未済額を記載することになります。

[給与所得に係る特別徴収]

○令和6年6月分は徴収せず、「定額減税「後」の税額」を令和6年7月分〜令和7年5月分の11か月で均す。【平成10年度の特別減税と同方式】

減税の実施方法（イメージ）

（自由民主党税制調査会資料）

②　公的年金等に係る所得に係る特別徴収の方法と特別徴収税額通知書等への記載

　㈠　特別徴収税額からの控除

令和6年10月1日以後最初に厚生労働大臣等から支払を受ける公的年金等につき特別徴収をされるべき個人住民税の額（以下「各月分特別徴収税額」という）から特別控除の額に相当する金額（その金額が各月分特別徴収税額を超える場合には、その各月分特別徴収税額に相当する金額）を控除します。

(ロ)　最初の支給分から控除しきれない場合

特別控除の額に相当する金額のうち、上記(イ)及びここに定めるところにより控除をしてもなお控除しきれない部分の金額は、以後令和6年度中に特別徴収される各月分特別徴収税額から、順次控除します。

(ハ)　税額決定通知書への記載

地方公共団体は、令和6年度分の公的年金等に係る所得に係る個人住民税の税額決定通知書に控除した額等を記載することになります。

(ニ)　公的年金等支払報告書への記載

特別徴収義務者は、令和6年度分の公的年金等支払報告書の摘要の欄に所得税額から控除した額等を記載することになります。

[公的年金等に係る所得に係る特別徴収]

○「定額減税「前」の税額」をもとに算出した令和6年10月分の特別徴収税額から控除し、控除しきれない場合は令和6年12月分以降の特別徴収税額から、順次控除。

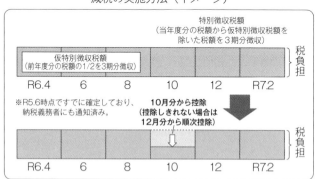

減税の実施方法（イメージ）

（自由民主党税制調査会資料）

③　普通徴収の場合

　㋑　第1期納付分からの控除

　　令和6年度分の個人住民税に係る第1期分の納付額から特別控除の額に相当する金額（その金額が第1期分の納付額を超える場合には、その第1期分の納付額に相当する金額）を控除します。

　㋺　第1期納付分から控除できない場合

　　特別控除の額に相当する金額のうち、上記㋑及びここに定めるところにより控除をしてもなお控除しきれない部分の金額は、第2期分以降の納付額から、順次控除します。

　㋩　税額決定通知書への記載

　　地方公共団体は、令和6年度分の個人住民税の税額決定通知書に控除した額等を記載することになります。

［普通徴収（事業所得者等）］

○「定額減税「前」の税額」をもとに算出した第1期分（令和6年6月分）の税額から控除し、第1期分から控除しきれない場合は、第2期分（令和6年8月分）以降の税額から、順次控除。【平成10年度の特別減税と同方式】

減税の実施方法（イメージ）

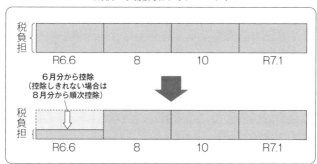

（自由民主党税制調査会資料）

⑶　道府県民税及び市町村民税における特別控除の額の割振り

①　道府県民税における特別控除の額

　道府県民税における特別控除の額は、特別控除の額に、その者の道府県民税所得割の額をその者の道府県民税所得割の額と市町村民税所得割

の額との合計額で除して得た数値を乗じて得た金額となります。

$$道府県民税における特別控除の額 = 特別控除の額 \times \frac{その者の道府県民税所得割の額}{その者の道府県民税所得割の額と市町村民税所得割との合計額}$$

(注) 上記の「道府県民税所得割の額」とは、特別控除の額を控除する前の道府県民税所得割の額をいい、上記の「市町村民税所得割の額」とは、特別控除の額を控除する前の市町村民税所得割の額をいいます。

② 市町村民税における特別控除の額

市町村民税における特別控除の額は、特別控除の額から道府県民税における特別控除の額を控除して得た金額となります。

$$市町村民税における特別控除の額 = 特別控除の額 - 道府県民税における特別控除の額(上記①)$$

(4) 特別控除の額の控除の順序

特別控除の額は、ふるさと納税による税額控除等、他の税額控除の額を控除した後の所得割の額から控除することになります。

(5) 他の制度との調整

以下の額の算定の基礎となる令和6年度分の所得割の額は、特別控除の額を控除する前の所得割の額とします。

① 都道府県又は市区町村に対する寄附金税額控除（ふるさと納税）の特例控除額の控除上限額

② 公的年金等に係る所得に係る仮特別徴収税額

(6) 国費による補填

特別控除による個人住民税の減収額は、全額国費で補填されます。

(7) その他

その他所要の措置が講じられます。

(8) 周知徹底

所得税の定額減税と同様、制度の重要性・緊急性に鑑み、法案等の成立前であっても制度の周知徹底が行われることになります（詳細は「1 所得税額の定額減税」の❷(5)を参照）。

❸ 実務のポイント

⑴ 特別徴収事務

　令和6年度分の個人住民税の特別徴収事務は、6月分は特別徴収せず、7月分以降、年税額を11等分にして特別徴収を行っていくことになります。使用している給与計算ソフトへの特別徴収税額の入力には十分に注意が必要です。給与計算ソフトを使用していない場合や、毎月同額を定額送金している場合など、支給方法によって対応が異なりますので、所得税の源泉徴収事務と合わせて必要な対応をあらかじめ確認しておく必要があるでしょう。

⑵ 所得制限の判定時期

　所得税の定額減税と同様、個人住民税の定額減税についても合計所得金額を1,805万円以下（給与年収2,000万円以下）とする所得制限が設けられています。ただし、個人住民税の定額減税は令和6年度分として実施されることから、所得制限の判定基準となる合計所得金額は、令和5年分の所得税の合計所得金額を用いることになると考えられます。所得税と個人住民税において所得制限の把握時期が異なることに留意しておく必要があります。

⑶ 同一生計配偶者の把握

　個人住民税の定額減税においては、令和6年度分で把握することができない同一生計配偶者分の特別控除の額（1万円）が、令和7年度分の特別徴収等において反映されることになります。令和6年6月以降の源泉徴収事務、年末調整並びに確定申告において、同一生計配偶者の確認漏れがないように留意しておく必要があります。

　また、令和7年度の特別徴収で同一生計配偶者分の特別控除の扱いがどのようになるのかは、今後の情報で確認すべき項目となります。

⑷ 控除不足額の取扱い

　所得税の定額減税の場合と同様、定額減税では特別控除の額を控除しきれない額が生じるケースが想定されます。例えば、住宅ローン控除の控除未済額を住民税で控除する場合や、ふるさと納税による控除額が多額に生じる場合が考えられます。この場合の控除しきれない額の取扱いについて、控除しきれずに終わるのか、給付（調整給付）で手当てされ

るのかは大綱からは読み取れませんので、今後の情報等で確認する必要
があります。

(5) 令和6年中に扶養親族に異動があった場合

　個人住民税の定額減税における扶養親族の判定時期は、同一生計配偶
者を除き、令和5年12月31日時点の状況によるものとされていますの
で、令和6年中に出生等で扶養親族が増えた場合であっても、個人住民
税の特別控除の額は増えないものと考えられます（所得税の場合は、令
和6年末の状況で年末調整又は確定申告により追加で特別控除を受ける
ことが可能）が、今後の情報で確認する必要があります。

　同一生計配偶者の取扱いに関しては、例えば、令和6年中に婚姻した
ため同年末に同一生計配偶者を有する場合、反対に、令和6年末には同
一生計配偶者を有するもののその後に離婚している場合などは、令和7
年度分の特別徴収事務がどのようになるか、あるいは、地方公共団体に
おいてどのような情報収集が行われるか、事業者において何らかの対応
が求められる可能性があるものと考えます。

3 エンジェル税制の拡充等

Question

　令和5年度税制改正に引き続き、エンジェル税制の改正が行われたようですが、どのような改正となるのでしょうか。

A　エンジェル税制の対象となる株式に一定の新株予約権が追加されるなど、制度の利便性向上に向けた改正が行われました。

ここが変わる

(1)　対象となる投資に新株予約権等の追加

　エンジェル税制（優遇措置B（株式譲渡益控除措置））の対象となる株式等の範囲について、新株予約権等が追加されます。

(2)　優遇措置A（寄附金控除措置）における手続要件の緩和

　エンジェル税制の優遇措置A（寄附金控除措置）について一定の確認手続に要する書類の添付を不要とする緩和措置等が行われます。

適用時期

　今後公表される法令等により、ご確認ください。

解　説

❶　改正の背景

　令和5年度税制改正により、スタートアップ・エコシステムの強化のためエンジェル税制に上限20億円までのスタートアップへの投資について、投資年に生じた株式譲渡益を非課税とする抜本的な強化が行われて

います。

　令和6年度税制改正でも引き続きスタートアップ・エコシステムの抜本的強化のためにストックオプション税制の強化などが図られていますが、エンジェル税制に関しては令和7年度税制改正で改めて再投資期間の見直しを含めた検討を行うこととされました。そのため、令和6年度税制改正では、制度の利便性向上に向けた改正が行われるに留まります。

❷　改正前の制度

(1)　制度の概要

　エンジェル税制とは、スタートアップやベンチャー企業に対する投資の促進を図る観点から、特定中小会社（注1）、特定株式会社（注2）及び特定新規中小会社（注3）（以下、これらを併せて「特定中小会社等」という）への投資を行った個人投資家について講じられた税制上の特例措置です。

　（注1）「特定中小会社」とは、次に掲げる法人をいいます。
　　　①　中小企業等経営強化法6条に規定する特定新規中小企業者に該当する株式会社
　　　②　内国法人のうちその設立の日以後10年を経過していない株式会社（中小企業基本法2条1項各号に掲げる中小企業者に該当する会社であることその他の一定の要件を満たすものに限る）
　　　③　内国法人のうち、沖縄振興特別措置法57条の2第1項に規定する指定会社で平成26年4月1日から令和7年3月31日までの間に同項の規定による指定を受けたもの
　（注2）「特定株式会社」とは、次の要件を満たす法人をいいます。
　　　①　中小企業等経営強化法6条に規定する特定新規中小企業者に該当する株式会社
　　　②　その設立の日以後の期間が1年未満の株式会社であることその他の要件を満たすもの
　（注3）「特定新規中小会社」とは、次に掲げる法人をいいます。
　　　①　中小企業等経営強化法6条に規定する特定新規中小企業者に該当する株式会社（その設立の日以後の期間が1年未満のものその他の一定のものに限る）

② 内国法人のうちその設立の日以後5年を経過していない株式会社（中小企業基本法2条1項各号に掲げる中小企業者に該当する会社であることその他の要件を満たすものに限る）

③ 内国法人のうち、沖縄振興特別措置法57条の2第1項に規定する指定会社で平成26年4月1日から令和7年3月31日までの間に同項の規定による指定を受けたもの

④ 国家戦略特別区域法27条の5に規定する株式会社

⑤ 内国法人のうち地域再生法16条に規定する事業を行う同条に規定する株式会社

（注4）上記（注1）③及び（注3）③を「経済金融活性化特区版エンジェル税制」、（注3）④を「国家戦略特区版エンジェル税制」、（注3）⑤を「小さな拠点税制」と呼ぶこともあります。

(2) 特例措置の内容

① 優遇措置A（寄附金控除措置）

(イ) 特定新規中小会社が発行した株式を取得した場合の課税の特例

特定新規中小会社が発行した株式を取得した場合の課税の特例は、特定新規中小会社が発行した株式（以下「特定新規株式」という）の払込みによる取得に要した金額のうち一定の金額（800万円（令和2年分以前は1,000万円）が限度）については、寄附金控除の適用を受けることができる措置です。

(ロ) 取得価額の調整計算

この特例の適用を受けた場合には、その適用を受けた特定新規株式の取得価額について一定の調整計算が必要となります（課税繰延措置）。

② 優遇措置Bとプレシード・シード特例

(イ) 特定中小会社が発行した株式の取得に要した金額の控除等（株式譲渡益控除）

平成15年4月1日以後に、居住者等(注1)が、特定中小会社の株式（以下「特定株式」という）を払込み(注2)により取得(注3)をした場合における一般株式等に係る譲渡所得等の金額又は上場株式等に係る譲渡所得等の金額の計算については、その年中に払込みにより取得をした「控除対象特定株式」(注4)の取得に要した金額の合計額(注5)が控

除されます。

（注１）特定中小会社の同族株主など一定の者を除きます。

（注２）株式の発行に際してするものに限ります。

（注３）いわゆるストックオプション税制の適用を受けるものを除きます。

（注４）その年12月31日において有する一定の特定株式に限ります。

（注５）この特例の適用前の一般株式等に係る譲渡所得等の金額及び上場株式等に係る譲渡所得等の金額の合計額が限度となります。

(ロ)　取得価額の調整計算

　　ⓐ　原則（課税繰延措置）

　　　この特例の適用を受けた場合には、その適用を受けた年の翌年以後の各年分における控除対象特定株式に係る同一銘柄株式の取得価額について、一定の調整計算（取得価額からこの特例の適用を受けた金額を控除）が必要となります。

　　ⓑ　プレシード・シード特例（非課税措置（上限20億円））

　　　特例控除対象特定株式（注）の取得に要した金額の合計額について上記(イ)の適用を受けた場合において、その適用を受けた金額として一定の金額（適用額）が20億円以下であるときは、その適用を受けた年の翌年以後の各年分における特例控除対象特定株式に係る同一銘柄特定株式の取得価額については、ⓐの調整計算が不要となります。

（注）特例控除対象特定株式とは、控除対象特定株式のうち、中小企業等経営強化法施行規則８条５号ハに該当する特定新規中小企業者の発行する株式で、その設立の日以後の期間が５年未満の株式会社であることその他一定の要件を満たすものをいいます。

③　起業特例

(イ)　特定新規中小会社がその設立の際に発行した株式の取得に要した金額の控除等

　　令和５年４月１日以後に、その設立の日の属する年において、「特定株式会社」（注１）の設立の際に発行される株式（以下「設立特定株式」という）を、居住者等（注２）が、払込み（注３）により取得（注４）をした場合における一般株式等に係る譲渡所得等の金額又は上場株式等に係る譲渡所得等の金額の計算については、その年中に払込みにより取得

をした「控除対象設立特定株式」^{（注5）}の取得に要した金額の合計額^{（注6）}が控除されます（株式譲渡益控除）。

　また、次の(ロ)の取得価額の調整により、設立特定株式の払込みの金額のうち20億円を上限として株式等に係る譲渡所得等の金額が非課税となり、その上限を超えた部分については、その特定株式の取得価額から控除して課税を繰り延べることになります。

　すなわち、上記②の「特定中小会社が発行した株式の取得に要した金額の控除等（措法37の13）（優遇措置B）」では、特例株式会社の特定株式の特例（プレシード・シード特例）の適用がある場合を除き、適用額の全額が取得価額からの控除の対象ですが、この特例においては、適用額から20億円を控除した残額が取得価額からの控除（課税繰延措置）の対象となります。

- **（注1）** 中小企業等経営強化法6条に規定する特定新規中小企業者に該当する株式会社でその設立の日以後の期間が1年未満であることなどの要件を満たすものをいいます。
- **（注2）** 特定株式会社の発起人であること、自らが営んでいた事業の全部又は一部を承継させた個人等に該当しないことなどの要件を満たすものである必要があります。
- **（注3）** 株式の発行に際してするものに限ります。
- **（注4）** いわゆるストックオプション税制の適用を受けるものを除きます。
- **（注5）** その年12月31日において有する一定の設立特定株式に限ります。
- **（注6）** この特例の適用前の一般株式等に係る譲渡所得等の金額及び上場株式等に係る譲渡所得等の金額の合計額を限度とします。

(ロ)　取得価額の調整（上限20億円までの非課税措置）

　居住者等が、その年中に取得をした控除対象設立特定株式の取得に要した金額の合計額につき上記(イ)の適用を受けた場合において、適用を受けた金額（以下「適用額」という）が20億円を超えたときは、その適用額から20億円を控除した残額を、その適用を受けた年（以下「適用年」という）の翌年以後の各年分における適用年にその適用を受けた控除対象設立特定株式に係る同一銘柄株式の取得価額又は取得費から控除する（取得価額等の圧縮を行う）こととなります。

　この調整により、投資額の20億円までは、株式譲渡益からの控除の

みが行われることとなり、取得価額の圧縮による課税の繰延べは行われません。

④　特定中小会社が発行した株式に係る譲渡損失の繰越控除等

特定株式の売却により損失が生じた場合に受けられる特例として、次の二つの措置があります。

(イ)　払込みにより取得した特定株式の売却により生じた損失の金額のうち、一般株式等に係る譲渡所得等の金額の計算上控除してもなお控除しきれない部分の金額がある場合には、上場株式等に係る譲渡所得等の金額を限度として、上場株式等に係る譲渡所得等の金額の計算上控除することができます。

(ロ)　払込みにより取得した特定株式の売却により生じた損失の金額のうち、上記(イ)の特例を適用してもなお控除しきれない部分の金額がある場合には、翌年以後３年間にわたり、一般株式等に係る譲渡所得等の金額及び上場株式等に係る譲渡所得等の金額から繰越控除することができます。

［スタートアップの資金調達（エンジェル税制現行制度）］

■投資段階の優遇措置

優遇措置①（設立10年未満の企業が対象）	選択適用	優遇措置②（設立５年未満の企業が対象）
対象企業への投資額全額をその年の株式譲渡益から控除 ※控除対象となる投資額の上限なし		（対象企業への投資額－2,000円）をその年の総所得金額から控除 ※控除対象となる投資額の上限は、総所得金額×40％と800万円のいずれか低い方

※両優遇措置により控除した額は、株式の取得価額から差し引き、株式売却時に課税される。

○エンジェル税制の対象となる企業の要件：
① 中小企業者であること（中小企業等経営強化法上の定義）
② 設立経過年数に応じた要件（試験研究費など（宣伝費、マーケティング費用含む）の収入に対する割合等）

○投資方法：
① 直接投資
② 民法上の組合及びファンド経由の投資
③ 経済産業大臣認定ファンド等経由の投資
　※(認定)ファンドについては、金融資産１億円以上の投資家のみを勧誘できる。

○投資額：株式の取得に際して払い込みをした額

■譲渡段階の優遇措置

　未上場スタートアップ株式の売却により損失が生じたときは、その年の他の株式譲渡益から、その損失額を控除可能。さらに、控除しきれなかった損失額については、翌年以降3年間にわたって、繰越控除が可能。

※　スタートアップ企業が上場しないまま、破産、解散等をして株式の価値がなくなった場合にも、同様に3年間の繰越控除が可能。

（自由民主党税制調査会資料）

［スタートアップの資金調達（スタートアップへの再投資に係る非課税措置）］

保有する株式を売却し、自己資金による創業やプレシード・シード期のスタートアップへの再投資を行う際に課税を行わない措置等を創設。
（令和5年4月1日以降の再投資について適用）

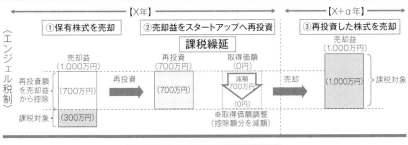

（注）プレシード・シード期のスタートアップとは、エンジェル税制の対象企業である未上場ベンチャー企業のうち、①設立5年未満、②前事業年度まで売上が生じていない又は売上が生じているが前事業年度の試験研究費等が出資金の30％超、③営業損益がマイナス、等という状況であることを指す。

※このほか、上記の措置及びエンジェル税制の措置につき、創業者の自己資金による創業については事業実態（販管費対出資金比率30％超要件等）が認められれば適用可能とするほか、プレシード・シード期のスタートアップの外部資本要件の緩和（1/6以上→1/20以上）等の要件緩和も行う。

（自由民主党税制調査会資料）

❸ 改正の内容

(1) 優遇措置Ｂ（株式譲渡益控除措置）等の見直し

優遇措置Ｂ（上記❷(2)②）及び特定中小会社が発行した株式に係る譲渡損失の繰越控除等（上記❷(2)④）について、次の措置が講じられます。

① 新株予約権の取得に要した金額の追加

適用対象となる特定新規中小企業者に該当する株式会社等により発行される特定株式の取得に要した金額の範囲に、その特定株式がその株式会社等により発行された一定の新株予約権の行使により取得をしたものである場合におけるその新株予約権の取得に要した金額が加えられます。

② 信託により取得した特定株式の追加

中小企業等経営強化法施行規則の改正を前提に、適用対象に、特定新規中小企業者に該当する株式会社等により発行される特定株式を一定の信託を通じて取得をした場合が加えられます。

③ 取得価額の調整計算の見直し

本特例の適用を受けた控除対象特定株式に係る同一銘柄株式の取得価額の計算方法について、優遇措置Ａ（特定新規中小会社が発行した株式を取得した場合の課税の特例（寄附金控除措置））の適用を受けた控除対象特定新規株式に係る同一銘柄株式の取得価額の計算方法（措法41の19③、措令26の28の３④〜⑧）と同様とする見直しが行われます。

［エンジェル税制の拡充等］

● エンジェル税制について、株式譲渡益を元手としたスタートアップへの再投資に対する非課税措置も含め、**一定の新株予約権の取得金額も対象に加える**ほか、**信託を通じた投資の対象化等**の拡充を行う。
● さらに、与党税制改正大綱において、**株式譲渡益を元手とする再投資期間の延長**について、**令和7年度税制改正**において、**引き続き検討**する方針が明記された。

税制措置の概要

以下のいずれかの措置を利用可能

投資時点	エンジェル投資	優遇措置 A	・（投資額－2,000 円）を**その年の総所得金額**から控除し課税繰延 ・控除上限は 800 万円 or 総所得金額 ×40% のいずれか低い方
		優遇措置 B	・投資額を**その年の株式譲渡益**から控除し課税繰延 ・控除上限はなし
		プレシード・シード特例	・投資額を**その年の株式譲渡益**から控除し**非課税** ・控除上限はなし（年間 20 億円までは**非課税**）
	起業	**起業特例**	・投資額を**その年の株式譲渡益**から控除し**非課税** ・控除上限はなし（年間 20 億円までは**非課税**）
株式譲渡時点		**譲渡損失**が発生した場合、その年の**他の株式譲渡益**と通算可能 （翌年以降 3 年にわたり可能）なお、破産、解散等した場合も可能	

※スタートアップへ投資した年に優遇措置を受けた場合には、その控除対象金額のうち、課税繰延分を取得価額から差し引いて譲渡損失（譲渡益）を算定

拡充等の主な内容

1 新株予約権の取得金額も対象に

現行制度は株式の取得のみが対象となっているところ、**一定の新株予約権を行使して株式を取得した際に要件を満たせば**、当該新株予約権の取得金額も税制の対象に加える。

2 信託を通じた投資も対象に

現行制度ではスタートアップへの直接投資のほか、民法上の任意組合や投資事業有限責任組合（LPS）経由の投資が対象となっているが、**指定金銭信託（単独運用）を通じた投資も加える**。

※このほか、都道府県が交付する確認書の電子化等の利便性向上を行う。

令和7年度税制改正にて検討

3 再投資期間の延長は継続検討

与党税制改正大綱において、株式譲渡益を元手とする再投資期間の延長は、**令和7年度税制改正において引き続き検討する方針が明記**された。

（経済産業省資料）

[有償新株予約権を取得する際のエンジェル税制の適用タイミング]

● 有償新株予約権の取得に対するエンジェル税制の適用については、**その新株予約権の取得時点ではなく、権利行使時点で全ての要件を確認し、要件を満たした場合には、権利行使をした年において行う**こととする。

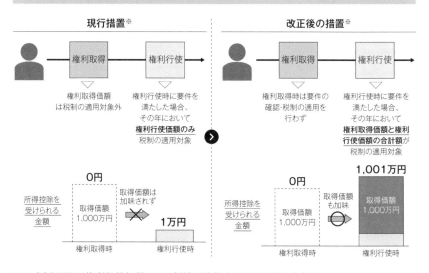

※：1,000万円で権利行使価額1円の新株予約権を1万個取得した場合

（経済産業省資料）

(2) 優遇措置Ａ（寄附金控除措置）の見直し

① 「国家戦略特区版エンジェル税制」の添付書類簡略化と延長

　優遇措置Ａ（上記❷(2)①）の適用対象となる国家戦略特別区域法に規定する特定事業を行う株式会社に係る確認手続において、次に掲げる書類については、国家戦略特別区域担当大臣へ提出する申請書への添付を要しないこととされた上、その株式会社により発行される株式の発行期限が２年延長されます。

　(イ) 株式の発行を決議した株主総会の議事録の写し、取締役の決定があったことを証する書面又は取締役会の議事録の写し

　(ロ) 個人が取得した株式の引受けの申込み又はその総数の引受けを行う契約を証する書面

② 「小さな拠点税制」の添付書類簡略化と延長

優遇措置A（上記❷(2)①）の適用対象となる地域再生法に規定する特定地域再生事業を行う株式会社に係る確認手続において、次に掲げる書類については、認定地方公共団体へ提出する申請書への添付を要しないこととされた上、その株式会社により発行される株式の発行期限が２年延長されます。

(イ)　株式の発行を決議した株主総会の議事録の写し、取締役の決定があったことを証する書面又は取締役会の議事録の写し

(ロ)　個人が取得した株式の引受けの申込み又はその総数の引受けを行う契約を証する書面

③　新株予約権の取得に要した金額等の追加

上記(1)①及び②と同様の措置（新株予約権の取得に要した金額の追加及び信託により取得した特定株式等の追加）が講じられます。

④　その他所要の措置が講じられます。

❹　実務のポイント

令和５年度税制改正に続き、令和６年度税制改正ではスタートアップを支援するための拡充として、株式等の取得に加え、一定のストックオプションもエンジェル税制の適用対象とする拡充が行われることになりました。スタートアップの株式の発行方法の多様化に対応し、スタートアップへの投資意欲を企業の内外から高めることでスタートアップ・エコシステムのさらなる発展が期待されます。

なお、令和５年度税制改正により措置されたスタートアップへの再投資に係る非課税措置を含め、再投資期間の延長（譲渡年分以外の年での再投資）については、令和７年度税制改正においての検討事項とされています。

4　NISA制度の見直し

Question

　新しいNISA制度がスタートし、令和６年度税制改正でも利便性向上に向けた見直しが行われるようですが、どのような見直しとなるのでしょうか。

　A　NISA口座を管理する金融機関が書面により交付するとされていた廃止通知書について、電磁的方法による交付が認められるとともに、非課税口座に受け入れられる上場株式等の明確化が行われます。

ここが変わる

　書面による交付が義務づけられていた「廃止通知書」について、電磁的交付が認められるなどの見直しが行われます。

適用時期

　今後公表される法令等により、ご確認ください。

解　　説

❶　改正の背景

　岸田首相の牽引する「新しい資本主義実現会議」が提唱した「資産所得倍増プラン」を受け、令和５年度税制改正においてNISAの抜本的拡充・恒久化が実現し、令和６年１月から新しいNISAがスタートしました。同プランによる「今後５年間でNISAの総口座数・買付額を倍増さ

せる」という目標の達成に向け、NISAのさらなる利便性向上への対応が求められているところです。

　また、同プランにおいては、「サービスを提供する金融機関や利用者の負担を軽減する観点から、デジタル技術の活用等により、NISAに係る手続の簡素化・合理化等を進める」こととされています。具体的には、金融機関変更時や、口座開設後10年後の顧客の所在地確認の際に書面での手続が必要となる等、デジタル化が十分に進んでいない手続等について、さらなる改善を図る必要があります。

個人所得課税

[NISAの抜本的拡充・恒久化のイメージ]　　　（2024年1月から適用）

	つみたて投資枠　併用可	成長投資枠
年間投資枠	120万円	240万円
非課税保有期間（注1）	無期限化	無期限化
非課税保有限度額（総枠）（注2）	1,800万円　※簿価残高方式で管理（枠の再利用が可能）	
		1,200万円（内数）
口座開設期間	恒久化	恒久化
投資対象商品	積立・分散投資に適した一定の投資信託　［現行のつみたてNISA 対象商品と同様］	上場株式・投資信託等（注3）　①整理・監理銘柄②信託期間20 年未満、高レバレッジ型及び毎月分配型の投資信託等を除外
対象年齢	18歳以上	18歳以上
現行制度との関係	2023年末までに現行の一般 NISA 及びつみたて NISA 制度において投資した商品は、新しい制度の外枠で、現行制度における非課税措置を適用　※現行制度から新しい制度へのロールオーバーは不可	

（注1）　非課税保有期間の無期限化に伴い、現行のつみたてNISA と同様、定期的に利用者の住所等を確認し、制度の適正な運用を担保
（注2）　利用者それぞれの非課税保有限度額については、金融機関から一定のクラウドを利用して提供された情報を国税庁において管理
（注3）　金融機関による「成長投資枠」を使った回転売買への勧誘行為に対し、金融庁が監督指針を改正し、法令に基づき監督及びモニタリングを実施
（注4）　2023年末までにジュニアNISAにおいて投資した商品は、5 年間の非課税期間が終了しても、所定の手続きを経ることで、18歳になるまでは非課税措置が受けられることとなっているが、今回、その手続きを省略することとし、利用者の利便性向上を手当て

（金融庁資料）

❷ 改正前の制度

⑴ 新しいNISA制度

令和5年度税制改正によるNISA制度の改正は、口座開設期間を恒久化し、非課税保有期間を無期限とするなど、従来のNISA制度の抜本的な見直しをするもので、令和6年1月1日以降の口座開設よりスタートしています。

⑵ 廃止通知書の交付

居住者又は恒久的施設を有する非居住者が、NISA口座の口座開設先の金融機関を変更するに当たっては、「金融商品取引業者等変更届出書」を提出する必要がありますが、この提出を受けた金融商品取引業者等の営業所の長は、その提出をした居住者等に「廃止通知書」を書面により交付しなければならないとされています。

❸ 改正の内容

非課税口座内の少額上場株式等に係る配当所得及び譲渡所得等の非課税措置（NISA）等について、次の措置が講じられます。

⑴ 廃止通知書の電磁的方法による提供等

これまでは書面による交付が求められていた廃止通知書について、次の措置が講じられることになります。

① 廃止通知書の電磁的方法による提供

金融商品取引業者等の営業所の長は、廃止通知書の交付に代えて、電磁的方法によりその廃止通知書に記載すべき事項を提供できることとされます。

② 廃止通知書の電磁的方法による提出

非課税口座を開設し、又は開設していた居住者等は、廃止通知書の提出又は非課税口座開設届出書への添付に代えて、電磁的方法によるその廃止通知書に記載すべき事項の提供及びその事項を記載したその非課税口座開設届出書の提出等ができることとされます。

[NISA利便性向上等]

【現状及び問題点】

○ 「資産所得倍増プラン」を受け、昨年の税制改正において NISA の抜本的拡充・恒久化が実現し、2024 年 1 月から新しい NISA が開始されるところ。

○ 5 年間で NISA 総口座数・買付額を倍増させる目標達成に向け、新しい NISA の利便性向上等のため、デジタル化が十分に進んでいない手続き等について、更なる改善を図る必要。

【大綱の概要】

○ 金融機関変更に伴う通知書について、書面の交付・添付に代えて、**電磁的方法により当該通知書に記載すべき事項の提供等ができる**こととする。

○ その他、NISA の利便性向上等のため、所要の措置を講ずる。

◎金融機関変更時の手続きにおけるデジタル化の促進

（金融庁資料）

⑵ 一定の新株予約権の行使により取得した上場株式等の非課税管理勘定等への受入制限

非課税口座内上場株式等について与えられた新株予約権で一定のものの行使等に際して金銭の払込みをして取得した上場株式等について、次の措置が講じられます。

① 非課税管理勘定へ受け入れられる場合の明確化

当該上場株式等は、非課税口座が開設されている金融商品取引業者等を経由して払込みをすること並びに金融商品取引業者等への買付けの委託等により取得した場合と同様の受入期間及び取得対価の額の合計額に

係る要件その他の要件を満たす場合に限り、特定非課税管理勘定に受け入れることができることとされます。

② 株式分割等により取得する上場株式等の範囲からの除外

当該上場株式等が、非課税管理勘定又は特定非課税管理勘定に受け入れることができる非課税管理勘定又は特定非課税管理勘定に係る上場株式等の分割等により取得する上場株式等の範囲から除外されます。

③ 特定口座への受入れ

当該上場株式等が、特定口座に受け入れることができる上場株式等の範囲に加えられます。

(3) 一定の金融商品取引業者等に係る要件緩和

非課税口座内上場株式等の配当等に係る金融商品取引業者等の要件について、国外において発行された株式の配当等に係る支払の取扱者でその者に開設されている非課税口座においてその株式のみを管理していることその他の要件を満たす場合には、口座管理機関に該当することとの要件を不要とされます。

(4) 一定の信託報酬の通知に関する見直し

累積投資上場株式等の要件のうち上場株式投資信託の受益者に対する信託報酬等の金額の通知に係る要件について廃止するとともに、特定非課税管理勘定で管理する公募株式投資信託については、その特定非課税管理勘定に係る非課税口座が開設されている金融商品取引業者等は、その受益者に対して、その公募株式投資信託に係る信託報酬等の金額を通知することとされます。

(5) その他

その他所要の措置が講じられます。

❹ 実務のポイント

令和6年1月1日から始まった新しいNISA制度の利便性の向上に向けた改正が行われています。

令和6年度税制改正は、主に非課税口座を管理する金融機関の手続上の利便性の向上を図ることにあり、税理士が実務的に実感できる改正内容ではありませんが、投資家の利便性向上につながることで、新しいNISA制度のさらなる普及に資するものとして期待されます。

5 ストックオプション税制の見直し

Question

ストックオプション税制について、見直しがされると聞きました。どのような見直しがされるのでしょうか。

A 株式保管委託要件の撤廃、権利行使限度額の引上げ、社外高度人材への付与要件の緩和、認定手続の軽減など、利便性向上のための所要の措置が講じられます。

ここが変わる

(1) 株式保管委託要件の撤廃

株式保管委託要件について、企業買収時において機動的に対応できるよう、一定の要件を満たす場合に「金融商品取引業者等の営業所等に保管の委託等がされること」との要件が撤廃されます。

(2) 年間権利行使価額限度額の引上げ

レイター期の人材確保に資するよう、現行1,200万円の権利行使限度額が、設立5年未満の株式会社が付与する新株予約権については2,400万円、一定の株式会社が付与する新株予約権については、3,600万円に引き上げられます。

(3) 社外高度人材への付与要件の緩和

社外高度人材の要件について、その範囲が拡充されるなどの見直しがされます。

(4) 認定手続の軽減

権利者が行う一定の書面等の提出が、電磁的方法により行うことができるようになります。

[ストックオプション税制の拡充]

■特定の取締役等が受ける新株予約権等の行使による株式の取得に係る経済的利益の非課税等の拡充

● スタートアップの人材確保や従業員のモチベーション向上に資するストックオプション税制について、①発行会社自身による株式管理スキームを創設するとともに、②年間権利行使価額の限度額を最大で現行の3倍となる3,600万円へ引上げ、③社外高度人材への付与要件を緩和・認定手続を軽減する等の拡充を行う。

現行制度
①株式保管委託要件：
非上場段階で権利行使後、証券会社に保管委託することが必要
②権利行使価額の限度額：1,200万円/年
③社外高度人材：
一定の要件を満たした社外高度人材が対象

改正概要
①株式保管委託要件：新たな株式管理スキームを創設し、発行会社による株式の管理も可能とする
②権利行使価額の限度額：
設立5年未満の会社が付与したものは、2,400万円/年
設立5年以上20年未満の会社が付与したものは、3,600万円/年
*非上場又は上場後5年未満の上場企業
③社外高度人材：新たに、非上場企業の役員経験者を追加し、国家資格保有者等に求めていた3年以上の実務経験の要件を撤廃するなど、対象を拡大

税制適格ストックオプション
□権利行使時の経済的利益には課税せず
　株式譲渡時まで課税繰延
□譲渡所得として課税

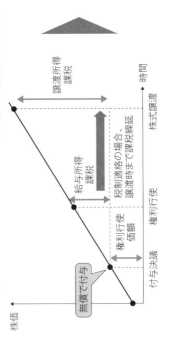

株価／付与決議／権利行使／株式譲渡／時間／無償で付与／権利行使価額／給与所得課税／譲渡所得課税／税制適格の場合、譲渡時まで課税繰延

（経済産業省資料）

適用時期

今後公表される法令等により、ご確認ください。

解　　説

❶　改正の背景

(1)　政策目的

　スタートアップは、社会課題を成長のエンジンに転換し、持続可能な経済社会を実現する新しい資本主義の考え方を体現するものであり、新しい資本主義に向けた重点投資分野にも位置付けられています。

　スタートアップを大きく成長させるためには、それを支える人材の獲得が不可欠ですが、現状、我が国の人材は大企業に集中している状況です。こうした中、資金をはじめ経営資源に乏しいスタートアップが人材を獲得するに当たってストックオプションは重要な役割を担っています。

　このため、インセンティブを通じて業績向上への意欲を高めることに加え、スタートアップの成長に不可欠な国内外の有能な人材を機動的に確保できる環境を整備することで、日本におけるスタートアップ・エコシステムの構築及び経済成長につなげることが目的となります。

(2)　施策の必要性

　ストックオプション税制は、資金をはじめ経営資源に乏しいスタートアップが人材を獲得するに当たって重要な役割を担うストックオプションの利便性・魅力を向上させるものであり、スタートアップの人材獲得に寄与しています。

　他方で、税制適格ストックオプションの株式保管委託要件がM＆A等の場面において制約になっています。また、社外高度人材への税制適格ストックオプション付与のためには、一定の要件を満たすスタートアップに限定され、かつ中小企業等経営強化法による計画認定が必要となりますが、対象者の範囲が狭く、認定に伴う手続がスタートアップの負担

になっているとの声があります。スタートアップ企業の人材獲得力向上のためには、税制適格ストックオプションの権利行使限度額の大幅引上げが必要となります。

このため、本制度について利便性向上のための見直しを行うことにより、スタートアップ企業のグローバルでの人材獲得競争力をさらに高め、国内外の人材を獲得しスタートアップの成長を実現する必要があります。

❷ 改正前の制度

ストックオプション税制（「特定の取締役等が受ける新株予約権等の行使による株式の取得に係る経済的利益の非課税等」）は、取締役や従業員等に付与される新株予約権の一種であるストックオプションについて下記要件を満たす場合、権利行使時における取得株式の時価と権利行使価額との差額に対する所得課税を株式譲渡時まで繰り延べ、株式譲渡時に、譲渡価額と権利行使価額との差額を譲渡所得として課税する制度です。

[現行制度の要件]

1.付与対象者の範囲	自社及び子会社（50％超）の取締役、執行役及び使用人（ただし大口株主及びその特別関係者、配偶者を除く）及び一定の要件を満たす社外高度人材
2.所有株式数	発行済株式の1/3を超えない
3.権利行使期間	付与決議日の2年後から10年後まで（設立から5年未満の非上場企業においては、15年後まで（令和5年度改正））
4.権利行使価額	ストックオプションに係る契約締結時の時価以上の金額
5.権利行使限度額	権利行使価額の合計額が年間で1,200万円を超えない
6.譲渡制限	他人への譲渡禁止
7.発行形態	無償であること
8.株式の交付	会社法に反しないこと
9.保管・管理など契約	証券会社等と契約していること
10.その他事務手続	法定調書、権利者の書面等の提出

（経済産業省資料を一部加工）

[発行会社自身による株式管理スキームの創設]

● 非上場の段階で税制適格ストックオプションを行使し、株式に転換した場合、税制の対象となるには、証券会社等と契約し、専用の口座を従業員ごとに開設した上で当該株式を保管委託する必要がある。

● こうした対応には、金銭コスト・時間・手続負担がかかるとの声がある。特にM&Aについては短期間での権利行使が必要となる場合もあり、スタートアップの円滑なM&AによるEXITを阻害するとの声もある。

● このような状況を踏まえ、譲渡制限株式について、発行会社による株式の管理等がされる場合には、証券会社等による株式の保管委託に代えて発行会社による株式の管理も可能とする。

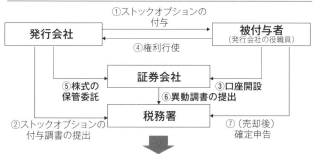

証券会社等への株式保管委託（現行）

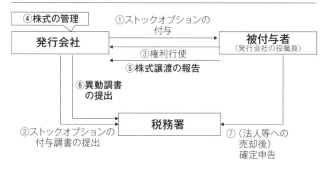

発行会社による株式の管理（改正後新設）

（経済産業省資料）

❸ 改正の内容

ストックオプション税制について、次の措置が講じられます。

(1)　株式保管委託要件の撤廃

　適用対象となる新株予約権に係る契約の要件について、「新株予約権を与えられた者と当該新株予約権の行使に係る株式会社との間で締結される一定の要件を満たす当該行使により交付をされる株式（譲渡制限株式に限る）の管理等に関する契約に従って、当該株式会社により当該株式の管理等がされること」との要件を満たす場合には、「新株予約権の行使により取得をする株式につき金融商品取引業者等の営業所等に保管の委託等がされること」との要件を満たす必要がなくなります。

(2)　年間権利行使価額限度額の大幅な引上げ

　その年における新株予約権の行使に係る権利行使価額の限度額について、次のとおり引き上げられます。

① 　設立の日以後の期間が５年未満の株式会社が付与する新株予約権については、当該限度額が2,400万円（現行：1,200万円）に引き上げられます。

② 　一定の株式会社^(注)が付与する新株予約権については、当該限度額が3,600万円（現行：1,200万円）に引き上げられます。

　　(注) 上記の「一定の株式会社」とは、設立の日以後の期間が５年以上20年未満である株式会社で、金融商品取引所に上場されている株式等の発行者である会社以外の会社又は金融商品取引所に上場されている株式等の発行者である会社のうち上場等の日以後の期間が５年未満であるものをいいます。

(3)　社外高度人材への付与要件の緩和

　中小企業等経営強化法施行規則の改正を前提に、適用対象となる特定従事者に係る要件について、次の見直しが行われます。

① 　認定新規中小企業者等に係る要件のうち「新事業活動に係る投資及び指導を行うことを業とする者が新規中小企業者等の株式を最初に取得する時において、資本金の額が５億円未満かつ常時使用する従業員の数が900人以下の会社であること」との要件が廃止されます。

② 　社外高度人材に係る要件について、次の見直しが行われます。

　　(イ) 「３年以上の実務経験があること」との要件を、金融商品取引所に上場されている株式等の発行者である会社の役員については「１年以上の実務経験があること」とし、国家資格を有する者、博士の学位を有する者及び高度専門職の在留資格をもって在留している者

[年間の権利行使価額の限度額引上げ]

● ユニコーン企業を目指して**スタートアップが大きく成長するためには**、レイター期から上場前後の**企業価値が高くなった時期に更なる成長に必要な優秀な人材を採用する必要**がある。

● スタートアップの人材獲得力向上のため、一定の株式会社が付与するストックオプションについて**年間の権利行使価額の限度額を引き上げ**る。

➡**上限2,400万円／年への引上げ：**
　設立5年未満の株式会社が付与するストックオプション

➡**上限3,600万円／年への引上げ：**
　設立5年以上20年未満の株式会社のうち、
　非上場又は上場後5年未満の上場企業が付与するストックオプション

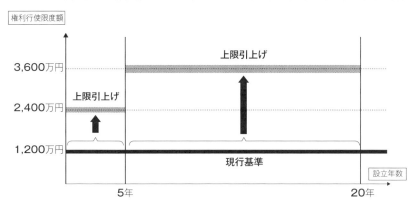

（経済産業省資料）

については廃止されます。

㈲　社外高度人材の範囲に、次に掲げる者が加わります。

　ⓐ　教授及び准教授

　ⓑ　金融商品取引所に上場されている株式等の発行者である会社の重要な使用人として、1年以上の実務経験がある者

　ⓒ　金融商品取引所に上場されている株式等の発行者である会社以外の一定の会社の役員及び重要な使用人として、1年以上の実務経験がある者

　ⓓ　製品又は役務の開発に2年以上従事した者であって、本邦の公私の機関の従業員として当該製品又は役務の開発に従事していた

期間の開始時点に対し、終了時点における当該機関のすべての事業の試験研究費等が40％以上増加し、かつ、終了時点における当該機関のすべての事業の試験研究費等が2,500万円以上であること等の一定の要件を満たすもの

ⓔ　製品又は役務の販売活動に２年以上従事した者であって、本邦の公私の機関の従業員として当該製品又は役務の販売活動に従事していた期間の開始時点に対し、終了時点における当該機関のすべての事業の売上高が100％以上増加し、かつ、終了時点における当該機関のすべての事業の売上高が20億円以上であること等の一定の要件を満たすもの

ⓕ　資金調達活動に２年以上従事した者であって、本邦の公私の機関の従業員等として当該資金調達活動に従事していた期間の開始時点に対し、終了時点における当該機関の資本金等の額が100％以上増加し、かつ、終了時点における当該機関の資本金等の額が1,000万円以上であること等の一定の要件を満たすもの

⑷　認定手続の軽減

　権利者が新株予約権に係る付与決議の日において当該新株予約権の行使に係る株式会社の大口株主等に該当しなかったことを誓約する書面等の提出に代えて、電磁的方法により当該書面等に記載すべき事項を記録した電磁的記録を提供できることとする等、所要の措置が講じられます。

⑸　その　他

　その他所要の措置が講じられます。

❹　実務のポイント

　信託型の非税制適格ストックオプションについては、令和５年５月に国税庁から「ストックオプションに関する課税（Q&A）」が公表され、役職員が信託型の非税制適格ストックオプションを行使して発行会社の株式を取得した場合には、その経済的利益は、給与所得となることが明文化されました。

　信託型の税制非適格ストックオプションについては、信託が役職員にストックオプションを付与していること、信託が有償でストックオプションを取得していることなどの理由から、その経済的利益は労務の対

[社外高度人材に対するストックオプション税制の拡充]

● スタートアップが社外人材を円滑に活用できるよう、ストックオプション税制の対象となる**社外高度人材の範囲を拡充**。新たに、**非上場企業の役員経験者**等を追加し、**国家資格保有者等**に求めていた**3年以上の実務経験の要件を撤廃**するなど、対象を拡大する。また、計画認定に際して必要な申請書類を簡素化するなど、手続き負担を軽減。

	改正前		改正後	
国家資格 (弁護士・会計士等)	国家資格を保有	3年以上の実務経験	国家資格を保有	削除
博士	博士の学位を保有	3年以上の実務経験	博士の学位を保有	削除
高度専門職	高度専門職の在留資格をもって在留	3年以上の実務経験	高度専門職の在留資格をもって在留	削除
教授・准教授	なし		教授及び准教授	
企業の役員経験者	上場企業で	3年以上の役員経験	上場企業又は一定の非上場企業で	役員・執行役員等(重要な使用人)の経験が1年以上
先端人材	将来成長発展が期待される分野の先端的な人材育成事業に選定され従事していた者		将来成長発展が期待される分野の先端的な人材育成事業に選定され従事していた者	
エンジニア・営業担当者・資金調達従事者等	過去10年間	製品又は役務の開発に2年以上従事 → 一定の売上高要件を満たす	過去10年間	製品又は役務の開発に2年以上従事 → 一定の売上高要件を満たす 製品又は役務の開発に2年以上従事 → 一定の支出要件を満たす 製品又は役務の販売活動に2年以上従事 → 一定の売上高要件を満たす 資金調達活動に2年以上従事 → 一定の資本金等要件を満たす

（経済産業省資料）

価に当たらず、「給与として課税されない」との見解がありますが、実質的には、会社が役職員にストックオプションを付与していること、役職員に金銭等の負担がないことなどの理由から、その経済的利益は労務の対価に当たり、「給与として課税される」こととなります。

6 子育て支援措置に関する政策税制

> **Question**
>
> 子育て支援税制とは、どのような内容でしょうか。

A　子育て世帯等に対する住宅ローン控除の拡充など、令和7年度
税制改正における検討事項の一部を、現況を踏まえ、令和6年限
りの措置として先行的に対応がなされます。

ここが変わる

(1)　**子育て世帯等に対する住宅ローン控除の拡充**
①　子育て世帯等における借入限度額について、認定住宅については
500万円、新築等のZEH水準省エネ住宅・省エネ基準適合住宅につい
ては1,000万円の借入限度額の上乗せ措置が講じられます。
②　子育て世帯等については、新築住宅の床面積要件が合計所得金額
1,000万円以下の者に限り40㎡に緩和されます。
(2)　**子育て世帯等である東日本大震災の被災者等に係る住宅ローン控除
の拡充**
東日本大震災の被災者向け措置についても、限度額の上乗せ措置が講
じられます。また、新築住宅の床面積要件が緩和されます。
(3)　**子育て世帯等に対する住宅リフォーム税制の拡充**
子育て世帯等が行う一定の子育て対応改修工事が対象に加わります。
(4)　**令和7年度税制改正における検討事項**
上記(1)〜(3)のほか、下記の項目が令和7年度税制改正の検討事項とし
て挙げられています。
①　**子育て世帯に対する生命保険料控除の拡充**
新生命保険料に係る一般枠（遺族保障）について、23歳未満の扶養親
族を有する場合には、現行の4万円の適用限度額に対して2万円の上乗

せ措置が講じられます。

② 扶養控除等の見直し

16歳から18歳までの扶養控除について、現行の一般部分（国税38万円、地方税33万円）に代えて、特定扶養親族に対する控除の上乗せ部分（国税25万円、地方税33万円）が復元されます。

また、ひとり親控除の控除額について、所得税は現行の35万円から38万円に、住民税は現行の30万円から33万円に引き上げられます。

適用時期

⑴ 子育て世帯等に対する住宅ローン控除の拡充

令和6年1月1日から令和6年12月31日までの間に居住の用に供した場合に適用されます。

⑵ 子育て世帯等である東日本大震災の被災者等に係る住宅ローン控除の拡充

上記⑴と同じ。

⑶ 子育て世帯等に対する住宅リフォーム税制の拡充

上記⑴と同じ。

⑷ 令和7年度税制改正における検討事項

① 子育て世帯に対する生命保険料控除の拡充

令和7年度税制改正において検討されます。

② 扶養控除等の見直し

令和7年度税制改正において、令和8年分以降の所得税と令和9年度以降の個人住民税の適用について検討されます。

解　　説

❶ 改正の背景

子育て世帯は、安全・快適な住宅の確保や、子どもを扶養する者に万が一のことがあった際のリスクへの備えなどさまざまなニーズを抱えており、子育て支援を進めるためには税制においてこうしたニーズを踏ま

えた措置を講じていく必要があることから、見直しがされます。

❷ 改正前の制度

(1) 子育て世帯等に対する住宅ローン控除の拡充
改正前の住宅ローン控除に係る借入限度額は、次表のとおりです。

新築・買取再販住宅	認定住宅	ZEH水準省エネ住宅	省エネ基準適合住宅
借入限度額	4,500万円	3,500万円	3,000万円

(2) 子育て世帯等である東日本大震災の被災者等に係る住宅ローン控除の拡充
改正前の東日本大震災の被災者等に係る住宅ローン控除の特例に係る借入限度額は、次表のとおりです。

住宅の区分	借入限度額
認定住宅	4,500万円
ZEH水準省エネ住宅	
省エネ基準適合住宅	

(3) 子育て世帯等に対する住宅リフォーム税制の拡充
現行の既存住宅のリフォームに係る特例措置（工事費用の相当額の10％を税額控除）の対象となる工事とその限度額及び最大控除額は、次表のとおりです。

対象工事		対象工事限度額	最大控除額（対象工事）
耐震		250万円	25万円
バリアフリー		200万円	20万円
省エネ		250万円（350万円）	25万円（35万円）
三世代同居		250万円	25万円
長期優良住宅化	耐震+省エネ+耐久性	500万円（600万円）	50万円（60万円）
	耐震or省エネ+耐久性	250万円（350万円）	25万円（35万円）

（注1）かっこ内の金額は、太陽光発電設備を設置する場合

（注2）対象工事の限度額超過分及びその他増改築等工事についても一定の範囲まで5％の税額控除

❸ 改正の内容

(1) 子育て世帯等に対する住宅ローン控除の拡充

住宅借入金等を有する場合の所得税額の特別控除について、次の措置が講じられます。

なお、下記①及び②について、その他の要件等は、現行の住宅借入金等を有する場合の所得税額の特別控除と同様となります。

① 個人で、年齢40歳未満であって配偶者を有する者、年齢40歳以上であって年齢40歳未満の配偶者を有する者又は年齢19歳未満の扶養親族を有する者（以下「子育て特例対象個人」という）が、認定住宅等の新築若しくは認定住宅等で建築後使用されたことのないものの取得又は買取再販認定住宅等の取得（以下「認定住宅等の新築等」という）をして令和6年1月1日から同年12月31日までの間に居住の用に供した場合の住宅借入金等の年末残高の限度額（借入限度額）を次のとおりとして本特例の適用ができることとされます。

住宅の区分	借入限度額
認定住宅	5,000万円
ZEH水準省エネ住宅	4,500万円
省エネ基準適合住宅	4,000万円

（注1）「認定住宅等」とは、認定住宅、ZEH水準省エネ住宅及び省エネ基準適合住宅をいい、「認定住宅」とは、認定長期優良住宅及び認定低炭素住宅をいいます（以下同じ）。

（注2）「買取再販認定住宅等」とは、認定住宅等である既存住宅のうち宅地建物取引業者により一定の増改築等が行われたものをいいます。

② 認定住宅等の新築又は認定住宅等で建築後使用されたことのないものの取得に係る床面積要件の緩和措置について、令和6年12月31日以前に建築確認を受けた家屋についても適用できることとされます。

③ その他所要の措置が講じられます。

○ 現下の急激な住宅価格の上昇等の状況を踏まえ、子育て世帯及び若者
夫婦世帯における借入限度額について、子育て支援の観点からの上乗せ
を行う。
○ 新築住宅の床面積要件について合計所得金額1,000万円以下の者に
限り40㎡に緩和する。

〔現行(令和6年・7年入居)〕

新築・買取再販住宅	認定	ZEH	省エネ
借入限度額	4,500万円	3,500万円	3,000万円

〔改正案(令和6年入居に限る)〕

新築・買取再販住宅		認定	ZEH	省エネ
借入限度額	子育て世帯等	5,000万円	4,500万円	4,000万円
	それ以外	4,500万円	3,500万円	3,000万円

(注)子育て世帯等:18歳以下の扶養親族を有する者又は自身もしくは配偶者のいずれかが39歳以下の者
床面積要件について、合計所得金額1,000万円以下の者に限り40㎡に緩和する。

※ 被災地向けの措置についても、上記同様に借入限度額の子育て世帯等への上乗せを行う
ほか、床面積要件の緩和を継続する。
※ 所得税額から控除しきれない額については、現行制度と同じ控除限度額の範囲内で個人
住民税額から控除する。この措置による個人住民税の減収額は、全額国費で補填する。

(自由民主党税制調査会資料)

(2) 子育て世帯等である東日本大震災の被災者等に係る住宅ローン控除の拡充

東日本大震災の被災者等に係る住宅借入金等を有する場合の所得税額
の特別控除の控除額に係る特例について、次の措置が講じられます。

なお、その他の要件等は、現行の東日本大震災の被災者等に係る住宅
借入金等を有する場合の所得税額の特別控除の控除額に係る特例と同様
となります。

① 子育て特例対象個人である住宅被災者が、認定住宅等の新築等をし
て令和6年1月1日から同年12月31日までの間に居住の用に供した場
合の再建住宅借入金等の年末残高の限度額（借入限度額）を次のとお
りとして本特例の適用ができることとされます。

住宅の区分	借入限度額
認定住宅	
ZEH水準省エネ住宅	5,000万円
省エネ基準適合住宅	

② 上記(1)②と同様の措置が講じられます。

(3) 子育て世帯等に対する住宅リフォーム税制の拡充

　既存住宅に係る特定の改修工事をした場合の所得税額の特別控除について、子育て特例対象個人が、その者の所有する居住用の家屋について一定の子育て対応改修工事をして、当該居住用の家屋を令和6年4月1日から同年12月31日までの間に居住の用に供した場合を適用対象に追加し、その子育て対応改修工事に係る標準的な工事費用相当額（250万円を限度）の10％に相当する金額をその年分の所得税の額から控除できることとされます。

　なお、この税額控除は、その年分の合計所得金額が2,000万円を超える場合には適用されず、その他の要件等は、既存住宅に係る特定の改修工事をした場合の所得税額の特別控除と同様となります。

対象工事を拡充	対象工事限度額	最大控除額 （対象工事）
一定の子育て対応改修工事	250万円	25万円

　上記の「一定の子育て対応改修工事」とは、次の工事であって、その工事に係る標準的な工事費用相当額（補助金等の交付がある場合には、当該補助金等の額を控除した後の金額）が50万円を超えること等一定の要件を満たすものをいいます。

① 住宅内における子どもの事故を防止するための工事
② 対面式キッチンへの交換工事
③ 開口部の防犯性を高める工事
④ 収納設備を増設する工事
⑤ 開口部・界壁・床の防音性を高める工事
⑥ 間取り変更工事（一定のものに限る）

　また、上記の「標準的な工事費用相当額」とは、子育て対応改修工事

の種類ごとに標準的な工事費用の額として定められた金額に当該子育て対応改修工事を行った箇所数等を乗じて計算した金額をいいます。

［子育て世帯等に対する住宅リフォーム税制の拡充］

○ 既存住宅のリフォームに係る特例措置（工事費用の相当額の10％を税額控除）について、子育て世代の居住環境の改善の観点から、子育て世帯等について、一定の子育て対応改修工事を対象に加える。

対象工事		対象工事限度額	最大控除額（対象工事）
耐震		250万円	25万円
バリアフリー		200万円	20万円
省エネ		250万円（350万円）	25万円（35万円）
三世代同居		250万円	25万円
長期優良住宅化	耐震＋省エネ＋耐久性	500万円（600万円）	50万円（60万円）
	耐震or省エネ＋耐久性	250万円（350万円）	25万円（35万円）
子育て[拡充]		250万円	25万円

子育てに対応した住宅への主なリフォームイメージ

転落防止の手すりの設置 ／ 可動式間仕切り壁の設置

対面式キッチンへの交換 ／ 防音性の高い床への交換

※ カッコ内の金額は、太陽光発電設備を設置する場合
※ 対象工事の限度額超過分及びその他増改築等工事についても一定の範囲まで5％の税額控除

〔子育て対応改修工事〕
① 住宅内における子どもの事故を防止するための工事
② 対面式キッチンへの交換工事
③ 開口部の防犯性を高める工事
④ 収納設備を増設する工事
⑤ 開口部・界壁・床の防音性を高める工事
⑥ 間取り変更工事（一定のものに限る。）

※ 子育て世帯等：18歳以下の扶養親族を有する者又は自身もしくは配偶者のいずれかが39歳以下の者
※ その年分の合計所得金額が2,000万円を超える場合には、本特例は適用しない。

（自由民主党税制調査会資料）

⑷ 令和7年度税制改正における検討事項

① 子育て世帯に対する生命保険料控除の拡充

所得税において、生命保険料控除における新生命保険料に係る一般枠（遺族保障）について、23歳未満の扶養親族を有する場合には、現行の4万円の適用限度額に対して2万円の上乗せ措置を講ずることとされます。

なお、一般生命保険料控除、介護医療保険料控除及び個人年金保険料

控除の合計適用限度額については、実際の適用控除額の平均が限度額を大きく下回っている実態を踏まえ、現行の 12 万円から変更されません。

　また、一時払生命保険については、既に資産を一定程度保有している者が利用していると考えられ、万が一のリスクへの備えに対する自助努力への支援という本制度の趣旨と合致しないことから、これが控除の適用対象から除外されます。

［生命保険料控除の拡充］

【現行制度】
※2012 年 1 月以降の契約について

【検討の方向性（イメージ）】

　　　　　　　　　　　　　　　　　　　※また、一時払生命保険については、控除の適用対象から除外

　　　　　　　　　　　　　　　　　　　　　　　　　　　　　　（金融庁資料を一部加工）

② 　扶養控除等の見直し
　㈠ 　扶養控除の見直し

　　　児童手当については、所得制限が撤廃されるとともに、支給期間について高校生年代まで延長されることとなります。

　　　これを踏まえ、16歳から18歳までの扶養控除について、15歳以下の取扱いとのバランスを踏まえつつ、高校生年代は子育て世帯において教育費等の支出がかさむ時期であることに鑑み、現行の一般部分（国

[扶養控除の見直しのイメージ]

16歳から18歳までの扶養控除について、15歳以下の取扱いとのバランスを踏まえつつ、高校生年代は子育て世帯において教育費等の支出がかさむ時期であることに鑑み、現行の一般部分（国税38万円、地方税33万円）に代えて、かつて高校実質無償化に伴い廃止された特定扶養親族に対する控除の上乗せ部分（国税25万円、地方税12万円）を復元する。

（自由民主党税制調査会資料）

※1　被扶養配偶者・児童2人世帯の年収
※2　被扶養配偶者・高校生1人・中学生1人世帯の年収

税38万円、地方税33万円）に代えて、かつて高校実質無償化に伴い廃止された特定扶養親族に対する控除の上乗せ部分（国税25万円、地方税12万円）を復元し、高校生年代に支給される児童手当と合わせ、すべての子育て世帯に対する実質的な支援を拡充しつつ、所得階層間の支援の平準化を図ることを目指します。

さらに、扶養控除の見直しにより、課税総所得金額や税額等が変化することで、所得税又は個人住民税におけるこれらの金額等を活用している社会保障制度や教育等の給付や負担の水準に関して不利益が生じないよう、当該制度等の所管府省において適切な措置を講じるとともに、独自に事業を実施している地方公共団体においても適切な措置が講じられるようにする必要があります。

具体的には、各府省庁において、今回の扶養控除の見直しにより影響を受ける所管制度等を網羅的に把握し、課税総所得金額や税額等が変化することによる各制度上の不利益が生じないよう適切な対応を行うとともに、各地方公共団体において独自に実施している事業についても同様に適切な対応を行うよう周知するなど所要の対応を行う必要があります。

扶養控除の見直しについては、令和７年度税制改正において、これらの状況等を確認することを前提に、令和６年10月からの児童手当の支給期間の延長が満年度化した後の令和８年分以降の所得税と令和９年度分以降の個人住民税の適用について結論を得るとのことです。

(ロ)　ひとり親控除の見直し

ひとり親控除について、とりわけ困難な境遇に置かれているひとり親の自立支援を進める観点から、対象となるひとり親の所得要件について、現行の合計所得金額500万円以下が1,000万円以下に引き上げられます。

また、ひとり親の子育てにかかる負担の状況を踏まえ、ひとり親控除の所得税の控除額について、現行の35万円が38万円に引き上げられます。合わせて、個人住民税の控除額について、現行の30万円が33万円に引き上げられます。

こうした見直しについて、令和８年分以降の所得税と令和９年度分以降の個人住民税の適用について扶養控除の見直しと合わせて結論を

得るとのことです。

❹ 実務のポイント

⑴ 子育て特例対象個人の定義

子育て支援措置の対象となる「子育て特例対象個人」とは、上記❸⑴では、「子育ての対象となる子どもの存在が要件」になっていません。

つまり、年齢40歳未満の夫婦の場合や年齢40歳以上であって年齢40歳未満の配偶者を有する者の場合には、必ずしも子どもがいなくても「子育て特例対象個人」に該当するように読めます。

今後公表される法案等により、確認すべきといえます。

⑵ 所得税額から控除しきれない額について

所得税額から控除しきれない額については、現行制度と同じ控除限度額の範囲内で個人住民税額から控除されます。この措置による個人住民税の減収額は、全額国費で補填されます。

7　各種特別控除の延長及び見直し

Question

　土地等の譲渡に係る各種特例について延長及び見直しが行われるようですが、どのような内容のものでしょうか。

A　(1)　収用交換等の場合の譲渡所得の5,000万円特別控除等について、一定の見直しが行われます。
　　(2)　特定土地区画整理事業等のために土地等を譲渡した場合の2,000万円特別控除について、一定の見直しが行われます。
　　(3)　特定の民間住宅地造成事業のために土地等を譲渡した場合の1,500万円特別控除の適用期限が3年延長されます。

ここが変わる

(1)　収用交換等の場合の譲渡所得の5,000万円特別控除等の特例

　漁港水面施設運営権の消滅及び漁港水面施設運営権の取消しに伴う資産の消滅等により補償金を取得する場合が適用対象に追加されます。

　また、障害者の日常生活及び社会生活を総合的に支援するための法律の就労移行支援の用に供する土地等について、引き続き簡易証明制度の対象となります。

(2)　特定土地区画整理事業等のために土地等を譲渡した場合の2,000万円特別控除の特例

　特例の適用対象に都市緑地法に規定する特別緑地保全地区内の土地等が都市緑化支援機構（仮称）に買い取られる場合が加えられるとともに、特別緑地保全地区内の土地等が緑地保全・緑化推進法人に買い取られる場合が除外されます。

　また、特例の適用対象に古都における歴史的風土の保存に関する特別措置法に規定する歴史的風土特別保存地区内の土地等が都市緑化支援機

構（仮称）に買い取られる場合が加えられます。

(3) 特定の民間住宅地造成事業のために土地等を譲渡した場合の1,500万円特別控除の特例

適用期限が3年延長されます。

適用時期

上記(1)、(2)の改正は、今後公表される法令等によりご確認ください。

上記(3)の改正は、適用期限が令和6年1月1日から令和8年12月31日まで3年延長されます。

解　説

❶　改正の背景

(1) 収用交換等の場合の譲渡所得の5,000万円特別控除等の特例

① 近年の水産物消費の減少等に対応し、漁港の有効活用を通じた水産業の健全な発展及び水産物の安定供給を図るために、漁港漁場整備法が一部改正され、漁港水面施設運営権（長期安定的に水面を占用して施設を設置し運営するための権利）が創設されます。

漁港水面施設運営権の創設に伴い、税制上も所要の措置が講じられることとなり、その一環として、漁港水面施設運営権の消滅等により補償金を取得する場合に、本特例の適用を受けることができることになります。

② 障害者等の地域生活や就労の支援の強化等により、障害者の希望する生活を実現するため、障害者の日常生活及び社会生活を総合的に支援するための法律が一部改正され、それに伴い、障害者の日常生活及び社会生活を総合的に支援するための法律の就労移行支援の用に供する土地等については、引き続き簡易証明制度の対象となる措置が講じられることになります。

(2) 特定土地区画整理事業等のために土地等を譲渡した場合の2,000万円特別控除の特例

　国際的、国家的に気候変動への対応や生物多様性の確保等が求められる中、都市の緑地の確保に向けては、都市公園等の整備による緑地確保に加え、民有地としての保全を可能とする「特別緑地保全地区」等の適切な確保・拡大が必要となってきており、地方公共団体においては、財政や体制上の制約等により、「特別緑地保全地区」等の土地の買入れの遅れや管理不全による緑地の荒廃等の課題が顕在化しています。

　「特別緑地保全地区」等に関しては、「量」・「質」の両面からの抜本的な取組強化に向けて、安定的な財源と専門的知見をもとに、地方公共団体に代わって緑地の買入れや機能維持増進を全国一元的に担う公益団体（以下「国指定法人」という）の事業の円滑化等を図ることが求められてきていました。

⑶　特定住宅地造成事業等のために土地等を譲渡した場合の1,500万円特別控除等の特例

　土地区画整理事業は、公共施設の整備及び宅地の利用増進を実現するきわめて公共性が高いまちづくりの根幹をなす事業である一方で、地権者調整の難航により事業が長期化するなどの事業のコスト・リスクが高いという問題点がありました。

　元来、工業用地や住宅地の整備に係る需要は、公共の土地区画整理事業が主導して対応してきましたが、自治体の財政面・体制面の課題から公共施工の件数がこの15年で４分の１にまで減少しています。

　そのため、件数の多い民間施工の都市区画整理を支援し、工業用地・住宅地整備を引き続き推進することが求められてきていました。

❷　改正前の制度

⑴　収用交換等の場合の譲渡所得の5,000万円特別控除等の特例

　個人が所有している土地等を、その年中に収用交換等により譲渡した場合は、以下の要件を満たす場合に限り、これらの資産に係る譲渡所得の金額の計算上5,000万円までの特別控除の特例を受けることができます（措法33の４）。

・譲渡した土地建物は固定資産であること。

・その年に公共事業のために譲渡した資産の全部について収用等に伴い代替資産を取得した場合の課税の特例を受けていないこと。

・最初に買取り等の申出があった日から6か月を経過した日までに土地建物を譲渡していること。

・公共事業の施行者から最初に買取り等の申出を受けた者（その者の死亡に伴い相続又は遺贈によりその資産を取得した者を含む）が譲渡していること。

(2)　特定土地区画整理事業等のために土地等を譲渡した場合の2,000万円特別控除の特例

　個人が所有している土地等を、国指定法人が行う一定の事業のために買い取られた場合には、一定の特例の適用を受ける場合を除き、これらの資産に係る譲渡所得の金額の計算上2,000万円までの特別控除の特例を受けることができます（措法34①・②）。

　なお、同一事業の事業用地として二以上の年にわたって買取りが行われたときは、最初の買取りが行われた年以外の買取りはこの特例の対象となりません（措法34③）。

(3)　特定住宅地造成事業等のために土地等を譲渡した場合の1,500万円特別控除等の特例

　個人が所有している土地等が、特定住宅地造成事業等のために買い取られる場合には、一定の特例の適用を受ける場合を除き、これらの資産に係る譲渡所得の金額の計算上1,500万円までの特別控除の特例を受けることができます（措法34の2①）。

❸　改正の内容

(1)　収用交換等の場合の譲渡所得の5,000万円特別控除等の特例

①　特例の適用対象の追加

　特例の適用対象に、土地収用法に規定する事業の施行者が行う当該事業の施行に伴う漁港水面施設運営権の消滅により補償金を取得する場合及び地方公共団体が漁港及び漁場の整備等に関する法律の規定に基づき公益上やむを得ない必要が生じたときに行う漁港水面施設運営権の取消しに伴う資産の消滅等により補償金を取得する場合が加えられます。

②　簡易証明制度の範囲の拡充

　障害者の日常生活及び社会生活を総合的に支援するための法律の就労移行支援の用に供する土地等について、所要の法令改正を前提に、引き

続き収用交換等の場合の譲渡所得の5,000万円特別控除等に係る簡易証明制度の対象となります。

⑵ 特定土地区画整理事業等のために土地等を譲渡した場合の2,000万円特別控除の特例

① 特例の適用対象の追加・除外

　特例の適用対象に、都市緑地法に規定する特別緑地保全地区内の土地等が同法の規定により都市緑化支援機構（仮称）（一定のものに限る）に買い取られる場合が加えられるとともに、適用対象から特別緑地保全地区内の土地等が同法の規定により緑地保全・緑化推進法人に買い取られる場合が除外されます。

② 特例の適用対象の追加

　特例の適用対象に、古都における歴史的風土の保存に関する特別措置法に規定する歴史的風土特別保存地区内の土地等が同法の規定により都市緑化支援機構（仮称）（一定のものに限る）に買い取られる場合が加えられます。

⑶ 特定住宅地造成事業等のために土地等を譲渡した場合の1,500万円特別控除等の特例

　適用期限が3年延長され、令和6年1月1日から令和8年12月31日までとなります。

❹　実務のポイント

⑴ 収用交換等の場合の譲渡所得の5,000万円特別控除等の特例

　漁港漁場整備法の一部改正により、「漁港水面施設運営権」という権利の設定が可能になりました。「漁港水面施設運営権」は、物権としてみなされ、税法上、減価償却資産（無形固定資産）として取り扱われることとなるため、それに伴い本改正では、漁港水面施設運営権の消滅等により補償金の取得する場合が新たに本特例の適用対象として追加されることとなります。

　「漁港水面施設運営権」は、令和6年4月1日に施行される予定となっていますが、具体的な取扱いについて、税法上の取扱いも含めて再度確認をしておく必要があるでしょう。

　なお、本特例の適用を受けることにより譲渡所得が生じない者で他の

理由により確定申告書を提出する必要のない者は、申告不要となりますが、本特例の適用を受けてなお譲渡所得が生じる者又は他の理由により確定申告書を提出しなければならない者は、確定申告書に本特例を適用する旨を記載し、一定の書類等を添付して申告する必要があるため注意が必要です。

⑵ 特定土地区画整理事業等のために土地等を譲渡した場合の2,000万円特別控除の特例

　都市緑地法等の改正後は、地方公共団体に代わって国指定法人（都市緑化支援機構（仮称））を介した買入れが可能になり、地方公共団体の財政負担等の問題の影響を受けることなく円滑に特別緑地保全地区等の土地を買い入れることができるようになります。

　それに伴い、本改正においても、国指定法人に対して土地を譲渡した場合でも本特例を受けることができるようになるため、まちづくりGXの推進に向けた都市緑地保全のさらなる推進が図られることが期待されます。

　なお、本特例は、前記のとおり一部の特例とは併用できない特例となっていますが、居住用財産の3,000万円特別控除の特例（措法35）の適用を受けられる場合は、本特例は、適用対象外（居住用財産の3,000万円特別控除の控除額が本特例の控除額より大きいため）となります。

　また、特定土地区画整理事業等は、事業によっては施工面積の指定を受けることがあり、法律によってはその指定面積が異なってくるため、土地を譲渡して本特例の適用を受ける場合は、事前に事業の施工者や内容などを確認しておく必要があります。

⑶ 特定住宅地造成事業等のために土地等を譲渡した場合の1,500万円特別控除等の特例

　近年、工業用地や住宅地等の開発整備は、地方公共団体の財政面・体制面の問題により公共施工から個人、組合、会社などの民間施工にシフトしてきており、引き続き民間施工への推進が図られてきています。

　本改正により、本特例の適用期限が3年延長されるため、物流の「2024年問題」や、製造業の国内回帰の動きを見据え多様な産業需要に対応する工業用地整備を促進し、全国で産業の集積が促進され、地方に仕事を作るといった効果が期待されます。

［まちづくりＧＸ※1の推進に向けた都市緑地保全の更なる推進のための特例措置の創設］

※1 気候変動対応や生物多様性の確保、Well-being の向上に対して大きな役割を有している都市緑地の多様な機能の発揮、及び都市におけるエネルギーの面的利用の推進を図る取組。

■施策の背景

○国際的、国家的に気候変動への対応や生物多様性の確保等が求められる中、都市の緑地の確保に向けては、都市公園等の整備による緑地確保に加え、民有地としての保全を可能とする「特別緑地保全地区」等※2 の適切な確保・拡大が必要。

※2 都市の緑地を現状凍結的に保全。都市計画決定により、建築行為等が原則不許可。地権者による土地の買入れ申出があった場合には、地方公共団体等が買入れ。全国 739 地区、約 1.6 万 ha（R4.3 末時点）。

○地方公共団体においては、**財政や体制上の制約等**により、「特別緑地保全地区」等の**土地の買入れの遅れや管理不全による緑地の荒廃等の課題**が顕在化。

○「特別緑地保全地区」等に関し、「量」・「質」の両面からの抜本的な取組強化に向けて、**安定的な財源と専門的知見を基に、地方公共団体に代わって、緑地の買入れや機能維持増進（緑地の機能発揮に向け樹林の更新を図るための伐採を伴う整備）**を全国一元的に担う公益団体（国指定法人）の事業の円滑化等を図る。また、**地方公共団体内部での財源確保のため、都市計画税を充当可能**に。

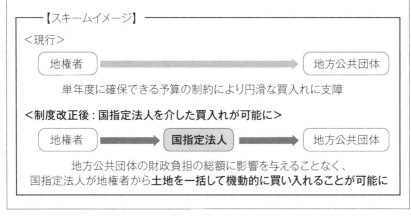

（国土交通省資料）

　なお、本特例は、前記のとおり一部の特例とは併用できない特例となっていますが、居住用財産の3,000万円特別控除の特例（措法35）又は収用交換等の特例（措法33）の適用を受けられる場合は、本特例は、適用対象外（居住用財産の3,000万円特別控除又は収用交換等の特例が本特例の控除額又は税負担より軽減効果が大きいため）となります。

[特定住宅地造成事業等のために土地等を譲渡した場合の譲渡所得の1,500万円の特別控除の延長]

良好な環境を備えた工業用地や住宅地等の宅地開発を推進するため、民間施行の土地区画整理事業として行われる一定の宅地造成事業において、施行地区内の地権者等が施行者に土地等を譲渡した場合の譲渡所得の1,500万円特別控除を3年間延長する。

施策の背景

○ 土地区画整理事業は、公共施設の整備及び宅地の利用増進を実現する、きわめて公共性が高いまちづくりの根幹をなす事業。

○ 他方で、地権者調整の難航により事業が長期化する等、事業のコスト・リスクが高い。

元来、工業用地や住宅・宅地の整備に係る需要と土地区画整理事業が主導して対応してきた。

一方、自治体の財政面・体制面の課題等からこの公共施行の件数が15年で4分の1に減少。

引き続き件数の多い民間施行※の土地区画整理事業を支援し、工業用地・住宅地整備を推進。

※個人、組合、会社施行

税制支援がもたらす効果

物流の「2024年問題」や、製造業の国内回帰の動きを見据え、多様な産業需要に対応する工業用地整備を促進、全国で、産業の集積を促進、地方に仕事をつくる。

➤ 物流施設等の用地整備における本特例活用事例

埼玉県狭山市：令和元年度適用

埼玉県ふじみ野市：令和3年度適用

要望の結果

特例措置の内容

民間施行の土地区画整理事業として行われる、以下の要件を満たした宅地造成事業のために、地権者が仮換地の前日までに土地等を譲渡した場合、譲渡所得から1,500万円を控除する。

D：民間事業者Xが先行取得
5ha以上の一団の土地
施行地区が全て市街化区域内

Xに土地等を売却したD・E・F・Gの譲渡所得から1,500万円を特別控除（法人は損金算入）して所得税を控除する。

必要な種地の確保、速やかな合意形成

結果

現行の措置を3年間（令和6年1月1日～令和8年12月31日）延長する。

（国土交通省資料）

8　各種住宅税制の延長及び見直し

個人所得課税

Question

　特定の居住用財産の買換え及び交換の場合の長期譲渡所得の課税の特例及び居住用財産の買換え等の場合の譲渡損失の繰越控除等の特例並びに特定居住用財産の譲渡損失の繰越控除等の特例の適用期限は延長されるのでしょうか。また、延長されるだけでなく見直しも行われるのでしょうか。

A　いずれの特例も適用期限が延長されるとともに、居住用財産の買換え等の場合の譲渡損失の繰越控除等の特例を受ける際に確定申告書等に添付する書類の見直しが行われます。

ここが変わる

　いずれの特例も、適用期限が2年延長されます。
　また、居住用財産の買換え等の場合の譲渡損失の繰越控除等を受けようとする個人が、債権者に対して買換資産の住宅借入金等に係る年末残高等調書制度の適用申請書を提出している場合には、住宅借入金等の残高証明書の確定申告書等への添付は不要になります。

適用時期

　いずれの特例も、適用期限が令和6年1月1日から令和7年12月31日まで2年延長されます。
　また、住宅借入金等の残高証明書の確定申告書等への添付不要については、令和6年1月1日以後に行う譲渡資産の譲渡について適用されます。

解　説

❶　改正の背景

⑴　特定の居住用財産の買換え及び交換の場合の長期譲渡所得の課税の特例

　従前住宅の所有期間の長い高齢者層は、譲渡益及びその課税負担が発生したとしても、新しいローンを組みにくい現実があります。

　従前住宅の譲渡対価等により新たな住宅を購入せざるを得ないこれらの層にとっては、譲渡時の課税負担が買換え等の障害となるため、こうした障害を減少させることにより、ライフステージの変化に応じた円滑な住替えを支援することが望まれていました。

⑵　居住用財産の買換え等の場合の譲渡損失の繰越控除等

　居住用財産の譲渡のうち約5割において譲渡損が発生し、買換えに当たっては、含み損を抱える世帯は譲渡損失が発生することがその障害となっています。

　特に、地価高騰期に住宅を取得した者においては、多額の含み損を抱えることが多くなっています。

　ライフステージ等に応じた住まいを選択できる環境を整備し、円滑な住替えを促進する観点から、譲渡損の発生という買換えに伴う障害を可能な限り最小化することが要望されていました。

　また、令和4年度税制改正において、納税者の申告利便を向上させるとともに、行政手続の電子化を促進する観点から、住宅ローン控除の適用に係る手続についての簡素化が図られ、それに伴い、本特例の適用を受ける際に確定申告書等へ添付する書類の見直しが行われます。

⑶　特定居住用財産の譲渡損失の繰越控除等の特例

　住宅ローンが残る居住用財産を譲渡し、譲渡対価をローンの返済に充てた上で、住替えを余儀なくされる者（リストラや事業の失敗により所得が減った者等）も存在し、その住替えを支援することは、その者の生活再建の観点からも重要であることから、本特例の延長が求められていました。

❷ 改正前の制度

(1) 特定の居住用財産の買換え及び交換の場合の長期譲渡所得の課税の特例

　所有期間10年超の居住用財産を、令和5年12月31日までに譲渡して、代わりの居住用財産に買い換えたときは、一定の要件の下、譲渡益に対する課税を将来に繰り延べることができます（譲渡益が非課税となるわけではない）（措法36の2）。

　例えば、1,000万円で購入した居住用財産を5,000万円で譲渡し、7,000万円の居住用財産に買い換えた場合には、通常の場合、4,000万円の譲渡益が課税対象となりますが、特例の適用を受けた場合、譲渡した年分で譲渡益への課税は行われず、買い換えた居住用財産を将来譲渡したときまで譲渡益に対する課税が繰り延べられます。

　この制度を図で説明すると次のとおりです。

[特定の居住用財産の買換え等の場合の課税の特例]

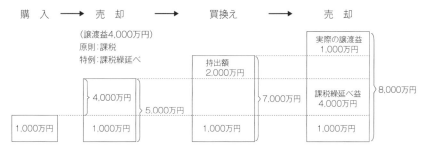

（注）　説明を簡潔にするため、減価償却などは考慮していない。

（国税庁資料）

　上記の例により説明すれば、課税が将来に繰り延べられるとは、例えば、買い換えた居住用財産を将来8,000万円で譲渡した場合に、譲渡価額8,000万円と購入価額7,000万円との差額である1,000万円の譲渡益（実際の譲渡益）に対して課税されるのではなく、実際の譲渡益1,000万円に特例の適用を受けて課税が繰り延べられていた4,000万円の譲渡益（課税繰延べ益）を加えた5,000万円が、譲渡益として課税されることになります。

［特定の居住用財産の買換え及び交換の場合の長期譲渡所得の課税の特例］

【制度の概要】
所有期間10年超の居住用財産の譲渡をし、一定の期間内に居住用財産の取得をして自己の居住の用に供した場合において、その譲渡した資産に係る譲渡所得については、一定の要件の下で、3,000万円特別控除との選択により、取得価額の引継ぎによる課税の繰延べができる。

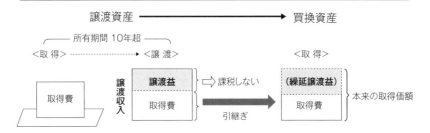

○ 譲渡資産の要件
・所有期間が10年超の居住用家屋及びその敷地等
・平成5年4月1日から令和5年12月31日までの間の譲渡
・譲渡価額が1億円以下のもの

○ 買換資産の要件
・居住用家屋（床面積50㎡以上）及びその敷地（面積500㎡以下）
（注1）既存住宅である場合には、築25年以内又は耐震基準に適合するもの（取得期限までに耐震改修等をして適合するものを含む。）に限る。
（注2）令和6年1月1日以後に建築確認を受ける住宅（登記簿上の建築日付が同年6月30日以前のものを除く。）又は建築確認を受けない住宅で登記簿上の日付が同年7月1日以降のものである場合には、一定の省エネ基準を満たすものに限る。
・譲渡日の前年の1月1日から譲渡年の12月31日までの間に取得をして、取得日から譲渡日の翌年12月31日までに間に自己の居住の用に供すること又は供する見込みであること（譲渡日の翌年12月31日（取得期限）までに買換資産を取得する見込みであり、かつ、その取得日の翌年12月31日までにその買換資産を自己の居住の用に供する見込みである場合も、適用可能）

(財務省資料)

(2)　居住用財産の買換え等の場合の譲渡損失の繰越控除等の特例

　個人が、土地又は建物を譲渡して譲渡損失の金額が生じた場合には、その損失の金額を他の土地又は建物の譲渡所得の金額から控除できますが、その控除をしてもなお控除しきれない損失の金額は給与所得や事業所得など他の所得と損益通算することはできません。

　しかし、長期譲渡所得（所有期間5年超）に該当する居住用財産（旧

居宅）を令和5年12月31日までに譲渡して、新たに居住用財産（新居宅）を取得した場合に、旧居宅の譲渡による損失（譲渡損失）が生じたときは、一定の要件を満たすものに限り、その譲渡損失をその年の給与所得や事業所得など他の所得から控除（損益通算）することができます。

　さらに、損益通算を行っても控除しきれなかった譲渡損失は、譲渡の年の翌年以後3年内に繰り越して控除（繰越控除）することができます（措法41の5）。

　また、本特例の適用を受ける場合には、下記の書類を添付する必要があります。

・居住用財産の譲渡損失の金額の明細書（確定申告書付表）
・居住用財産の譲渡損失の損益通算及び繰越控除の対象となる金額の計算書（措法41の5用）
・譲渡資産に係る登記事項証明書、売買契約書の写しその他これらに類する書類
・買換資産に係る登記事項証明書、売買契約書の写しその他の書類
・取得をした買換資産に係る住宅借入金等の残高証明書
・確定申告書の提出の日までに買い換えた資産に住んでいない場合には、その旨及び住まいとして使用を開始する予定年月日その他の事項を記載したもの

[居住用財産の買換え等の場合の譲渡損失の損益通算及び繰越控除]

【制度の概要】
個人が所有期間5年超の居住用財産の譲渡をし、一定期間内に居住用財産の取得をして自己の居住の用に供した場合(その取得した居住用財産に係る住宅借入金等の残高を有する場合に限る。)において、その譲渡した資産に係る譲渡損失については、一定の要件の下で、他の所得との損益通算及び繰越控除ができる。

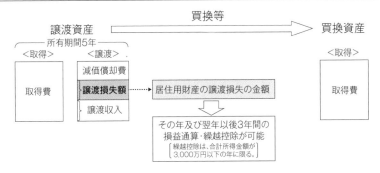

買換等

| 譲渡資産 | → | 買換資産 |

―――所有期間5年―――
＜取得＞　＜譲渡＞　　　　　　　　　　　　　　　　　　　　　＜取得＞

取得費	減価償却費
	譲渡損失額
	譲渡収入

居住用財産の譲渡損失の金額

取得費

その年及び翌年以後3年間の損益通算・繰越控除が可能
[繰越控除は、合計所得金額が3,000万円以下の年に限る。]

○ 譲渡資産の要件
・所有期間が5年超の居住用家屋及びその敷地等
(注)500㎡超の敷地に対応する部分の譲渡損失の金額は譲渡損失の対象とならない。
・平成10年1月1日から令和5年12月31日までの間の譲渡

○ 買換資産の要件
・居住用家屋(床面積50㎡以上)及びその敷地
・譲渡日の前年の1月1日から譲渡日の翌年12月31日までの間に取得をして、取得日からその翌年12月31日までの間に自己の居住の用に供すること又は供する見込みであること
・繰越控除の適用年の年末において買換資産の取得に係る一定の住宅借入金等があること
※ 買換資産について住宅ローン控除の適用可能

(財務省資料)

⑶　特定居住用財産の譲渡損失の繰越控除等の特例

　令和5年12月31日までに、住宅ローンのある長期譲渡所得に該当する居住用財産を、住宅ローンの残高を下回る価額で譲渡して損失(譲渡損失)が生じたときは、一定の要件を満たすものに限り、その譲渡損失をその年の給与所得や事業所得など他の所得から控除(損益通算)することができます(措法41の5の2)。

　さらに、損益通算を行っても控除しきれなかった譲渡損失は、譲渡の年の翌年以後3年内に繰り越して控除(繰越控除)することができます(措法41の5の2)。

[特定の居住用財産の譲渡損失の損益通算・繰越控除制度]

○譲渡資産の要件
・所有期間が5年超の居住用家屋及びその敷地等
・譲渡に係る契約を締結した日の前日において譲渡資産の取得に係る一定の住宅借入金等があること
・平成16年1月1日から令和5年12月31日までの間の譲渡

(財務省資料)

❸ 改正の内容

　いずれの特例も、適用期限（令和5年12月31日）が、令和7年12月31日まで2年延長されます。

　また、所要の経過措置を講じた上、居住用財産の買換え等の場合の譲渡損失の繰越控除等の特例の適用を受けようとする個人が令和6年1月1日以後に行う譲渡資産の譲渡について、買換資産の住宅借入金等に係る債権者に対して住宅取得資金に係る借入金等の年末残高等調書制度の適用申請書の提出をしている場合には、住宅借入金等の残高証明書の確定申告書等への添付が不要になります。

❹ 実務のポイント

⑴　特定の居住用財産の買換え及び交換の場合の長期譲渡所得の課税の特例

　本特例の適用要件の一つである譲渡対価の上限は、現行では1億円以下に限定されているため、適用を受ける者がそれほど多くないことが直近5年間の適用実績から分かります。譲渡対価が1億円の範囲で譲渡益が3,000万円を超える事例が少ないことが原因と想定され、本特例がそ

れほど機能していないことが伺えます。

適用年	適用実績
平成29年	323件
平成30年	351件
令和元年	308件
令和2年	265件
令和3年	227件

　本特例は、住宅の住替えによる居住水準の向上を支援するという住宅政策上の観点から、昭和57年に創設された後、制度の廃止・復活、譲渡対価上限の設定・廃止・復活・拡充・縮小を繰り返し、次のように現在に至っています。

[特例の経緯]

創設等の年度	譲渡対価の設定等	譲渡対価の上限
昭和57年度	本特例の創設	―
昭和63年度	本特例の廃止	―
平成5年度	本特例の復活	1億円以下
平成6年度	本特例の上限の拡充	2億円以下の引上げ
平成10年度	本特例の上限の拡充	上限廃止
平成22年度	本特例の上限の縮減	2億円以下の復活
平成24年度	本特例の上限の縮減	1億5,000万円に引下げ
平成26年度	本特例の上限の縮減	1億円以下に引下げ

　本特例の適用実績を増やすことを前提で延長するのであれば、譲渡対価の上限を引き上げる措置を講じるべきと思われます。
　また、本特例は、所有期間10年超の居住用財産についてのみ適用される特例であるため、必ず所有期間を確認する必要があります。

(2)　**居住用財産の買換え等の場合の譲渡損失の繰越控除等の特例及び特定居住用財産の譲渡損失の繰越控除等の特例**
　いずれの特例も、居住用財産を譲渡して譲渡損失が発生した場合において、その譲渡損失は原則として他の所得と損益通算・繰越控除が認め

られないにもかかわらず、例外的に他の所得と損益通算・繰越控除が認められている制度であることは共通しています。

　相違する部分は、居住用財産（旧居宅）を譲渡後に次の居住用財産（新居宅）を買い換えるか否かという点です。

　両特例の過去の適用実績を確認すると、「居住用財産の買換え等の場合の譲渡損失の繰越控除等の特例」は「特定居住用財産の譲渡損失の繰越控除等の特例」と比較して圧倒的に多く適用されていることから、実務では適用実績の多い「居住用財産の買換え等の場合の譲渡損失の繰越控除等の特例」の仕組みを改めて確認しておく必要があります。

[両特例の適用実績]

適用年	居住用財産の買換え等の場合の譲渡損失の繰越控除等の特例の適用実績	特定居住用財産の譲渡損失の繰越控除等の特例の適用実績
平成29年	6,367件	538件
平成30年	5,522件	428件
令和元年	4,971件	375件
令和2年	4,585件	336件
令和3年	4,160件	341件

9 既存住宅の改修工事等をした場合の特別控除の延長及び見直し

Question

既存住宅の改修工事をした場合の特別控除について、見直しがされると聞きました。どのような見直しがされるのでしょうか。

[A] 一定の見直しを行った上で、**適用期限が延長されます。**

ここが変わる

(1) **既存住宅の耐震改修をした場合の特別控除**

適用期限が2年延長されます。

(2) **既存住宅に係る特定の改修工事をした場合の特別控除**

子育てに対応した住宅へのリフォームを行う場合を対象とする拡充（令和6年限りの措置）、適用要件の一部見直しを行った上で、適用期限が2年延長されます。

適用時期

(1) **既存住宅の耐震改修をした場合の特別控除**

適用期限が2年間（令和6年1月1日～令和7年12月31日）延長されます。

(2) **既存住宅に係る特定の改修工事をした場合の特別控除**

適用期限が2年間（令和6年1月1日～令和7年12月31日）延長されます。

解　　説

❶　改正の背景

　我が国の住宅ストックは戸数的には充足する一方で、総世帯数は減少傾向にあり、ストック活用型社会への転換が求められています。このためには、性能向上リフォームの適切な実施等により、既存住宅を安全で質の高い住宅ストックに更新するとともに、家族において世代間で助け合いながら子や孫を育てることができるよう三世代同居に対応した優良な住宅や、家事負担の軽減等に資する子育てに対応した優良な住宅の整備・リフォームを行い、資産として次の世代に承継されていく新たな流れを創出することが重要となります。

　一方、我が国の住宅投資に占めるリフォームの割合は欧州諸国と比較して小さく、「住生活基本計画」（令和３年３月19日閣議決定）において、耐震性・省エネルギー性能・バリアフリー性能等を向上させるリフォームや建替えによる安全・安心で良好な温熱環境を備えた良質な住宅ストックの更新に取り組むこととされています。また、「少子化社会対策大綱」（令和２年５月29日閣議決定）においては、子育ての担い手の多様化と世代間での助け合いを支援するため、三世代が同居しやすい環境づくりを推進するほか、子育て世帯が、必要な質や広さを備えた住宅に、世帯の状況に応じて居住できるよう支援することとされています。

　このため、既存住宅の改修を行う者に対し、適切なインセンティブを与え、性能向上リフォームを促進することで、住宅ストックの質の向上を図り、リフォーム市場を活性化していく必要があります。

　特に少子化対策については、「経済財政運営と改革の基本方針2023」（令和５年６月16日閣議決定）において、「こども未来戦略方針」（令和５年６月13日閣議決定）に基づき抜本的な政策の強化を図ることとされており、政府としても最重要課題に位置付けています。同方針においては、既存の民間住宅ストックの活用も含めて子育て世帯の住宅支援を強化することとされています。

❷ 改正前の制度

(1) 既存住宅の耐震改修をした場合の特別控除

　個人が、自己の居住の用に供する家屋（昭和56年5月31日以前に建築されたものに限る）に一定の耐震改修をした場合に、その年分の所得税額から、一定の算式により計算した金額を控除することができます。

(2) 既存住宅に係る特定の改修工事をした場合の特別控除

　個人が、自己の居住の用に供する家屋について、一定の改修工事をした場合においては、その年分の所得税額から、一定の算式により計算した金額を控除することができます。一定の改修工事とは、次の工事をいいます。

① 高齢者等居住改修工事等（バリアフリー改修工事等）

② 一般断熱改修工事等（省エネ改修工事等）

③ 多世帯同居改修工事等

④ 耐久性向上改修工事等

❸ 改正の内容

(1) 既存住宅の耐震改修をした場合の特別控除

　適用期限が2年間（令和6年1月1日～令和7年12月31日）延長されます。

(2) 既存住宅に係る特定の改修工事をした場合の特別控除

① 子育て世帯等に対する住宅リフォーム税制の拡充

　既存住宅のリフォームに係る特例措置について、子育て世代の居住環境の改善の観点から、子育て世帯及び若者夫婦世帯が行う一定の子育て改修工事が対象に加えられます。

　本措置については、令和7年度税制改正において上記の方向性で検討が行われますが、現下の急激な住宅価格の上昇等の状況を踏まえて、令和6年限りの措置として先行的に対応されます。

② 適用期限の延長等

　既存住宅に係る特定の改修工事をした場合の特別控除について、次の措置が講じられた上、適用期限が2年間延長されます。

　(イ) 特別控除の適用対象者の合計所得金額要件が、現行の3,000万円

以下から2,000万円以下に引き下げられます。

(ロ)　特別控除の適用対象となる省エネ改修工事のうち省エネ設備の取替え又は取付工事について、エアコンディショナーに係る基準エネルギー消費効率の引上げに伴い、当該工事の対象設備となるエアコンディショナーの省エネルギー基準達成率が現行の114％以上から107％以上に変更されます。

[既存住宅のリフォームに係る特例措置の拡充・延長]

① 現行の措置を2年間(令和6年1月1日〜令和7年12月31日)延長する。

② 子育て世帯等*¹が子育てに対応した住宅へのリフォーム*²を行う場合に、標準的な工事費用相当額の10％等*³を所得税から控除する。(適用期限：令和6年12月31日)

与党大綱
R7年の措置について与党大綱、R7年度税制改正にて同様の方向性で検討

子育てに対応した住宅への
主なリフォームイメージ

転落防止の手すりの設置／可動式間仕切り壁の設置／対面式キッチンへの交換／防音性の高い床への交換

対象工事		対象工事限度額	最大控除額(対象工事)
耐震		250万円	25万円
バリアフリー		200万円	20万円
省エネ		250万円(350万円)*⁴	25万円(35万円)*⁴
三世代同居		250万円	25万円
長期優良住宅化	耐震＋省エネ＋耐久性	500万円(600万円)*⁴	50万円(60万円)*⁴
	耐震or省エネ＋耐久性	250万円(350万円)*⁴	25万円(35万円)*⁴
子育て[拡充]		250万円	25万円

※1 「19歳未満の子を有する世帯」又は「夫婦のいずれかが40歳未満の世帯」
※2 ①住宅内における子どもの事故を防止するための工事、②対面式キッチンへの交換工事、③開口部の防犯性を高める工事、④収納設備を増設する工事、⑤開口部・界壁・床の防音性を高める工事、⑥間取り変更工事(一定のものに限る。)
※3 対象工事の限度額超過分及びその他増改築等工事についても一定の範囲まで5％の税額控除
※4 カッコ内の金額は、太陽光発電設備を設置する場合

（国土交通省資料）

❹　実務のポイント

　本改正により、子育て世帯等が子育てに対応した住宅へのリフォームが、既存住宅に係る特定の改修工事をした場合の特別控除の対象に加えられました。これにより、子育てに対応した住宅へのリフォームが促進され、子育て世帯の居住環境の改善が期待されます。子育て世帯等が子育てに対応した住宅へのリフォームを行う場合の特別控除の適用に当たっては、適用対象者及び対象工事等の適用要件に該当するかを確認する必要があります。また、令和7年度税制改正においても検討が予定されているため、令和7年にリフォームを行う場合は、適用要件等を再度確認する必要があります。

10　認定住宅等の新築等をした場合の特別控除の延長及び見直し

Question

　認定住宅等の新築等をした場合の特別控除について、見直しがされると聞きました。どのような見直しがされるのでしょうか。

　A　認定住宅等の新築等をした場合の特別控除は、適用期限が延長されるとともに、一定の見直しが行われます。

ここが変わる

　適用対象者の合計所得金額要件が、現行の3,000万円以下から2,000万円以下に引き下げられます。

適用時期

　認定住宅等の新築等をした場合の特別控除は、適用期限が2年間（令和6年1月1日～令和7年12月31日）延長されます。

解　　説

❶　改正前の制度

(1)　制度のあらまし

　個人が、国内において、認定住宅等の新築・購入（新築等）をし、その新築等をした認定住宅等を自己の居住の用に供した場合には、その年分の所得税額から、認定住宅等の面積に応じた金額（税額控除限度額65万円）を控除することができる制度です。

⑵　主な適用要件

　特別控除を受けるための主な要件は、次のとおりです。

①　本年分の合計所得金額が、3,000万円以下であること。

②　認定住宅等の新築又は建築後使用されたことない認定住宅等の購入
をし、その新築等をした日から6か月以内に入居していること。

③　住宅の床面積（登記事項証明書に表示されているもの）が50㎡以上
であること。

④　住宅の床面積の2分の1以上が、専ら自己の居住用であること。

⑤　2以上の住宅を所有していないこと（所有している場合は主に居住
している住宅）

⑥　入居した年及びその年の前2年・後3年において、譲渡所得の課税
の特例等（軽減税率の特例、3,000万円の特別控除）を受けている一
定の場合に該当しないこと。

❷　改正の内容

⑴　適用期限の延長

　適用期限が2年間（令和6年1月1日～令和7年12月31日）延長され
ます。

⑵　適用対象者の合計所得金額要件

　適用対象者の合計所得金額要件が、現行の3,000万円以下から2,000万
円以下に引き下げられます。

❸　実務のポイント

　適用対象者の合計所得金額要件が改正されたため、適用を受けようと
する年分の合計所得金額に留意が必要です。

　また、住宅ローンを利用して認定住宅等の新築等をした場合で、住宅
借入金等特別控除を適用するときには、その認定住宅等の新築等につい
て認定住宅等の新築等をした場合の特別控除は適用できません。

第2章

資産課税

1 住宅取得等資金に係る贈与税の非課税措置等の延長

Question

令和5年から自宅の新築に着手しており、令和6年には引渡しを受ける予定です。引渡し時に親が残金の一部を贈与してくれるそうで、1,000万円の非課税措置を受けられるよう省エネ住宅にし、建築会社にも適用要件の確認をしていました。特例期限が延長されたとのことですから、これで税制上の優遇は問題なく受けられるでしょうか。

A 今回の改正により、令和6年以降の贈与では省エネ住宅の基準が厳しくなります。この要件を満たしていない場合、非課税枠は500万円に減少しますから、超えた分には贈与税がかかります。建築中の自宅のスペックが改正後の基準を満たしているか再度確認するようにしてください。

ここが変わる

① 直系尊属から住宅取得等資金の贈与を受けた場合の贈与税の非課税措置について、適用期限が令和5年12月31日から令和8年12月31日ま

で延長されます。

② 非課税限度額1,000万円の適用対象となる省エネ等住宅の要件のうち、新築又は建築後使用されたことのない住宅用家屋の取得をする場合の要件が、次のとおり厳しくなります

	改正前	改正後
断熱等性能等級	4以上	5以上
一次エネルギー消費量等級	4以上	6以上

なお、中古住宅の取得や増改築時については、上表改正前と同様であり変更はありません。

適用時期

令和6年1月1日から令和8年12月31日までの贈与について適用されます。

解　説

❶ 直系尊属から住宅取得等資金の贈与を受けた場合の非課税

(1) 制度の概要

令和4年1月1日から令和5年12月31日まで（改正後：令和8年12月31日まで）の間に、父母や祖父母・養父母といった直系尊属から住宅取得等資金の贈与を受けた受贈者が、贈与年の翌年3月15日までにその住宅取得等資金を自己の居住の用に供する日本国内の家屋の新築・取得・増改築の対価に充て、その家屋を同日までに自己の居住の用に供したとき、又は同日後遅滞なく自己の居住の用に供することが確実であると見込まれるときは、住宅取得等資金のうちその家屋の種類に応じて次の額まで贈与税が非課税となります（措法70の2①）。

家屋の種類	非課税限度額
省エネ等住宅	1,000万円
上記以外の住宅	500万円

⑵ 省エネ等住宅の要件

下記のいずれかを満たす住宅を省エネ等住宅といいます。

このうち②の耐震性能については、大手ハウスメーカーでは多くの場合標準仕様で耐震等級3以上を取得し、省エネ等住宅の要件を満たしています。

	中古取得・増改築	新築・新古取得	
	改正なし	改正前	改正後
①	断熱等性能等級4以上 かつ一次エネルギー消費量 等級4以上	同左	断熱等性能等級5以上 かつ一次エネルギー消費量 等級6以上（ZEH水準）
②	耐震等級（構造躯体の倒壊等防止）2以上又は免震建築物	同左	
③	高齢者等配慮対策等級 （専用部分）3以上	同左	

❷ 改正の背景

⑴ 住宅取得環境の悪化

住宅価格の高騰や住宅ローン金利負担の増大などにより住宅取得環境が悪化していること等を踏まえ、住宅取得促進策に係る所要の措置を講じるよう、国土交通省から要望が出されました。

⑵ カーボンニュートラル実現に向けた施策

資源エネルギー庁によるZEH（ネット・ゼロ・エネルギー・ハウス）の定義は、「外皮の断熱性能等を大幅に向上させるとともに、高効率な設備システムの導入により、室内環境の質を維持しつつ大幅な省エネルギーを実現した上で、再生可能エネルギー等を導入することにより、年

[住宅価格の上昇]

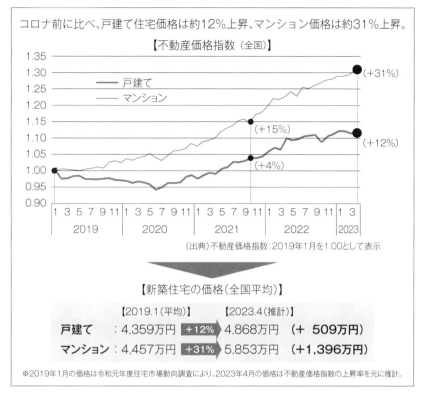

コロナ前に比べ、戸建て住宅価格は約12%上昇、マンション価格は約31%上昇。

【不動産価格指数（全国）】

戸建て
マンション

(+31%)
(+15%)
(+4%)
(+12%)

1 3 5 7 9 11 | 1 3 5 7 9 11 | 1 3 5 7 9 11 | 1 3 5 7 9 11 | 1 3
2019　　　　2020　　　　2021　　　　2022　　2023

（出典)不動産価格指数：2019年1月を1.00として表示

【新築住宅の価格(全国平均)】

	【2019.1（平均）】		【2023.4（推計）】	
戸建て	：4,359万円	+12%	4,868万円	（＋ 509万円）
マンション	：4,457万円	+31%	5,853万円	（＋1,396万円）

※2019年1月の価格は令和元年度住宅市場動向調査により、2023年4月の価格は不動産価格指数の上昇率を元に推計。

（国土交通省資料）

資産課税

間の一次エネルギー消費量の収支がゼロとすることを目指した住宅」と
されています。

　令和3年3月19日に閣議決定した住生活基本計画では、2050年カーボ
ンニュートラルの実現に向けた施策として、省エネルギー性能を一層向
上しつつ、長寿命でライフサイクルCO_2排出量が少ない長期優良住宅ス
トックやZEHストックの拡充を挙げています。この計画を踏まえて、
令和4年4月1日に国土交通省による日本住宅性能表示基準が改正さ
れ、ZEH水準の等級として断熱等性能等級5と一次エネルギー消費量
等級6が創設されました。

　改正前の省エネ等住宅の基準は、平成27年7月8日に施行された建築

物のエネルギー消費性能の向上に関する法律（建築物省エネ法）における省エネ基準相当でしたが、今回の改正では、上記計画に基づき省エネ基準がZEH水準に引き上げられました。

⑶　ZEH基準をとりまく環境

　一般社団法人環境共創イニシアチブの調査によると、令和4年度は主要住宅企業13社のうち11社で新築住宅の75％超がZEH基準を満たしており（北海道を除く）、新築注文住宅はZEH基準を標準仕様とするハウスメーカーも出てきています。

　ZEH基準と同水準の性能は、本制度の他に、住宅ローン控除における「認定長期優良住宅」や「認定低炭素建築物」、国土交通省による地域型住宅グリーン化事業等の補助金制度における「ZEH水準省エネ住宅」、東京都では「東京ゼロエミ住宅」の助成金等でも要件とされています。

　一方で、建築に当たり省エネ性能を上げることは、建築費に大きく影響します。近年は部材価格の高騰等により建築費が全般的に増大していますから、ZEH基準を満たして税制の優遇や補助金を得、その分スペックの高い住宅を建てる資金に充てるか、基準を満たさず建築費を抑えるかは検討が必要です。

❸　今後の動向

　令和5年8月に発表された国土交通省の改正要望では、本特例の期限延長について明記されていなかったことから、令和5年末の改正前期限で廃止されるのではないかと心配する声もありました。

　本特例は平成21年度改正で改組され、今回期限延長された令和8年度まで長期間継続されてきた制度です。仮に期限延長されず終了すれば、住宅にまつわる経済状況に影響が出ますから、なくなる可能性は低いのかもしれません。

　今回改正の省エネ基準の引上げは、カーボンニュートラル政策に平仄を合わせるためのものにすぎず、本特例を縮小させる意図はないと考えられます。しかし、省エネ等住宅基準は、厳しくなることはあっても緩和されることはないでしょう。今後適用期限が延期されても、本特例利用時は、その時々の規定をよく確認するよう注意しましょう。

❹ 実務のポイント

(1) 本特例適用への影響

非課税枠1,000万円の適用要件の一つである耐震性能については、大手ハウスメーカーでは多くの場合標準仕様で耐震等級３以上を取得しています。したがって、今回改正により本制度の適用が難しいものになる可能性は低いでしょう。

(2) 贈与と売買代金支払のタイミング

本特例は、原則として贈与年の翌年３月15日までに居住する必要があります。もし手付金支払時に贈与をして同日までに引渡しを受けられなければ、非課税措置を受けられず贈与額がそのまま贈与税の課税対象となります。そのため、手付金支払時ではなく、引渡し時の残金精算にあわせて贈与をした方が安全です。特に青田売りの大規模マンションは、完成までに年単位の時間がかかりますから注意が必要です。

(3) 所得税住宅ローン控除との差異

本特例と同様の住宅政策である所得税住宅ローン控除特例（措法41）は、適用対象住宅の規定が令和４年度改正でカーボンニュートラルに向け改正されました。本特例も今回省エネ基準について改正されましたが、他にも適用基準に差異がありますから、混同しないよう注意しましょう。

	住宅取得等資金贈与 （措法70の２）	住宅ローン控除 （措法41）
新築住宅	①ZEH水準省エネ、耐震又はバリアフリー、②それ以外の順で非課税額に段階あり	①認定長期優良かつ認定低炭素、②ZEH水準省エネ、③省エネ基準の順で限度額に段階あり
既存住宅	①省エネ、耐震又はバリアフリー、②それ以外の順で非課税額に段階あり	①認定長期優良かつ認定低炭素、ZEH水準省エネ又は省エネ基準、②それ以外の順で限度額に段階あり
50㎡未満住宅	新築・既存住宅	新築住宅のみ

2 法人版・個人版事業承継税制の特例承継計画の提出期限の延長

Question

事業承継税制を活用する予定で準備を進めているところですが、今般の新型コロナウイルスの影響などの要因により、事業計画が目標どおり進まないことなどで、予定していた特例承継計画の策定が大幅に遅れています。何か猶予はありますでしょうか。

A 確認申請期限が再度延長されます。

ここが変わる

法人版事業承継税制の特例承継計画の確認申請の期限が、令和6年3月31日から2年間延長されます。

個人版事業承継税制の個人事業承継計画の確認申請についても、同様に令和6年3月31日から2年間延長されます。

適用時期

法人版の特例承継計画の確認申請の期限が、令和8年3月31日までとされます。

個人事業承継計画の確認申請についても、令和8年3月31日までとされます。

解　　説

❶　非上場株式等に係る贈与税・相続税の納税猶予・免除の特例制度（法人版事業承継税制）

　平成30年1月1日から令和9年12月31日までの10年間に、中小企業における経営の承継の円滑化に関する法律による都道府県知事の認定を受けた非上場会社の後継者が、先代経営者等から非上場会社の株式又は出資を贈与又は相続等により取得をし、その会社を経営していく場合には、一定の要件の下、納付すべき贈与税又は相続税のうち、その非上場株式等に対応する贈与税又は相続税の納税が猶予され、その後継者が死亡した場合等には、その納税猶予税額の全部又は一部が免除されます（措法70の7の2、70の7の6）。

❷　個人の事業用資産についての贈与税・相続税の納税猶予・免除の特例制度（個人版事業承継税制）

　法人版事業承継税制に1年遅れて制定されました。

　平成31年1月1日から令和10年12月31日までの10年間に、青色申告に係る事業（不動産貸付業を除く）を行っていた事業者の後継者として、中小企業における経営の承継の円滑化に関する法律の認定を都道府県知事から受けた者が、贈与又は相続等により、特定事業用資産を取得した場合は、一定の要件の下、その特定事業用資産に係る贈与税・相続税が猶予され、その後継者が死亡等した場合等には、その全部又は一部が免除されます（措法70の6の8、70の6の10）。

❸　適用のための要件である、都道府県知事への認定申請期限を延長

　この特例制度の適用には、制度開始から5年以内に承継計画を策定提出し、認定を受けることが要件とされていました。

　その期限は、法人版は当初令和5年3月31日までのところ、令和4年度の改正で一度延長されて令和6年3月31日まででした。個人版は当初

より令和6年3月31日まででした。どちらも今回の改正で令和8年3月31日までとされます。

　コロナ禍による経営環境の変化により、事業承継計画の策定に時間を要していることなどが考慮されたことによります。

[特例承継計画の提出期限；法人版・個人版いずれも令和7年度末]

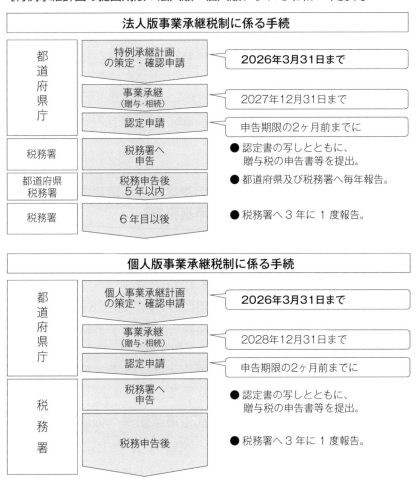

法人版事業承継税制に係る手続

都道府県庁	特例承継計画 の策定・確認申請	2026年3月31日まで
	事業承継 （贈与・相続）	2027年12月31日まで
	認定申請	申告期限の2ヶ月前までに
税務署	税務署へ 申告	● 認定書の写しとともに、 　贈与税の申告書等を提出。
都道府県 税務署	税務申告後 5年以内	● 都道府県及び税務署へ毎年報告。
税務署	6年目以後	● 税務署へ3年に1度報告。

個人版事業承継税制に係る手続

都道府県庁	個人事業承継計画 の策定・確認申請	2026年3月31日まで
	事業承継 （贈与・相続）	2028年12月31日まで
	認定申請	申告期限の2ヶ月前までに
税務署	税務署へ 申告	● 認定書の写しとともに、 　贈与税の申告書等を提出。
	税務申告後	● 税務署へ3年に1度報告。

（経済産業省資料）

❹ 実務のポイント

　法人版の特例承継計画及び個人事業承継計画の確認申請の期限は、今回の改正で2年延びますが、法人版事業承継税制は令和9年12月31日まで、個人版事業承継税制は令和10年12月31日までという、贈与又は相続等による事業承継の期限は延長されません。

　これは、事業承継を集中的に進めることを目的として、時限措置とされている特例制度であることから、今後も適用期限の延長はされない方針です。

　つまり、確認申請から贈与等の事業承継実行までの時間が短くなりますから、この特例制度の適用を受ける予定がある場合には、早期に特例承継計画の策定と確認申請を進めなければなりません。

　今回の延長で確認申請の期限は揃いましたが、贈与又は相続等による事業承継の期限は、1年ずれたままですので注意が必要です。

3　土地に係る固定資産税等の負担調整措置

Question

　都内の繁華街に土地を持っています。近年は土地が高騰しており、うちの近所の土地も異常なくらいの高値で売買されたと聞きました。前回令和3年度の固定資産税評価替えでは、負担を軽くする特別措置がありましたが、令和6年度はどうなるでしょうか。

　A　令和3年度の課税標準額据置措置はコロナ禍での特例中の特例でした。質問者の土地の負担水準によりますが、急激に評価額が増加していたら、従来からある負担調整措置が働く可能性はありますが、いずれにせよ固定資産税は増加します。その場合、残念ながら令和6年度の評価替えでは特別措置はありません。

ここが変わる

⑴　土地に係る固定資産税の負担調整措置
①　宅地等及び農地の負担調整措置については、令和6年度から令和8年度までの間、商業地等に係る条例減額制度及び税負担急増土地に係る条例減額制度を含め、現行の負担調整措置の仕組みを継続します。
②　据置年度において簡易な方法により価格の下落修正ができる特例措置を継続します。
③　その他所要の措置を講じます。
⑵　土地に係る都市計画税の負担調整措置
　固定資産税の改正に伴う所要の改正を行います。

適用時期

令和6年度から令和8年度の固定資産税及び都市計画税に適用されます。

解　　説

❶　制度の概要

⑴　土地の固定資産税（地法341、349）

　土地の固定資産税は、課税主体である市町村が3年ごとの評価替え基準年度に、前年1月1日の標準地の価額を基に標準地との相関により固定資産税路線価を決定し、固定資産税路線価から形状等を斟酌してその土地の固定資産税評価額を定めて固定資産税台帳に登載し、その評価額を元に算定した課税標準額に1.4％（都市計画税は0.3％）を乗じた額が土地所有者に課されます。

⑵　令和6年度固定資産税評価

　令和6年度固定資産税評価は、令和5年1月1日の公示価格を基準とすることとされています。ただし、令和5年7月1日の基準地価調査により下落がある場合には、その下落率を固定資産税評価額に反映して令和6年度固定資産税評価額が決定されます。

⑶　負担水準

　平成元年12月制定の土地基本法に基づき、平成6年度の評価替えにおいて、固定資産税評価額を地価公示価格の7割程度とするよう、平成3年11月に依命通達が発遣されました。

　ところが、それまで公示価格の時価の2～3割程度であった固定資産税評価額が7割へと上昇すると税負担が大激変することとなるため、負担調整措置を導入しました（地法附則17八）。

　平成9年以後は、地価下落時の負担調整による税額増加現象を緩和するため、負担水準を設定し、課税標準の据置措置等を設定することでその均衡化を図ることとされています。

$$負担水準 = \frac{前年度課税標準額}{当年度固定資産税評価額} \quad （地法附則17八）$$

❷ 負担調整措置

(1) 商業地等

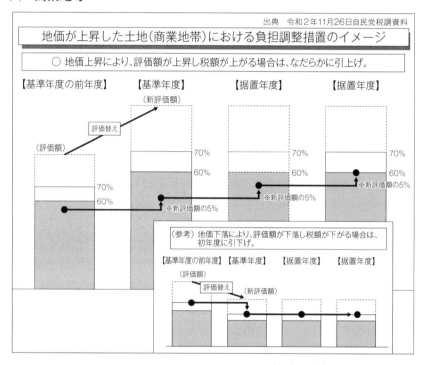

（自由民主党税制調査会資料）

① 地方税法による調整制度

　住宅地以外の宅地及び宅地比準土地である商業地等には、平成30年度地方税制改正により、固定資産税・都市計画税の負担調整措置について、負担水準を以下の場合に調整する措置が継続されています（地法附則18）。令和6年度改正により、令和8年度までこの措置が継続されます。

負担水準	課税標準額
70%超	当年度評価額×70%
60%以上70%以下	前年度課税標準額に据置
60%未満	前年度課税標準額＋当年度評価額×5％※ ※による額が当年度評価額の60％超の場合は当年度評価額×60％、20％未満の場合は当年度評価額×20％とする。

② 条例による商業地等の減額制度

　上記措置とは別に、市町村は商業地等に係る条例減額制度として、価格の60％以上70％未満の範囲で市町村条例により減額割合を定め、超える場合は超える額を減額することができるとされていました（地法附則21）。令和6年度改正により、令和8年度までこの措置が継続されます。

　例えば、東京都では、次のような条例減額制度を設けており、改正によりこれらが令和8年度まで継続されます。

　(イ)　東京都23区内では負担水準の上限を65％とする減額（都税条例附則15の2）。

　(ロ)　税額が前年度の1.1倍を超える土地につき、超える部分を減額（都税条例附則15の3、20の3）。

(2)　住宅地等

　住宅地の負担水準算定の課税標準は、住宅用地の課税標準の特例（小規模住宅用地1／6、一般住宅用地1／3）適用後です。

① 地方税法による調整措置

負担水準	課税標準額
100%以上	当年度評価額×100%
100%未満	前年度課税標準額＋当年度評価額×5％※ ※による額が当年度評価額の20％を下回る場合は当年度評価額×20％とする。

② 条例による商業地等の減額制度

　上記措置とは別に、市町村は住宅地等に係る条例減額制度として、価格の60％以上70％未満の範囲で市町村条例により減額割合を定め、超え

る場合は超える額を減額することができるとされていました（地法附則21の２）。

　減額条例が施行されている市町村は、令和６年度改正により、この措置が令和８年度まで継続されます。

❸　改正の背景

　令和２年からのコロナ禍により、日本経済は大打撃を受け、令和２年度はGDP実質成長率がマイナス4.1％まで落ち込みました。その後復調し、令和４年度は1.4％まで回復しましたが、実質GDPは令和元年度の550兆円に対して令和４年度は548兆円とわずかに劣り、依然としてコロナ禍前の水準まで回復しておらず（内閣府「国民経済計算（GDP統計）」）、東京商工リサーチの調査では倒産件数が20か月連続で増加するなど、予断を許さない状況です。そのため、物価上昇の影響等を懸念し、経済回復の歩みを着実なものにしていくことが重要であるとして、負担調整措置延長の要望が出されました。

■ 施策の背景

・全国的に地価は緩やかに上昇しており、固定資産税（商業地等）は、現行措置を縮小等しなくても、過去最大の増収幅での自然増収となる見込み。
・足元の経済は、倒産件数が20か月連続で増加するなど予断を許さない状況。
・負担調整措置の廃止等を行えば、既に物価高騰などに苦しむ経営者を更に苦しめ、設備投資までも冷え込ませかねない。
・成長に必要な前向きな投資を促進し、経済回復の歩みを着実なものとするためにも、負担調整措置等の延長は必要。

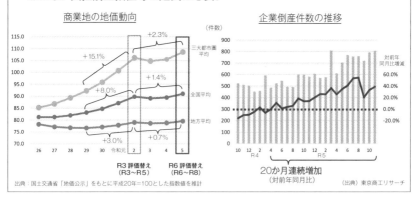

（国土交通省資料）

---

❹ 負担水準据置ゾーンと課税の公平性

⑴ 負担水準据置ゾーンへの収斂

　平成９年度から負担水準の均衡化を進めた結果、令和２年度の商業地等における負担水準は、据置特例の対象となる60％以上70％以下の据置ゾーン内にほぼ収斂し、税負担の公平性が図られました。

　しかし、近年の大都市を中心とした地価の高騰及び地方における地価の下落により、負担水準が再びばらついた状態になりました。令和５年度は70％の土地が据置ゾーンに収まっていましたが、令和６年度の負担水準の分布見込みでは、34％まで低下します。

　このため、令和６年度税制改正の基本的考え方では、大都市を中心に負担水準が下落して据置ゾーンを下回る土地の負担水準を据置ゾーン内に再び収斂させることに優先的に取り組むべきであるとしています。

資産課税

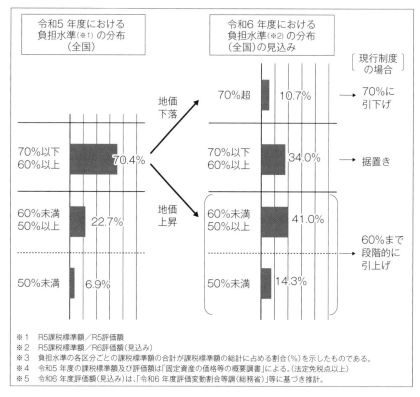

（自由民主党税制調査会資料）

(2)　負担水準据置ゾーン内の不均衡問題

　一方、据置特例が存在することで、据置ゾーン内における負担水準の不均衡が解消されないという課題があります。本来、同じ評価額の土地については同じ税負担を求めるべきですが、負担水準が60％の土地は60％で、70％の土地は70％で据え置かれるため、評価額が同じでも両者の課税標準額には10％もの開きが生じます。

　そのため、税負担の公平性や市町村の基幹税である固定資産税の充実確保の観点から、固定資産税の負担調整措置のあり方については、引き続き検討を行うとされています。

[据置特例によって生じる、負担水準の不均衡が解消されないという課題（イメージ）]

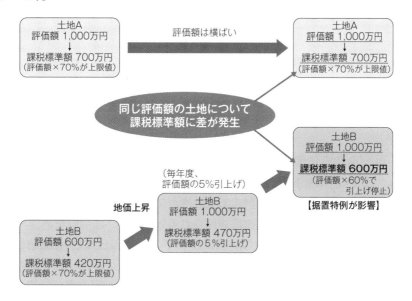

（自由民主党税制調査会資料）

❺ 実務のポイント

① 　前回評価替えの令和３年度は、課税標準額が令和２年度から据え置かれ、続く令和４年度は、商業地に限り負担水準60％未満の土地の負担調整率５％を2.5％とし、増加率を半減させる措置が取られました。いずれもコロナ禍における１回限りの特別措置でした。今回はそういった措置がありませんから、評価替えによって負担水準が60％未満を割り込めば、固定資産税の増額は避けられません。

② 　市町村税全体に占める固定資産税及び都市計画税の割合は47％あり、特に都市以外の町村では52％と過半数を超えています（総務省「市町村税収全体に占める固定資産税収の割合（令和３年度決算額)」）。今後も固定資産税等の減税は厳しいかもしれません。

4 分譲マンション評価の見直し
（令和５年度改正項目）

Question

令和５年度税制改正大綱で、マンションの相続税評価について適正化を検討するとされていました。どうなったのでしょうか。

Ａ 令和５年度税制改正大綱では、「マンションの相続税評価」について、「相続税法の時価主義の下、市場価格との乖離の実態を踏まえ、適正化を検討する」とされていました。それを受けて、令和６年１月１日以後に適用される個別通達（法令解釈通達）「居住用の区分所有財産の評価について」が令和５年９月28日付で発出されました。

　これにより、区分所有の居住用マンションの財産評価に限り、土地・建物とも、理論時価の６割水準を目途として、従来の相続税評価額×区分所有補正率により評価することとされました。

ここが変わる

　令和５年９月28日付法令解釈通達「居住用の区分所有財産の評価について」によれば、区分所有の居住用マンションの令和６年１月１日以後の評価は、次の図のように、土地・建物とも「自用相続税評価額×区分所有補正率」により評価した価額を自用地としての価額とみなすとされています。

　区分所有補正率は、まず評価乖離率を算定の上、その逆数である評価水準により判定して求めます。

[区分所有マンションの評価]

1. 評価乖離率＝A＋B＋C＋D＋3.220

A | 築年数（１年未満端数繰上）×△0.033

＋

B | 地上総階数÷33（小数点以下４位切捨）×0.239

＋

C | 所在階（メゾネットは下階）×0.018

＋

D | 敷地面積 × 敷地権割合（小数点以下３位切上）
÷ 専有部分面積（小数点以下４位切上）
×△1.195

＋
3.220

2. 1÷評価乖離率 ＝ 評価水準

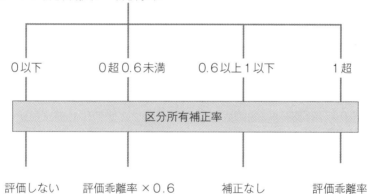

| 0以下 | 0超0.6未満 | 0.6以上1以下 | 1超 |

区分所有補正率

| 評価しない | 評価乖離率×0.6 | 補正なし | 評価乖離率 |

3. 区分所有マンションの評価

土地・建物の評価額 ＝ 相続税評価額 × 区分所有補正率

・家屋：区分所有権の価額＝固定資産税評価額×1.0×区分所有補正率
・土地：敷地利用権の価額＝路線価評価等の敷地評価額×敷地権割合×区分所
有補正率

資産課税

適用時期

令和6年1月1日以後に相続、遺贈又は贈与により取得した居住用区分所有マンションの評価について適用されます。

解　　説

❶　マンション相続税評価の混乱

近年、コロナ低金利政策や円安による海外資本の参入等により、大都市都心部では、タワーマンションをはじめ不動産物件が極めて高額で売買されています。

しかし、土地は路線価、建物は固定資産税評価額という従来の財産評価基本通達での相続税評価額は、実勢時価と大きく乖離していました。

そしてこの乖離を利用して相続税対策としたいわゆる「タワマン節税」の横行に対し、課税庁は否認。「通達の定めによることが不適当な場合は国税庁長官の指示による」という財産評価基本通達総則6項を適用した裁決や判決が続出したのは、本書令和5年度版で触れたとおりです。

こうしたタワマン節税否認事例を機に、平成29年度税制改正で、60m超の居住用超高層建築物の固定資産税評価を高層階に高額に配賦する見直し（地法352②、地規15の3の2、7の3の2）をしましたが、家屋部分の評価の配賦の変更に過ぎず、マンション価格自体の評価変更ではありませんでした。

最高裁令和4年4月19日判決により、相続開始より3年より前の取得であっても、タワーマンションでなくても、相続税評価が否認されてしまうのか、と税界は衝撃を受けました。

そして、この最高裁判決を受けて、令和4年12月16日の令和5年度与党税制改正大綱の「基本的考え方等」の「5．円滑・適正な納税のための環境の整備　(5)マンションの相続税評価について」において、「納税者の予見可能性を確保する必要」のため、マンション評価方法の適正化

を検討するとしました。

　これを受けて、国税庁は令和5年1月、マンションに係る財産評価基本通達に関する有識者会議を発足。通達価格と市場価格との乖離を踏まえ、相続税評価の適正化に着手し、パブリックコメントに付した上で、令和5年9月28日、法令解釈通達「居住用の区分所有財産の評価について」を発遣し、令和6年1月1日以後の相続・遺贈・贈与でのマンション評価を定めたのです。

❷　改正評価の適用除外

　改正評価の対象は、一棟の区分所有建物に存する居住用専有部分の区分所有権及び敷地利用権、つまり分譲マンションのみであり、区分所有建物であっても、次の要件を満たす場合は除かれます。
① 　地階を除く階数が2以下のもの
② 　3以下の居住用専有部分でその全部が区分所有者又はその親族の居住用であるもの
③ 　販売用資産（棚卸商品）

　これら①・②は、従来どおりの路線価方式・固定資産税評価額等に基づく相続税評価額、③は最終仕入原価法等（評基通133、所令102）によることになります。

　したがって、区分登記されていても、居住用でない事業用不動産、テナントビル、地上階数2階以下の建物、いわゆる二世帯住宅、区分登記のない一棟賃貸マンション、一棟ビル、一棟倉庫等は対象外であり、従来どおりです。

　令和4年に最高裁で否認された一棟賃貸マンションには、この改正通達は及んでいませんが、令和5年10月11日付資産評価企画官情報第2号ほか「『居住用の区分所有財産の評価について』（法令解釈通達）の趣旨について（情報）」）では、総則6項の適用を否定しないとしていますから、除外不動産であっても予断を許しません。

❸　新通達では理論市場価格の6割に

　分譲マンションは売買取引事例が多いことから、不動産鑑定における収益還元価格等が反映される可能性もありましたが、新たな評価方法

は、相続税評価額と売買実例価額の乖離に着目して決定されました。

　つまり、従来の相続税評価に、乖離率を反映した補正率を乗じて計算します。ポイントは評価乖離率とそれを判定基準とした評価水準です。

(1)　**評価乖離率**

　国税庁は、相続税評価額が市場価格と乖離する要因を、A.築年数、B.総階数指数、C.所在階、D.敷地持分狭小度の４指数として分析、理論時価の６割を目安に評価額とすることとしました。

　計算の係数は重回帰計算分析に基づいた複雑な計算となることから、国税庁は令和５年12月１日に、エクセルでの計算表もリリースしています。

https://www.nta.go.jp/taxes/tetsuzuki/shinsei/annai/hyoka/annai/1470-17.htm

　次の図の評価乖離率のＡＢＣＤの係数は、すべて不動産登記簿登載の数字です。評価の簡便性を考慮したものでしょう。

　この係数から、以下のことがわかります。

Ａ：築年数が新しいほど乖離率が上がる。

Ｂ：総階数が高いほど乖離率が上がる。

Ｃ：所在階数が高いほど乖離率が上がる。

Ｄ：敷地持分狭小度が少なく敷地一杯に高度利用されているほど乖離率は上がる。

　分譲マンション市場の選好性の大きな要素は、立地・眺望・方位などでしょう。立地については、相続税評価額算定での路線価に反映されていると考えられますが、眺望・方位などは、評価の係数とされていません。登記情報で取得できないという事情もあるでしょう。

⑵ 評価水準で補正判定

［評価方法の見直しのイメージ］

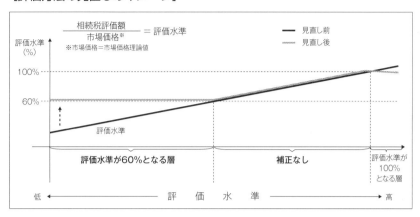

概　要

① 一戸建ての物件とのバランスも考慮して、相続税評価額が市場価格理論値の60％未満となっているもの（乖離率1.67倍を超えるもの）について、市場価格理論値の60％（乖離率1.67倍）になるよう評価額を補正する。
② 評価水準60％～100％は補正しない（現行の相続税評価額×1.0）
③ 評価水準100％超のものは100％となるよう評価額を減額する。

（注１）令和６年１月１日以後の相続等又は贈与により取得した財産に適用する。
（注２）上記の評価方法の適用後も、最低評価水準と重回帰式については、固定資産税の評価の見直し時期に併せて、当該時期の直前における一戸建て及びマンション一室の取引事例の取引価格に基づいて見直すものとする。
　　　　また当該時期以外の時期においても、マンションに係る不動産価格指数等に照らし見直しの要否を検討するものとする。

（国税庁資料）

　算定した評価乖離率の逆数を評価水準として、区分所有補正率を判定、評価乖離率が大きいほど評価水準は下がります。そして戸建ての市場価格理論値の60％へと平仄を合わせて、評価水準が60％未満の場合は60％へと引き上げます。

　また、区分所有者が全区分を所有する一棟区分所有建物の場合は、区分所有補正率は１を下限とします（改正通達２（注）１）。

❹ 実勢マンション評価は

実際の売買価格と新マンション評価とを比較したのが次の表です。

	（例1）東京都中野区 令和5年売買 築12年、総階数29、 所在階16階、63㎡	（例2）東京都港区 令和5年売買 築15年、総階数45、 所在階15階、70㎡	（例3）東京都港区 令和2年売買 築14年、総階数13、 所在階9階、95㎡
相続税評価額	3,205万円	3,518万円	5,058万円
改正後評価額	5,942万円 （区分所有補正率 1.854）	6,378万円 （区分所有補正率 1.8132）	7,717万円 （区分所有補正率 1.5258）
評価増	2,737万円（＋85%）	2,868万円（＋81%）	2,659万円（＋52%）
実勢市場価格	1億1,890万円	1億7,040万円	1億8,000万円
実勢価格比	49.9%	37.4%	42.8%

　A～Dの係数では、総階数と所在階が高いほど、また、狭い敷地に高度利用されているほど、係数が上がるため、例1、例2の区分所有補正率が高い結果となっています。

　一方、実勢価格比の低さは、相変わらず相続税の減額効果があることを示しています。しかし、ほぼ建物スペックで区分所有補正率が算定されるため、地方の高層マンションは、高い補正が掛けられてしまうことになるでしょう。

❺ 評価係数の見直し

　今回の改正通達での評価方法は、平成30年の相続税評価と譲渡所得税申告での売買事例に基づいて係数が採取されています。

　この係数は、通達では適時見直しを行うものとする、とありますが（通達2（注）2）、3年に1度の固定資産税評価替年に行います（前掲「情報」）。

　したがって、令和8年末までは今回の係数のままで進行し、令和9年固定資産税評価替年で見直されることになります。不動産市場が右肩上がりのままなら、次の係数はより大きな増税を招くかもしれません。

❻ 実務のポイント

⑴ 区分所有マンション評価増と予見可能性

　実勢時価と相当な乖離があるタワーマンションなどについても、この改正通達により、相続税評価額をベースに補正する方法が確定しました。総則6項による後日の否認等を受ける可能性は下がりましたから、安心して相続税申告ができるでしょう。

　ただ、対象外とされた区分所有でない一棟マンション等については、最高裁での否認の先例もあり、引き続き、時価との乖離が大きな場合について注意する必要があります。

⑵ 区分所有マンションの再評価を

　とはいえ、分譲マンションは概ね評価額が激増しますから、分譲マンション所有者は所有マンションについて、改正評価計算をチェックし、相続税への影響を試算する必要があります。

⑶ 区分登記一棟マンションの登記変更

　一棟マンションを区分登記で所有している場合は、改正により評価増となる場合があるでしょう。合併登記等により一体登記へと変更することも、コストパフォーマンスと合わせて検討した方がよいかもしれません。

⑷ 眺望・方位は考慮されず

　評価乖離率計算で、マンションの重要な販売価格設定要素である眺望・方位は指数化されません。災害対策上有為で緑地景観や日照に優れた低層階の方が、高層階より低評価となります。

⑸ マンション物納の収納価額

　分譲マンションは、かつては物納不適格とされていましたが、その流通性から物納の収納可能とされています。この場合の収納価額は、相続税申告における課税価格、つまり通達で定める相続税評価額とされています。

　新通達で分譲マンションの評価が増加する場合は、この収納価額も変わることとなります。

第3章

法人課税

1 賃上げ促進税制の拡充

Question

賃上げ促進税制の改正について教えてください。

A 構造的・持続的な賃上げを実現するため、賃上げ促進税制を3年間延長し、制度内容が拡充されます。

ここが変わる

【大企業向け】

① 基本の税額控除率が15％から10％へ引き下がります。

② 税額控除率の上乗せ措置（給与増加、教育訓練費増加）について適用要件の見直しが行われます。

③ 子育てとの両立支援、女性活躍支援に積極的な企業への上乗せ措置が創設されます。

④ 従来の大企業のうち、常時使用従業員数2,000人以下の企業について、「中堅企業」として新たな区分が設けられます。

⑤ マルチステークホルダー方針を要件とする企業の対象範囲の拡大、記載事項の見直しが行われます。

【中小企業向け】
①　5年間の繰越税額控除制度が創設されます。
②　税額控除率の上乗せ措置（教育訓練費増加）について適用要件の見直しが行われます。
③　子育てとの両立支援、女性活躍支援に積極的な企業への上乗せ措置が創設されます。

適用時期

　令和6年4月1日から令和9年3月31日までの間に開始する事業年度に適用されます。

解　　説

❶　改正の趣旨等

　30年ぶりの高い水準の賃上げを一過性のものとせず、物価高に負けない構造的・持続的な賃上げの動きをより多くの国民に拡げ、効果を深めるため、賃上げ促進税制の改正が行われます。

　今回の改正により、賃上げ促進税制の最大控除率は、大企業・中堅企業については、現行の30％から見直し後は35％に、中小企業については、現行の40％から見直し後は45％に引き上がることとなります。

　企業に対しては、新たに強化された賃上げ促進税制を活用し、賞与や一時金だけではなく、ベースアップによって、強力に賃上げを実現することが期待されています。

❷　改正内容

　給与等の支給額が増加した場合の税額控除制度について、次の措置が講じられます（所得税についても同様）。

⑴　大企業向け制度の改正

①　基本の税額控除率の引下げ

　基本の税額控除率について、現行制度は15％の税額控除率ですが、

10％に引下げが行われます。

② 税額控除率の上乗せ措置の改正（給与の増加割合）

継続雇用者給与等支給額が継続雇用者比較給与等支給額より増加した場合の上乗せ措置について下記のとおり改正が行われます。

（現行制度）

要　件	▶継続雇用者給与等支給額の継続雇用者比較給与等支給額に対する増加割合４％以上
上乗せ	▶税額控除率に10％を加算

（改正後）

要　件	▶継続雇用者給与等支給額の継続雇用者比較給与等支給額に対する増加割合		
	増加割合４％以上	増加割合５％以上	増加割合７％以上
上乗せ	▶税額控除率に５％を加算	▶税額控除率に10％を加算	▶税額控除率に15％を加算

③ 税額控除率の上乗せ措置の改正（教育訓練費の増加）

教育訓練費を増加させた場合の上乗せ措置について、下記のとおり改正が行われます。

（現行制度）

要　件	▶教育訓練費の額の比較教育訓練費の額に対する増加割合が20％以上
上乗せ	▶税額控除率に５％を加算

（改正後）

要　件	▶教育訓練費の額の比較教育訓練費の額に対する増加割合が10％以上 かつ ▶教育訓練費の額が雇用者給与等支給額の0.05％以上
上乗せ	▶税額控除率に５％を加算

④ 新たな税額控除率の上乗せ措置の創設（両立支援・女性活躍）

子育てと仕事の両立支援や女性活躍の推進の取組みを後押しする観点から、こうした取組みに積極的な企業に対する厚生労働省による認定制度（「くるみん」、「えるぼし」）を活用し、控除率の上乗せ措置が講じられます。

要　件	下記いずれかに該当する場合 ▶プラチナくるみん認定を受けている事業年度 ▶プラチナえるぼし認定を受けている事業年度
上乗せ	▶税額控除率に５％を加算

⑤　マルチステークホルダー方針に関する変更

㈠　対象範囲の拡大

　　中小企業の賃上げには、中小企業自身の取組みに加え、大企業等の取引先への労務費も含めた適切な価格転嫁も重要な要素となります。こうした観点から、「従業員への還元」や「取引先への配慮」が必要なマルチステークホルダー方針の公表が要件となる企業の範囲が、中堅企業枠の創設に伴い下記のとおり拡大されることになります。

（現行制度）

対象法人	▶資本金の額等が10億円以上、かつ、常時使用する従業員数1,000人以上の法人

（改正後）

対象法人	▶資本金の額等が10億円以上、かつ、常時使用する従業員数1,000人以上の法人 又は ▶常時使用する従業員数が2,000人超の法人

㈡　記載事項の追加

　　インボイス制度の実施に伴い、消費税の免税事業者との適切な関係の構築の方針についても記載が行われるよう、本措置の適用を受けるために公表すべき「給与等の支給額の引上げの方針、取引先との適切な関係の構築の方針その他の事項」における取引先に消費税の免税事業者が含まれることが明確化されます。

⑵　**中堅企業向け制度の新設**

　　賃上げ促進税制については、従来の大企業のうち、常時使用従業員数2,000人以下の企業を新たに中堅企業と位置付けた上で、従来の賃上げ率の要件を維持し、賃上げを行いやすい環境が整備されます。

①　中堅企業

　　青色申告書を提出する法人で常時使用する従業員の数が2,000人以下であるもの（その法人及びその法人との間にその法人による支配関係が

ある法人の常時使用する従業員の数の合計数が1万人を超えるものを除く）。

② 基本の税額控除

大企業向け制度と同様で、下記のとおりとなります。

要　件	▶継続雇用者給与等支給額の継続雇用者比較給与等支給額に対する増加割合3％以上
税額控除	▶控除対象雇用者給与等支給増加額の10％の税額控除

③ 税額控除率の上乗せ措置（給与の増加）

下記のとおりとなります。大企業向けとは違い、増加割合が4％以上で税額控除率15％の加算となります。

要　件	▶継続雇用者給与等支給額の継続雇用者比較給与等支給額に対する増加割合4％以上
上乗せ	▶税額控除率に15％を加算

④ 税額控除率の上乗せ措置（教育訓練費の増加）

大企業向け制度と同様で下記のとおりとなります。

要　件	▶教育訓練費の額の比較教育訓練費の額に対する増加割合が10％以上 かつ ▶教育訓練費の額が雇用者給与等支給額の0.05％以上
上乗せ	▶税額控除率に5％を加算

⑤ 税額控除率の上乗せ措置（両立支援・女性活躍）

下記のとおりとなります。

要　件	下記いずれかに該当する場合 ▶プラチナくるみん認定を受けている事業年度 ▶プラチナえるぼし認定を受けている事業年度 ▶えるぼし認定（3段階目）を受けた事業年度
上乗せ	税額控除率に5％を加算

⑥ 控除限度額

控除税額は、当期の法人税額の20％が上限となります。

⑦ マルチステークホルダー方針の公表及び届出の要件

下記の対象法人に該当する場合には、マルチステークホルダー方針の公表及び届出の要件が課されます。

対象法人	▶資本金の額等が10億円以上、かつ、常時使用する従業員数 1,000人以上の法人

⑶ 中小企業向け

① 5年間の繰越控除制度の創設

中小企業においては、新たに繰越控除制度が創設され、当期の税額から控除できなかった分を5年間にわたって繰り越すことが可能となります。

ただし、持続的な賃上げを実現する観点から、繰越税額控除制度は、繰越税額控除をする事業年度において雇用者給与等支給額が比較雇用者給与等支給額を超える場合に限り、適用できることとされます。

② 税額控除率の上乗せ措置の改正（教育訓練費の増加）

教育訓練費を増加させた場合の上乗せ要件について下記のとおり改正が行われます。

（現行制度）

要　件	▶教育訓練費の額の比較教育訓練費の額に対する増加割合が10%以上
上乗せ	▶税額控除率に10%を加算

（改正後）

要　件	▶教育訓練費の額の比較教育訓練費の額に対する増加割合が5%以上 かつ ▶教育訓練費の額が雇用者給与等支給額の0.05%以上
上乗せ	▶税額控除率に10%を加算

③ 新たな税額控除率の上乗せ措置の創設（両立支援・女性活躍）

子育てと仕事の両立支援や女性活躍の推進の取組みを後押しする観点から、こうした取組みに積極的な企業に対する厚生労働省による認定制度（「くるみん」、「えるぼし」）を活用し、控除率の上乗せ措置が講じられます。

要　件	下記いずれかに該当する場合 ▶プラチナくるみん認定を受けている事業年度 ▶プラチナえるぼし認定を受けている事業年度 ▶くるみん認定、えるぼし認定(２段階目以上）を受けた事業年度
上乗せ	▶税額控除率に５％を加算

⑷　**看護職員処遇改善評価料及び介護職員処遇改善加算の取扱い**

　給与等の支給額から控除する「給与等に充てるため他の者から支払を受ける金額」に看護職員処遇改善評価料及び介護職員処遇改善加算その他の役務の提供の対価の額が含まれないこととされます。

❸ 改正前後の比較表、各省庁からの公表資料等

(1) 大企業、中堅企業向け

			（令和4年度改正） 令和4年4月1日～令和6年3月31日 に開始した事業年度	（令和6年度改正） 令和6年4月1日～令和9年3月31日 に開始した事業年度	
				大企業向け	（新設）中堅企業向け
賃金に関する要件			雇用者給与等支給額 ≧ 比較雇用者給与等支給額	雇用者給与等支給額 ≧ 比較雇用者給与等支給額	
			継続雇用者給与等支給額 ≧ 継続雇用者比較給与等支給額×103%	継続雇用者給与等支給額 ≧ 継続雇用者比較給与等支給額×103%	
マルチステークホルダー方針の公表及び届出の対象法人			資本金の額等が10億円以上、かつ、常時使用する従業員数1,000人以上	資本金の額等が10億円以上、かつ、常時使用する従業員数1,000人以上又は常時使用する従業員数が2,000人超	資本金の額等が10億円以上、かつ、常時使用する従業員数1,000人以上
マルチステークホルダー方針の主な内容			給与等の支給額の引上げの方針、取引先との適切な関係の構築の方針その他の事項をインターネットを利用する方法により公表したことを経済産業大臣に届け出ている場合に限り適用	給与等の支給額の引上げの方針、取引先との適切な関係の構築の方針その他の事項をインターネットを利用する方法により公表したことを経済産業大臣に届け出ている場合に限り適用 「取引先」に消費税の免税事業者が含まれることを明確化する	
税額控除額	税額控除額の計算式		（雇用者給与等支給額−比較雇用者給与等支給額）×控除率	（雇用者給与等支給額−比較雇用者給与等支給額）×控除率	
	控除率	基本	15%	10%	
		上乗せ	（+10%）継続雇用者給与等支給額 ≧ 継続雇用者比較給与等支給額×104%	（+5%）継続雇用者給与等支給額 ≧ 継続雇用者比較給与等支給額×104%	（+15%）継続雇用者給与等支給額 ≧ 継続雇用者比較給与等支給額×104%
				（+10%）継続雇用者給与等支給額 ≧ 継続雇用者比較給与等支給額×105%	
				（+15%）継続雇用者給与等支給額 ≧ 継続雇用者比較給与等支給額×107%	
			（+5%）教育訓練費の額≧比較教育訓練費の額×120% ※明細の保存が必要	（+5%）教育訓練費の額≧比較教育訓練費の額×110% かつ 教育訓練費の額≧雇用者給与等支給額×0.05% ※明細の保存が必要	
			−　　　−	（+5%）プラチナくるみん認定 プラチナえるぼし認定	（+5%）プラチナくるみん認定 プラチナえるぼし認定 えるぼし認定（3段階目）
	控除限度額		控除税額は法人税額の20%を限度とする	控除税額は法人税額の20%を限度とする	

(2) 中小企業向け

			（令和4年度改正）令和4年4月1日～令和6年3月31日に開始した事業年度	（令和6年度改正）令和6年4月1日～令和9年3月31日に開始した事業年度
賃金に関する要件			雇用者給与等支給額 ≧ 比較雇用者給与等支給額×101.5%	雇用者給与等支給額 ≧ 比較雇用者給与等支給額×101.5%
税額控除額	税額控除額の計算式		（雇用者給与等支給額－比較雇用者給与等支給額）×控除率	（雇用者給与等支給額－比較雇用者給与等支給額）×控除率
	控除率	基本	15%	15%
		上乗せ	（+15%）雇用者給与等支給額 ≧ 比較雇用者給与等支給額×102.5%	（+15%）雇用者給与等支給額 ≧ 比較雇用者給与等支給額×102.5%
			（+10%）教育訓練費の額 ≧ 比較教育訓練費×110% ※明細の保存が必要	（+10%）教育訓練費の額 ≧ 比較教育訓練費×105% かつ 教育訓練費の額 ≧ 雇用者給与等支給額×0.05% ※明細の保存が必要
			－ －	（+5%）プラチナくるみん認定 プラチナえるぼし認定 くるみん認定若しくはえるぼし認定（2段階目以上）
	控除限度額		控除税額は法人税額の20%を限度とする	控除税額は法人税額の20%を限度とする
	控除限度超過額の繰越		－	5年間の繰越可能 ※繰越税額控除をする事業年度において、雇用者給与等支給額が前年度を超える場合に限る

[賃上げ促進税制の拡充及び延長]

● 30年ぶりの高い水準の賃上げを一過性のものとせず、構造的・持続的な賃上げを実現することを目指す。

改正後 [措置期間：3年間]

大企業※1

継続雇用者※4 給与等支給額（前年度比）	税額控除率※6	教育訓練費※7（前年度比）	税額控除率	両立支援・女性活躍	税額控除率	最大控除率
＋3％	10%	＋10%	5%上乗せ	プラチナくるみん or プラチナえるぼし	5%上乗せ	35%
＋4％	15%					
＋5％	20%					
＋7％	25%					

中堅企業※2

継続雇用者 給与等支給額（前年度比）	税額控除率	教育訓練費（前年度比）	税額控除率	両立支援・女性活躍	税額控除率	最大控除率
＋3％	10%	＋10%	5%上乗せ	プラチナくるみん or プラチナえるぼし	5%上乗せ	35%
＋4％	25%					

中小企業※3

全雇用者※5 給与等支給額（前年度比）	税額控除率	教育訓練費（前年度比）	税額控除率	両立支援・女性活躍	税額控除率	最大控除率
＋1.5％	15%	＋5%	10%上乗せ	くるみん or えるぼし二段階目以上	5%上乗せ	45%
＋2.5％	30%					

改正前 [措置期間：2年間]

大企業

継続雇用者 給与等支給額（前年度比）	税額控除率	教育訓練費（前年度比）	税額控除率	最大控除率
＋3％	15%	＋20%	5%上乗せ	30%
＋4％	25%			

中小企業

全雇用者 給与等支給額（前年度比）	税額控除率	教育訓練費（前年度比）	税額控除率	最大控除率
＋1.5％	15%	＋10%	10%上乗せ	40%
＋2.5％	30%			

中小企業者等（資本金1億円以下の法人、農業協同組合等）又は従業員数1,000人以下の個人事業主が適用可能。

※1 「資本金10億円以上かつ従業員数1,000人以上」又は「従業員数2,000人超」のいずれかに当てはまる企業は、マルチステークホルダー方針の公表及びその旨の届出を行うことが適用の条件。それ以外の企業は、届出は不要。
※2 従業員数2,000人以下の企業（その法人及びその法人による支配関係がある法人にその法人との間にその企業の従業員数の合計が1万人を超えるものを除く。）が適用可能。ただし、資本金10億円以上かつ従業員数1,000人以上の企業は、マルチステークホルダー方針の公表及びその旨の届出が必要。
※3 中小企業は、賃上げを実施した年度に控除しきれなかった金額の5年間の繰越しが可能※8。
※4 継続雇用者とは、適用事業年度及び前事業年度の全月分の給与等の支給を受けた国内雇用者。
※5 全雇用者とは、雇用保険の一般被保険者に限られない全ての国内雇用者。
※6 税額控除額の計算は、全雇用者の前事業年度から適用事業年度の給与等支給増加額に税額増加率を乗じて計算。ただし、控除上限額は法人税額等の20%。
※7 教育訓練費の上乗せ要件は、適用事業年度の教育訓練費の額が前事業年度より増加している場合に限り、適用可能。
※8 繰越税額控除をする事業年度において、全雇用者の給与等支給額が前年度より増加している場合に限り、適用可能。

(経済産業省資料)

[賃上げ促進税制（見直しの基本的考え方）]

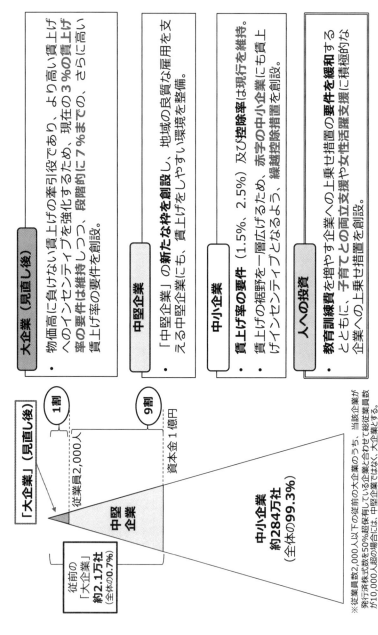

大企業（見直し後）

・物価高に負けない賃上げの率引役であり、より高い賃上げへのインセンティブを強化するため、現在の3％の賃上げ率の要件は維持しつつ、段階的に7％までの、さらに高い賃上げ率の要件を創設。

中堅企業

・「中堅企業」の新たな枠を創設し、地域の良質な雇用の支えとなる中堅企業にも、賃上げをしやすい環境を整備。

中小企業

・賃上げ率の要件（1.5％、2.5％）及び控除率は現行を維持。
・賃上げの裾野を一層広げるため、赤字の中小企業にも賃上げインセンティブとなるよう、繰越控除措置を創設。

人への投資

・教育訓練費を増やす企業への上乗せ措置の要件を緩和するとともに、子育てとの両立支援や女性活躍支援に積極的な企業への上乗せ措置を創設。

（自由民主党税制調査会資料）

160　第2編　令和6年度税制改正の具体的内容

2　特定税額控除規定の不適用措置の見直し及び延長

Question

特定税額控除規定の不適用措置について改正が行われるようですが、どのような内容でしょうか。

A 特定税額控除規定の不適用措置について、要件が強化され、その適用期限が３年延長されます。

ここが変わる

① 継続雇用者給与等支給額による判定における上乗せ要件の対象に、常時使用する従業員数が2,000人を超え、前事業年度の所得の金額が黒字の法人が追加されます。

② 国内設備投資額の判定について、「資本金の額等が10億円以上かつ常時使用する従業員数1,000人以上で前事業年度の所得の金額が黒字の場合」、「常時使用する従業員数が2,000人を超え、前事業年度の所得の金額が黒字の場合」は上乗せ措置として、当期の減価償却費の基準が４割（現行３割）となり、厳格化されます。

適用時期

令和６年４月１日から令和９年３月31日までの間に開始する各事業年度に適用されます。

解　説

❶　現行の制度

収益が拡大しているにもかかわらず、賃上げや国内設備投資に消極的な法人について一定の税額控除規定が不適用とされます。

(1) 適用対象となる法人

適用対象となる法人は、中小企業者等（適用除外事業者を除く）以外の法人です。

なお、適用除外事業者は、基準年度（その事業年度開始の日前３年以内に終了した各事業年度をいう）の所得金額の合計額を各基準年度の月数の合計数で除し、これに12を乗じて計算した金額（設立後３年を経過していないことなどの一定の事由がある場合には、一定の調整を加えた金額）が15億円を超える法人をいいます。

(2) 適用対象となる要件

次の要件のすべてを満たす場合に、税額控除不適用措置の対象となります。

① 所得金額による判定

当期の所得金額が対前事業年度比で増加していること。

② 継続雇用者の給与等支給額による判定

　(イ) 下記以外の場合

　　継続雇用者の給与等支給額が対前事業年度以下であること。

　(ロ) 資本金の額等が10億円以上かつ常時使用する従業員数1,000人以上で、前事業年度の所得の金額が黒字の場合

　　継続雇用者の給与等支給額の対前事業年度増加率が１％未満であること。

③ 国内設備投資額による判定

国内設備投資額が当期の減価償却費の３割以下であること。

　(注) 国内設備投資額……当期に取得等した国内資産で当期末において有するものの取得価額の合計額をいいます。

(3) 不適用とされる税額控除規定

　・研究開発税制

　・地域未来投資促進税制

　・５G導入促進税制

　・デジタルトランスフォーメーション投資促進税制

　・カーボンニュートラル投資促進税制

❷ 改正の内容

　多額の内部留保を抱えながら賃上げや国内投資に消極的な企業に対し、その活用を促す等の観点から、特定税額控除規定の不適用措置について、次の見直しを行った上で、その適用期限が3年延長されます（所得税についても同様となる）。

⑴　継続雇用者の給与等支給額による判定

　「継続雇用者の給与等支給額の対前事業年度増加率が1％未満であること」が要件となる上乗せ措置の対象に「常時使用する従業員の数が2,000人を超え、前事業年度の所得が黒字である場合」が追加されます。

⑵　国内設備投資額による判定

　以下のいずれかに該当する場合、上乗せ措置として、国内設備投資額の要件が当期の減価償却費総額の4割以下となります。

・資本金の額等が10億円以上かつ、常時使用する従業員数が1,000人以上で前事業年度の所得が黒字である場合
・常時使用する従業員数が2,000人を超え、前事業年度の所得が黒字である場合

⑶　看護職員処遇改善評価料及び介護職員処遇改善加算の取扱い

　継続雇用者給与等支給額に係る要件を判定する場合に給与等の支給額から控除する「給与等に充てるため他の者から支払を受ける金額」に看護職員処遇改善評価料及び介護職員処遇改善加算その他の役務の提供の対価の額が含まれないことになります。

法人課税

［租税特別措置の不適用措置の見直し］

● 収益が拡大しているにもかかわらず賃上げにも投資にも消極的な大企業に対して講ずることとしている、研究開発税制等の一部の租税特別措置の税額控除の適用を停止する措置について、その**期間を３年間延長**するとともに、**要件を一部見直す**。

制度概要 【適用期限：**令和８年度末**まで】※アミかけ部分：令和６年度税制改正における変更点

下記の①〜③の全てを満たす**資本金１億円超の大企業**は不適用措置の対象。

①**所得金額**：対前年度比で増加

②**継続雇用者の給与等支給額**：
・大企業（下記以外の場合）：対前年度以下
・前年度が黒字の大企業（資本金10億円以上かつ従業員数1,000人以上、**又は、従業員数2,000人超**）：対前年度増加率１％未満

③**国内設備投資額**：
・大企業（下記以外の場合）：当期の減価償却費の３割以下
・前年度が黒字の大企業（資本金10億円以上かつ従業員数1,000人以上、**又は、従業員数2,000人超**）：当期の減価償却費の４割以下

【**対象となる租税特別措置**】

研究開発税制、地域未来投資促進税制、５G導入促進税制、デジタルトランスフォーメーション投資促進税制、カーボンニュートラル投資促進税制

(経済産業省資料)

❸ **実務のポイント**

　大企業向けの規定となりますが、対象となる税額控除規定を適用している対象企業は、あらためて適用関係の判断に留意してください。

3 中小企業事業再編投資損失準備金制度の見直し及び延長

Question

　M＆Aにより他社の株式を取得する場合に、株式の取得価額を損金に算入できる中小企業事業再編投資損失準備金制度が拡充されると聞きました。どのような改正が行われるのでしょうか。

　A　現行の中小企業事業再編投資損失準備金制度について適用期限が延長されるとともに、中小企業によるグループ化に向けた複数回のM＆Aを実施する場合には、準備金として損金に算入できる積立率を現行の70％から最大100％に拡充し、積み立てた準備金を益金に算入する据置期間についても現行の5年から10年とする新たな制度が創設されます。

ここが変わる

　現行の中小企業等経営強化法による経営力向上計画の認定を受けた中小企業者等が認定計画に従って他の法人の株式を取得した場合に、その株式の取得価額の70％を限度として積み立てた中小企業事業再編投資損失準備金を損金算入できる制度について、認定手続の見直しと所要の措置を講じた上で適用期限が3年延長されます。

　また、新たに、産業競争力強化法の改正を前提に、産業競争力強化法の特別事業再編計画（仮称）の認定を受けた中小企業者等が、その認定計画に従って株式を取得した場合には、以下の区分に応じた金額を限度として中小企業事業再編投資損失準備金として積み立てた金額を損金に算入できるようになります。

① 　その認定に係る特別事業再編計画に従って最初に取得をした株式……取得価額の90％

② 　上記①に掲げるもの以外の株式等……取得価額の100％

適用時期

　産業競争力強化法の改正法の施行の日から令和９年３月31日までの間に同法の特別事業再編計画の認定を受けたものが行う株式の取得について適用されます。

解　　説

❶　改正の経緯

　中小企業における後継者不在率は依然として高い水準にあり、後継者難による事業承継問題が深刻化しています。特に地域経済・雇用を担う中小企業について、良質な雇用や地域経済の維持及び中小企業の生産性につながる事業承継のためのM＆Aに向けた積極的な経営判断を後押しする必要があり、中小企業による事業承継型M＆Aが徐々に一般的な選択肢になってきた一方で、中小企業同士でのM＆Aでは、当事者にとってM＆Aになじみが薄く、買い手にとってはデューデリジェンスの負担が大きいことや簿外・偶発債務の発生といったリスクが大きい状況にあります。

　また、成長意欲のある中堅・中小企業が複数の中小企業を子会社化し、親会社の強みである横展開や経営の効率化によって、グループ一体となって飛躍的な成長を遂げることが期待される中、グループ化に向けて複数回のM＆Aを実施する場合には、簿外債務リスクや経営統合リスクといった減損リスクが課題となっています。

　こうしたM＆A実施後のリスクに備えるため、現行の中小企業事業再編投資損失準備金を拡充、延長するとともに、中堅・中小企業によるグループ化に向けた複数回M＆Aを集中的に後押しするために、複数回のM＆Aについては、準備金として損金算入できる積立率を現行の70％から最大100％に拡充し、また、積み立てた準備金を益金に算入するまでの据置期間を現行の５年から10年とする新たな制度が創設されます。

[中小企業のM&Aに関するリスク]

● 中小M&Aの実施件数の推移

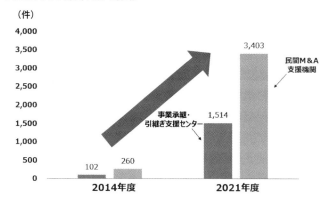

※2014年度の民間M&A支援機関の件数は、日本M&Aセンター、ストライク、M&Aキャピタルパートナーズ、オンデック、名南M&Aの5社の成約件数。
2021年度の民間M&A支援機関の件数は、M&A登録支援制度実績報告の成約件数。

● 中小M&Aに着手した事業者の声

- 後継者不在の地元企業の事業承継のために初めてM&Aに着手したが、顧問税理士から、M&A実施後に簿外債務等が発生して損失を被る可能性があることを聞かされ、その準備のために準備金を積み立てた。

- 専門的な知識が必要となるデューデリジェンスに対して、多くのコストをかけることができず、簿外債務や偶発債務の発生リスクについて、懸念がある。

- M&A実施後、事前に行っていたデューデリジェンスでも見つけられなかった簿外債務が発覚し、想定外のコストが発生した。

（経済産業省資料）

❷ 制度の概要

　中小企業事業再編投資損失準備金制度について、次の措置を講じた上で適用期限が3年延長されます。

⑴ グループ化に向けた複数回のM&Aによる中小企業事業再編投資損失準備金制度の創設

① 中小企業事業再編投資損失準備金の繰入れ

　産業競争力強化法の改正を前提に、青色申告書を提出する法人で同法

の改正法の施行の日から令和9年3月31日までの間に産業競争力強化法の特別事業再編計画（仮称）の認定を受けた認定特別事業再編事業者（仮称）であるものが、その認定計画に従って他の法人の株式等を取得した場合には、その株式等の取得価額に次の株式等の区分に応じそれぞれ次の割合を乗じた金額以下の金額を中小企業事業再編投資損失準備金として積み立てた金額は、その事業年度において損金に算入することができます。

　　㈤　その認定に係る特別事業再編計画に従って最初に取得をした株式等　90％

　　㈥　上記㈤に掲げるもの以外の株式等　100％

②　適用対象となる株式等の要件

　上記①は、認定を受けた特別事業再編計画に従い、購入によって取得した株式であることが要件となりますが、取得する株式等の取得価額が100億円を超える場合又は1億円に満たない場合及び一定の表明保証保険契約を締結している場合には本制度の対象から除かれます。

⑵　現行の中小企業事業再編投資損失準備金制度の見直し

　令和3年度税制改正で創設された現行の中小企業事業再編投資損失準備金制度については、中小企業等経営強化法による経営力向上計画の認定を受けた中小企業者等が認定計画に従って株式等を取得した場合（取得価額が10億円以下に限る）に、その株式等の取得価額の70％を限度として損金に算入することができますが、新制度と同様に、その事業承継等を対象とする一定の表明保証保険契約を締結している場合には本制度の対象から除かれます。

　また、認定からM＆A実施までの期間を短縮できるよう、経営力向上計画の認定手続について、その事業承継等に係る事業承継等事前調査が終了した後（最終合意前に限る）においても、その経営力向上計画の認定をできることとする運用の改善が行われます。

⑶　中小企業事業再編投資損失準備金の取崩し

　中小企業事業再編投資損失準備金は、対象となる株式等の全部又は一部を有しなくなった場合やその株式等の帳簿価額を減額した場合等において取り崩すほか、その積み立てた事業年度終了の日の翌日から5年（現行制度）又は10年（新制度）を経過した日を含む事業年度から5年間で

その経過した準備金残高の均等額を取り崩して益金に算入します。

　また新たに、株式等を取得した事業年度後にその事業承継等を対象とする一定の表明保証保険契約を締結した場合も取崩しの対象となり、その事由に該当する場合には、積立金の全額を取り崩して益金算入することになります。

[中小企業事業再編投資損失準備金の拡充及び延長]

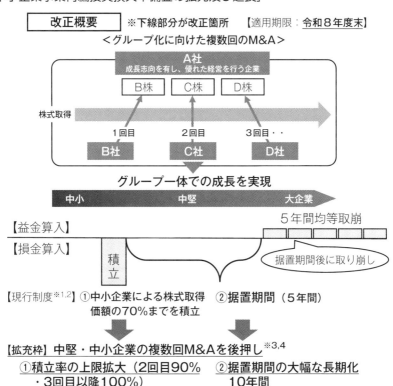

※1　認定からM&A実施までの期間を短縮できるよう、計画認定プロセスを見直し。
※2　簿外債務が発覚した等により、減損処理を行った場合や、取得した株式を売却した場合等には、準備金を取り崩し。
※3　産業競争力強化法において新設する認定を受けることが要件（拡充枠は過去5年以内にM&Aの実績が必要）。
※4　中堅企業は2回目以降のM&Aから活用可能。

（経済産業省資料）

❸ 実務のポイント

　新たに、グループ化に向けた複数回のM＆Aを実施する場合の中小企業事業再編投資損失準備金制度の創設によって、損金算入の積立率が70％から最大100％に拡充されることで、M＆A実施後に想定されるリスクを軽減することができ、地域における雇用の維持やサプライチェーンの維持の他、業態転換を含めた大胆なビジネスモデルの変革を通じた生産性向上の実現が期待されます。

4 戦略分野国内生産促進税制の創設

> **Question**
>
> 　電気自動車や半導体など、総事業費が大きく、特に生産段階でのコストが高いものに係る資産の取得等について税制優遇措置が講じられるようですが、どのような内容でしょうか。

　A 　産業構造等を踏まえた、生産・販売量に応じた税額控除措置が設けられることになります。

ここが変わる

　産業競争力強化法の改正を前提に以下の規定が創設されます。

① 　産業競争力強化法に法定される対象物資について、生産・販売量等に応じた税額控除措置
② 　産業競争力強化法の事業計画認定から10年間の措置期間（最大４年の繰越期間）
③ 　法人税額の最大40％の控除が可能

適用時期

　産業競争力強化法の改正法の施行の日から令和９年３月31日までの間に認定された事業適応計画の認定の日以後10年以内の日を含む各事業年度が対象となります。

解　説

❶ 制度創設の背景

近年、欧米を中心とする先進各国では、ＧＸやＤＸ等の中長期的成長が見込まれる戦略分野について、政府による大規模・長期・包括的な支援が行われており、自国内への企業の立地・投資を誘致する動きが強まっています。

　例えば、米国では、インフレ削減法等の枠組みを通じた投資促進政策を導入しており、国内外の企業の事業検討に影響を及ぼしつつあり、このような状況下、海外と比べて遜色ない事業環境を整備するため、日本においても、成長の見込まれる戦略分野を中心に、国内外の企業に中長期的な予見可能性を示すことのできる規模・期間での包括的な対策が必要となっています。

[戦略分野国内生産促進税制の創設]

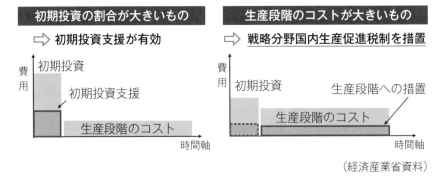

（経済産業省資料）

❷　制度の概要

(1)　対象となる事業者
①　青色申告書を提出する法人であること
②　産業競争力強化法の「事業適応計画」について認定を受けること

(2)　対象資産
　事業適応計画に記載された産業競争力基盤強化商品の生産をするための設備の新設又は増設をする場合において、その新設又は増設に係る機械その他の減価償却資産（以下「産業競争力基盤強化商品生産用資産」という）が対象となります。

(3)　税制優遇措置の内容

その産業競争力基盤強化商品生産用資産により生産された産業競争力基盤強化商品のうち、その事業年度の対象期間において販売されたものの数量等に応じた金額と、その産業競争力基盤強化商品生産用資産の取得価額を基礎とした金額（既に本制度の税額控除の対象となった金額を除く）とのうちいずれか少ない金額の税額控除措置を受けることができます。

　なお、上記の数量等に応じた金額は、産業競争力基盤強化商品の区分に応じた次の金額となります。

[対象物資ごとの単位あたり控除額]

物資		控除額
電気自動車等	EV・FCV	40万円/台
	軽EV・PHEV	20万円/台
グリーンスチール		2万円/トン
グリーンケミカル		5万円/トン
持続可能な航空燃料（SAF）		30円/リットル

物資		控除額
半導体	マイコン 28-45nm相当	1.6万円/枚
	45-65nm相当	1.3万円/枚
	65-90nm相当	1.1万円/枚
	90nm以上	7千円/枚
	アナログ半導体（パワー半導体含む） パワー（Si）	6千円/枚
	パワー（SiC, GaN）	2.9万円/枚
	イメージセンサー	1.6万円/枚
	その他	4千円/枚

(注) 競争力強化が見込まれる後半年度には、控除額を段階的に引き下げる。（生産開始時から8年目に75%、9年目に50%、10年目に25%に低減）
　　半導体は、200mmウェハ換算での単位あたり控除額。

（経済産業省資料）

　ただし、その産業競争力基盤強化商品生産用資産を事業の用に供した日（以下「供用日」という）ごとに、控除額が次のように区分されます。
①　その供用日以後7年を経過する日の翌日からその供用日以後8年を経過する日までの期間内に販売された産業競争力基盤強化商品　75%相当額
②　その供用日以後8年を経過する日の翌日からその供用日以後9年を経過する日までの期間内に販売された産業競争力基盤強化商品　50%相当額
③　その供用日以後9年を経過する日の翌日以後に販売された産業競争力基盤強化商品　25%相当額

❸　実務のポイント

①　控除税額は、デジタルトランスフォーメーション投資促進税制による控除税額及びカーボンニュートラルに向けた投資促進税制による控

除税額との合計で当期の法人税額の40％（半導体生産用資産にあって
は、20％）が上限とされ、控除限度超過額は４年間（半導体生産用資
産にあっては、３年間）の繰越しが可能です。

②　所得の金額が前期の所得の金額を超える一定の事業年度で、かつ、
　次のいずれにも該当しない事業年度においては、本制度（繰越税額控
　除制度を除く）の適用はありません。

　⒤　継続雇用者給与等支給額の継続雇用者比較給与等支給額に対する
　　増加割合が１％以上であること。

　㈪　国内設備投資額が当期償却費総額の40％を超えること

③　半導体生産用資産に係る控除税額を除き、本制度による控除税額
　は、地方法人税の課税標準となる法人税額からは控除されません。

5 イノベーションボックス税制の創設

Question

イノベーション拠点税制（イノベーションボックス税制）が
創設されると聞きましたが、どのような制度でしょうか。

A 国内で自ら研究開発をした知的財産権（特許権、ＡＩ関連のプ
ログラム著作権）から生じるライセンス所得、譲渡所得を対象に、
30％の所得控除を認める制度です。

ここが変わる

我が国のイノベーション促進に向けて、海外と比べて遜色ない事業環
境の整備を図ることにより、研究開発拠点としての立地競争力を向上
し、ソフトウエアをはじめとする知的財産の創出において、民間の無形
資産投資を後押しすることを目的として、特許やソフトウエア等の知的
財産権から生じる所得に減税措置を適用するイノベーション拠点税制
（イノベーションボックス税制）を創設します。

適用時期

令和７年４月１日から令和14年３月31日までの間に開始する各事業年
度において特定特許権等の譲渡又は特定特許権等の貸付けを行った場合
に適用されます。

解　説

❶ 創設の背景

利益の源泉たるイノベーションについても国際競争が進んでおり、我が国においても、研究開発拠点としての立地競争力を強化し、民間による無形資産投資を後押しすることが喫緊の課題となっています。こうした観点から、国内で自ら行う研究開発の成果として生まれた知的財産から生じる所得に対して優遇するイノベーション拠点税制（イノベーションボックス税制）を創設します。

[各国の研究開発税制・イノベーションボックス税制の導入状況]

● ヨーロッパで導入が進んだイノベーションボックス税制の考え方は、**近年アジアにおいて広がり**を見せている。

※国名の隣はイノベーションボックス税制が導入された時点を記載	研究開発税制 控除率	イノベーションボックス税制				法人税率
		対象資産			税率	
		特許	ソフトウェア	その他		
フランス（2001）	5%	○	○	-	10%	25.0%
ベルギー（2007）	加速償却	○	○	-	3.75%	25.0%
オランダ（2007）	16%	○	○	○	9%	25.8%
中国（2008）	175%損金算入	○	-	-	15%	25.0%
スイス（2011）	150%損金算入	○	○	-	最大90%減税	14.87%
イギリス（2013）	13%	○	-	-	10%	25.0%
韓国※（2014）	2% or 増加分25%	○	-	○	7.5or18.75%	25.0%
イタリア（2015）	25%	○	○	-	13.91%	24.0%
アイルランド（2016）	25%	○	○	○	6.25%	12.5%
インド（2017）	100%加重控除	○	-	-	10%	25.17%
イスラエル（2017）	100%損金算入	○	-	-	6or12%	23%
シンガポール（2018）	200%損金算入	○	○	-	5or10%	17%
香港（2024目標）	200%損金算入	検討中				16.5%
オーストラリア（検討中）	18.5%	○	○	-	17%	30%

※韓国のイノベーションボックス税制は中小企業を対象とした制度　　　※米国には、無形資産由来の所得に係る制度として、FDII、GILTIが存在

出典：Tax Foundation（2021）Patent Box Regimes in Europe、OECD「Intellectual Property Regimes」、各国ホームページ等より作成

（経済産業省資料）

❷　制度の概要

　企業が国内で自ら研究開発を行った特許権又はAI分野のソフトウエアに係る著作権について、その知的財産の国内への譲渡所得又は国内外からのライセンス所得に対して、所得の30%の所得控除を認める制度を設けることとします。これにより、対象所得については、法人税率約7％相当の税制優遇（法人実効税率ベースで見ると現在の29.74％から約20％相当まで引き下がる税制優遇）が行われることとなります。本税制は、所得全体から、知的財産から生じる所得のみを切り出して税制優遇を行うという、我が国で初の税制です。

[イノベーションボックス税制のイメージ・各国の導入状況]

- イノベーションの国際競争が激化する中、**研究開発拠点としての立地競争力を強化し、民間による無形資産投資を後押し**することを目的として、**特許やソフトウェア等の知財から生じる所得に減税措置を適用するイノベーション拠点税制（イノベーションボックス税制）を創設**する。
- **2000年代から欧州各国で導入**が始まり、直近では**シンガポールやインド、香港といったアジア諸国でも導入・検討**が進展。

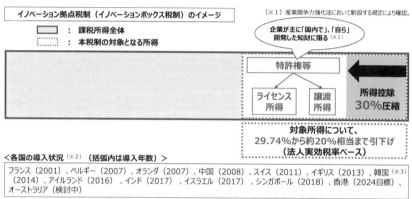

イノベーション拠点税制（イノベーションボックス税制）のイメージ

　□　：　課税所得全体
　┈　：　本税制の対象となる所得

（※1）産業競争力強化法において新設する規定により確認。

企業が主に「国内で」、「自ら」開発した知財に限る（※1）

特許権等

ライセンス所得　　譲渡所得

所得控除 **30%圧縮**

対象所得について、**29.74%から約20%相当まで引下げ（法人実効税率ベース）**

＜各国の導入状況（※2）（括弧内は導入年数）＞

フランス（2001）、ベルギー（2007）、オランダ（2007）、中国（2008）、スイス（2011）、イギリス（2013）、韓国（※3）（2014）、アイルランド（2016）、インド（2017）、イスラエル（2017）、シンガポール（2018）、香港（2024目標）、オーストラリア（検討中）

（※2）米国には、無形資産由来の所得に係る制度として、FDII、GILTIが存在　　　（※3）韓国では中小企業を対象とした制度

（経済産業省資料）

❸　改正の内容

　青色申告書を提出する法人が、令和7年4月1日から令和14年3月31日までの間に開始する各事業年度において居住者若しくは内国法人（関連者であるものを除く）に対する特定特許権等の譲渡又は他の者（関連者であるものを除く）に対する特定特許権等の貸付け（以下「特許権譲渡等取引」という）を行った場合には、①と②のうちいずれか少ない金額の30%に相当する金額は、その事業年度において損金算入できることとします。

①　その事業年度において行った特許権譲渡等取引ごとに、次の(イ)の金額に次の(ロ)の金額のうちに次の(ハ)の金額の占める割合を乗じた金額を合計した金額

$$
\text{(イ)} \ \begin{array}{c} \text{その特許} \\ \text{権譲渡等取} \\ \text{引に係る所} \\ \text{得の金額} \end{array} \times \frac{\text{(ハ) (ロ)の金額に含まれる適格研究開発費の額の合計額}}{\begin{array}{l} \text{(ロ) 当期及び前期以前(令和7年4月1日以後に開始す} \\ \text{る事業年度に限る)において生じた研究開発費の額の} \\ \text{うち、その特許権譲渡等取引に係る特定特許権等に直} \\ \text{接関連する研究開発に係る金額の合計額} \end{array}}
$$

② 当期の所得の金額

(注1) 上記の「関連者」は、移転価格税制における関連者と同様の基準により
判定します。

(注2) 上記の「特定特許権等」とは、令和6年4月1日以後に取得又は製作を
した特許権及び人工知能関連技術を活用したプログラムの著作権で、一定の
ものをいいます。

(注3) 特定特許権等の貸付けには、特定特許権等に係る権利の設定その他他の
者に特定特許権等を使用させる行為を含みます。

(注4) 上記の「研究開発費の額」とは、研究開発費等に係る会計基準における
研究開発費の額に一定の調整を加えた金額をいいます。

(注5) 上記の「適格研究開発費の額」とは、研究開発費の額のうち、特定特許
権等の取得費及び支払ライセンス料、国外関連者に対する委託試験研究費並
びに国外事業所等を通じて行う事業に係る研究開発費の額以外のものをいい
ます。

[イノベーション拠点税制（イノベーションボックス税制）の制度案］

- ☐ 措置期間：7年間（令和7年4月1日施行）
- ☐ 所得控除率：30%
- ☐ 所得控除額算定式

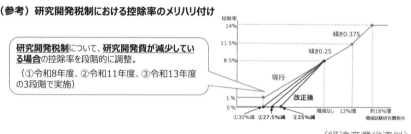

※本税制の対象範囲については、制度の執行状況や効果を十分に検証した上で、国際ルールとの整合性、官民の事務負担の検証、立証責任の所在等諸外国との違いや体制面を含めた税務当局の執行可能性等の観点から、財源確保の状況も踏まえ、状況に応じ、見直しを検討する。

（参考）研究開発税制における控除率のメリハリ付け

研究開発税制について、**研究開発費が減少している場合**の控除率を段階的に調整。
（①令和8年度、②令和11年度、③令和13年度の3段階で実施）

（経済産業省資料）

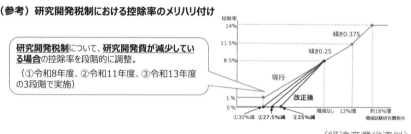

❹ 実務のポイント

① 令和9年4月1日前に開始する事業年度において、当期において行った特許権譲渡等取引に係る特定特許権等のうちに令和7年4月1日以後最初に開始する事業年度開始の日前に開始した研究開発に直接関連するものがある場合には、上記❸①の金額は、次の算式により計算した金額とします。

(イ) 当期において行った特許権譲渡等取引に係る所得の金額の合計額 × 　(ハ) (ロ)の金額に含まれる適格研究開発費の額の合計額 / (ロ) 当期、前期及び前々期において生じた研究開発費の額の合計額

② 制度の適用において、法人が関連者に対して支払う特定特許権等の取得費又はライセンス料が独立企業間価格に満たない場合には、独立

企業間価格によることとし、国内の関連者に対してこれらの費用を支払う場合には、所要の書類を作成し、税務当局からの求めがあった場合には遅滞なく提示し、又は提出しなければならないこととなっています。また、更正期限を延長する特例、同業者に対する質問検査権、書類の提示又は提出がない場合の推定課税その他所要の措置が講じられます。

③　イノベーション拠点税制（イノベーションボックス税制）の対象範囲については、制度の執行状況や効果を十分に検証した上で、国際ルールとの整合性、官民の事務負担の検証、立証責任の所在等諸外国との違いや体制面を含めた税務当局の執行可能性等の観点から、財源確保の状況も踏まえ、状況に応じ、見直しを検討することとなっています。

・本税制と一部目的が重複する研究開発税制については、試験研究費が減少した場合の控除率の引下げを行うことにより、投資を増加させるインセンティブをさらに強化するためのメリハリ付けを行います。

[知的財産の対象範囲]

- ●知的財産の対象範囲の検討に当たっては、**イノベーションの促進につながるものか**という観点から合理的な範囲の設定が必要ではないか。
- ●無形資産投資促進の観点から、**制度適用後に研究開発を開始し創出された知的財産**を対象とすべきではないか。
- ●その際、**措置期間**をどう考えるべきか。

○　主な知的財産権としては、特許権や著作権などの創作意欲の促進を目的としたものが挙げられる。
○　主要国（英国等）において、既存の知的財産は対象外（制度適用後に創出された知的財産に限る）。

主な知的財産	
特許権 （特許法）	・発明を保護 ・出願から20年（一部25年に延長）
実用新案権 （実用新案法）	・物品の形状等の考案を保護 ・出願から10年
著作権 （著作権法）	・文芸、学術、美術、音楽、プログラム等の精神的作品を保護 ・死後70年（法人は公表後70年、映画は公表後70年）

（注）上記のほか、育成者権（植物の新品種を保護）等が存在。
（出所）経済産業省資料（特許庁ホームページに基づき経済産業省作成）より

（自由民主党税制調査会資料）

[所得の対象範囲]

- 国際的に**「有害税制」**とみなされないように**OECDルールに沿った制度設計**にする観点、また、**執行可能な制度設計**にする観点、**オープンイノベーション促進**の観点、主要国の制度の状況を踏まえ、対象所得範囲についてどう考えるか。（また、**財源との関係**も考慮する必要。）

- 主要国（G7）において、イノベーションボックス税制を導入している国は英国・フランスのみ。
- 英国は製品・サービスの所得（知的財産の寄与分）も対象に含まれるが、フランスは譲渡所得とライセンス所得のみが対象。

	米国	ドイツ	英国	フランス	カナダ	イタリア
制度の存在	無し	無し	有り（2013年導入）	有り（2001年導入）	無し	無し (注2)
対象となる所得 (注1)	―	―	・譲渡所得 ・ライセンス所得 **・製品・サービスの所得 （知的財産の寄与分）**	・譲渡所得 ・ライセンス所得	―	―
執行方法	―	―	税務当局との 事前合意	（税務当局との 事前合意は不要）	―	―

（注1）対象所得は、自ら研究開発を行うことで取得した知的財産から得られた所得の範囲内である必要。
（注2）イタリアは、2021年にそれまでの知的財産権から生じる所得に対する所得控除の制度を改め、研究開発の費用に対するインセンティブ制度へ移行。
（出所）：経済産業省資料、各国ホームページより作成　　　　　　　　　　　　　（自由民主党税制調査会資料）

[研究開発税制との関係の整理]

- 対象が重複する**既存の研究開発税制との整理**が必要ではないか。
- その際、財源確保の観点からも、①**海外委託研究・海外支店の研究開発**、②**アウトプット段階（開発・実用化研究）に対する措置との関係**や、③**研究開発費が減少した場合の措置**などについての見直しが必要ではないか。

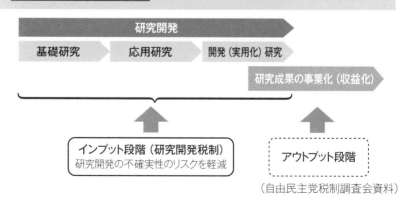

（自由民主党税制調査会資料）

6 研究開発税制の見直し

Question

　前回に引き続き今回も研究開発税制の見直しが行われていますが、今回の改正はどのような内容でしょうか。納税者にとって有利な内容なのでしょうか。

　A　今回の改正は以下の二つとなっており、いずれも該当する納税者にとっては不利な内容となっています。

①　研究開発税制の対象となる試験研究費の範囲から国外事業所等を通じて行う事業に係る試験研究費が除外されることとなります。

②　一般試験研究費の額が過去より減少した場合に受けられる税額控除額が以前よりも少なくなり、一定以上減少した場合には税額控除額がゼロとなる仕組みになります。

　なお、中小企業等向けの特例（中小企業技術基盤強化税制）はこの改正の対象外となります。

ここが変わる

　研究開発税制について以下の見直しが行われます（所得税についても同様の改正が行われます）。

①　研究開発税制の対象となる試験研究費の額から、内国法人の国外事業所等を通じて行う事業に係る試験研究費の額が除外されます。

②　一般試験研究費の額に係る税額控除制度について、令和8年4月1日以後に開始する事業年度で増減試験研究費割合が零に満たない事業年度につき、税額控除率が次のとおり見直されるとともに、税額控除率の下限（現行：1％）が撤廃されます。

　(イ)　令和8年4月1日から令和11年3月31日までの間に開始する事業

年度

8.5％＋増減試験研究費割合×30分の8.5

　㈹　令和11年 4 月 1 日から令和13年 3 月31日までの間に開始する事業
年度

8.5％＋増減試験研究費割合×27.5分の8.5

　㈻　令和13年 4 月 1 日以後に開始する事業年度

8.5％＋増減試験研究費割合×25分の8.5

適用時期

　上記①の試験研究費の範囲の改正については税制改正大綱において適
用時期の記載がないため、今後公表される法令等によりご確認ください。

　上記②の一般試験研究費の額に係る税額控除制度については令和 8 年
4 月 1 日以後開始事業年度からの適用となります。

解　説

❶　改正の背景

　今回の税制改正大綱では基本的考え方の中で「国内投資」という文言
が何度か記載されており、デフレ脱却のために国内投資の促進を図るこ
とが一つのポイントになっていると考えられます。

　また、今回の税制改正ではイノベーションボックス税制（研究開発の
結果創出される知的財産の譲渡に対する優遇税制）が創設されます。

　研究開発時又は研究開発後という時点の違いはあるものの同じ研究開
発に係る税制優遇であることや、研究開発税制に係る減税額は既に相当
大きなものであるため財源確保も考慮が必要であることなどから、イノ
ベーションボックス税制の創設に当たり既存の研究開発税制との関係の
整理が必要であるという検討がなされていました。

　その結果、今回の「国外事業所等を通じて行う事業に係る試験研究費
の除外」や「試験研究費の額が減少した場合における税額控除率の引下
げ」が行われるものと考えられます。

[租税特別措置の適用実態調査報告書（令和5年通常国会提出）のポイント]

対象措置数：81措置[注1]（令和2年度81措置）、
適用法人数：142.4万法人（令和2年度137.0万法人）

措置の種類 （措置数）	適用件数 （前年度比）	適用額 （前年度比）	（参考） 増減要因となる 主な措置	適用期限	適用額 （前年度比）	減収額試算
法人税率の特例 （2措置）	103.5万件 （＋4.3万件）	4兆2,937億円 （＋3,412億円）	中小法人等の 軽減税率	令和6年度末	4兆2,533億円 （＋3,357 億円）	1,701億円
税額控除 （19措置）	18.7万件 （＋4.1万件）	9,437億円 （＋2,309億円）	研究開発税制	令和7年度末	6,527億円 （＋1,474 億円）	6,527億円
			人材確保等促 進税制 （所得拡大促進 税制等を含む）	令和5年度末	2,430億円 （＋780億円）	※ 2,430億円
			国際戦略総合 特区設備 投資促進税制 （一部）	令和5年度末	36億円 （＋34億円）	36億円
			中小企業投資 促進税制 （一部）	令和6年度末	186億円 （＋23億円）	186億円
			中小企業経営 強化税制 （一部）	令和6年度末	115億円 （＋19億円）	115億円
特別償却 （28措置）	4.3万件 （＋0.02万件）	8,299億円 （＋165億円）	特定船舶の特 別償却	令和7年度末	653億円 （＋165億円）	44億円
			中小企業経営 強化税制 （一部）	令和6年度末	4,885億円 （＋143億円）	799億円
			中小企業投資 促進税制 （一部）	令和6年度末	1,934億円 （▲64億円）	315億円
準備金 （11措置）	0.4万件 （▲0.01万件）	5,506億円 （▲1,203億円）	特定原子力施 設炉心等除去 準備金	令和7年度末	－ 億円 （▲1,689 億円）	－ 億円

（注1）対象措置数81措置は、上記の合計60措置に上記の種類に該当しない措置（土地税制等）34措置を加え、税額控除と特別償却の選択制の13措置を除いたもの。
（注2）本報告書における法人税関係特別措置の適用実態調査結果を基に、一定の前提を置いて試算した全体の減収額は、1兆8,949億円程度。

※令和4年度の適用額（見込み）は5,134億円（財務省主税局調べ）

（自由民主党税制調査会資料）

[研究開発税制の概要]

- ●一般型：研究開発の促進のため、試験研究費につき、増減試験研究費割合に応じて、控除率カーブに基づき、税額控除を行う。
- ●オープンイノベーション型：オープンイノベーションの促進のため、共同試験研究・委託試験研究等を実施した際に、特別試験研究費につき税額控除を行う。

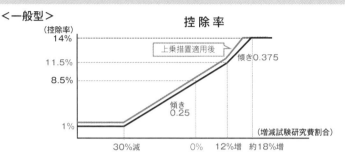

＜一般型＞

控除率

（上乗措置）　試験研究費割合（試験研究費の額／平均売上金額）が10%超の場合
：控除率×（試験研究費割合－10%）×0.5を加算
［最大10%］

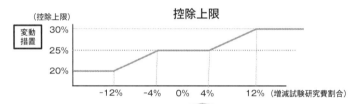

控除上限

控除上限の高い措置を適用

（上乗措置）　試験研究費割合が10%超の場合
：（試験研究費割合-10%）×2［最大10%］を加算

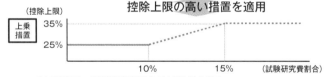

＜オープンイノベーション型＞

対象となる特別試験研究費	相手方	税額控除率
共同試験研究・委託試験研究	大学・特別研究機関	30%
	スタートアップ等	25%
	民間企業、技術研究組合	20%
知的財産権の使用料	中小企業者	20%
希少疾病用医薬品・特定用途医薬品等に関する試験研究		20%
高度研究人材の活用に関する試験研究		20%

（注1）増減試験研究費割合
増減試験研究費の額（試験研究費の額から比較試験研究費の額（※）を減算した金額）の比較試験研究費の額に対する割合。
※前3年以内に開始した各事業年度の試験研究費の額を平均した額。
（注2）特別研究機関とは、以下の①～③
①科学技術・イノベーション創出の活性化に関する法律第2条第8項に規定する試験研究機関等
②国立研究開発法人
具体的には、感染症研究所、日本医療研究開発機構、量子科学技術研究開発機構等
③福島国際研究教育機構

一般型とは別枠で、法人税額の10%まで税額控除ができる。

（自由民主党税制調査会資料）

❷ 制度の概要

　本制度は「法人が支出した試験研究費の額に控除率を乗じて計算した金額の税額控除を認める」というものとなっています。

　控除率は「当期の試験研究費が過去の試験研究費（過去３期の試験研究費の平均額）と比較してどれだけ増減したか」により決定されることとなっており、試験研究費が過去より増加すればするほど控除率も増加し、試験研究費が過去より減少すればするほど控除率も減少する仕組みとなっています。

　ただ、控除率には上限や下限が設けられており、これまでは仮に試験研究費が過去より大幅に減少していたとしても最低限度の税額控除は受けられる仕組みとなっていました。

❸ 改正の内容（一般試験研究費の額に係る税額控除制度の改正）

　今回の改正により増減試験研究費割合（次の図において「割合」と記載）がゼロに満たない場合における控除率の算式が次の図のとおりに変更されることとなり、控除率の下限が撤廃されることとなりました。

　研究開発税制の税額控除額は「試験研究費の額×控除率」で算出されるため、改正後においては増減試験研究費割合が一定以下になると控除率がゼロとなり、その結果税額控除額もゼロになってしまいます。

[一般試験研究費の額に係る税額控除制度における控除率]

増減試験研究費割合	改正前	令和8年4月1日以後開始事業年度	令和11年4月1日以後開始事業年度	令和13年4月1日以後開始事業年度
12％超		11.5％＋（割合－12％）×0.375＝控除率（上限14％）		
0％以上12％以下		11.5％－（12％－割合）×0.25＝控除率（下限1％）		
0％未満		8.5％＋割合×8.5/30＝控除率（下限無し）※割合が－30％以下で控除率がゼロとなる。	8.5％＋割合×8.5/27.5＝控除率（下限無し）※割合が－27.5％以下で控除率がゼロとなる。	8.5％＋割合×8.5/25＝控除率（下限無し）※割合が－25％以下で控除率がゼロとなる。

[研究開発税制における控除率のメリハリ付け]

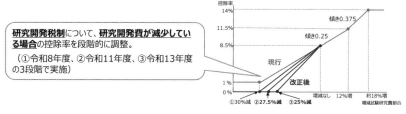

（経済産業省資料）

❹ 実務のポイント

① 研究開発税制は計算式が複雑で、かつ、頻繁に改正が行われているため、適用対象となる制度を間違えないように注意が必要となります。

② 今回の控除率の改正は一般試験研究費の額に係る税額控除制度（大企業向けの制度）の改正であるため、中小企業向けの特例（中小企業技術基盤強化税制）についてはこの改正の対象外となります。

③ 大企業向けの研究開発税制は一定の要件（給与支給額が増加していること又は設備投資額が一定額以上であることなど）をいずれも満たさない場合には不適用となる規定（特定税額控除の不適用措置）が設けられているため注意が必要となります。

7 第三者保有の暗号資産の期末時価評価課税の見直し

Question

第三者が保有する暗号資産の期末時価評価課税について見直しが行われるようですが、どのような内容でしょうか。

A 発行法人以外の第三者が保有する暗号資産（活発な市場が存在するもの）については、法人税法上、期末に時価評価し評価損益は課税の対象とされていましたが、一定の要件に該当する暗号資産は評価方法の選定により期末時価評価の対象外とすることが可能になります。

ここが変わる

① 発行法人以外の第三者が保有する暗号資産のうち一定の要件に該当する暗号資産については、法人が選定した評価方法（原価法又は時価法）により期末時における評価額を計算することになります。
② 評価方法の選定をしなかった場合には、原価法により評価した金額がその暗号資産の期末時における評価額となります。

適用時期

今後公表される法令等によりご確認ください。

解　説

❶ 改正の背景

暗号資産の保有に係る諸外国の法人税制では、簿価評価が主流となっ

ていますが、日本の法人税制上では、保有目的の有無にかかわらず、内国法人が有する活発な市場が存在する暗号資産については、期末に時価評価し評価損益は課税の対象とされていました。

　こうした取扱いは、ブロックチェーン技術を用いたサービスの普及やこれを活用した事業開発等のために、暗号資産を継続的に保有するような内国法人に対して、キャッシュフローを伴う実現利益がない（担税力がない）中で継続保有される暗号資産についても課税を求めるものであり、国内におけるブロックチェーン技術を活用した起業や事業開発を阻害する要因として指摘がされていました。

　これを受け、令和5年度税制改正では、一定の要件を満たす自己が発行した暗号資産については期末時価評価の対象から除外する見直しが実現しましたが、第三者が発行した暗号資産についての改正は行われませんでした。

　暗号資産の発行法人を伴走支援する他の法人や、他の暗号資産を活用して事業開発等を行う法人においては、依然として未実現利益に対する課税負担が生じることから、事業継続が困難との声が挙がる中、Web3.0推進に向けた環境整備を図り、ブロックチェーン技術を活用した起業等を促進する観点から、令和6年度税制改正では、第三者が発行した暗号資産についても一定の要件を満たす暗号資産については法人が選定した評価方法による評価が可能となり、期末時価評価の対象外となる見直しが行われています。

❷　改正の内容

①　法人が有する活発な市場が存在する暗号資産で譲渡についての制限その他の条件が付されている暗号資産の期末における評価額は、次のいずれかの評価方法のうち、その法人が選定した評価方法（自己の発行する暗号資産でその発行の時から継続保有するものは、次の(イ)の評価方法）により評価した金額とする見直しが行われます。

　(イ)　原価法

　(ロ)　時価法

②　上記①の「譲渡についての制限その他の条件が付されている暗号資産」とは、次の要件に該当する暗号資産をいいます。

（イ）　他の者に移転できないようにする技術的措置が取られていること等その暗号資産の譲渡についての一定の制限が付されていること。

（ロ）　上記（イ）の制限が付されていることを認定資金決済事業者協会において公表させるため、暗号資産の保有者等が上記（イ）の制限が付されている旨の暗号資産交換事業者に対する通知等をしていること。

③　評価方法の選定は、譲渡についての制限その他の条件が付されている暗号資産の種類ごとに選定し、取得日の属する事業年度に係る確定申告書の提出期限までに納税地の所轄税務署長に届出を行う必要があります。なお、評価方法の選定をしなかった場合には、原価法により計算した金額を期末における評価額とします。

④　その他所要の措置が講じられます。

[第三者保有の暗号資産の期末時価評価課税に係る見直し]

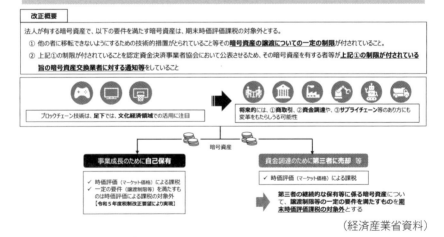

- **内国法人が有する暗号資産*** のうち活発な市場が存在するものについては、税制上、**期末に時価評価**し、**評価損益**（キャッシュフローを伴わない未実現の損益）**は課税の対象**とされている。
  - * 一定の自己発行の暗号資産を除く（令和5年度税制改正により措置）。
- Web3推進に向けた環境整備を図る観点から、**法人（発行者以外の第三者）の継続的な保有等に係る暗号資産**について、譲渡制限等の一定の要件を満たすものは、**期末時価評価課税の対象外**とする。

改正概要

法人が有する暗号資産で、以下の要件を満たす暗号資産は、期末時価評価課税の対象外とする。
① 他の者に移転できないようにするための技術的措置がとられていること等**暗号資産の譲渡についての一定の制限**が付されていること。
② 上記①の制限が付されていることを認定資金決済事業者協会において公表させるため、その暗号資産を有する者等が**上記①の制限が付されている旨の暗号資産交換業者に対する通知等をしている**こと

ブロックチェーン技術は、足下では、**文化経済領域**での活用に注目

将来的には、①**商取引**、②**資金調達**や、③**サプライチェーン**等のあり方にも変革をもたらしうる可能性

暗号資産

事業成長のために**自己保有**
✓ 時価評価（マーケット価格）による課税
✓ 一定の要件（譲渡制限等）を満たすものは時価評価による課税の対象外
【令和5年度税制改正要望により実現】

資金調達のために**第三者に売却** 等
✓ 時価評価（マーケット価格）による課税
第三者の継続的な保有等に係る暗号資産について、譲渡制限等の一定の要件を満たすものを期末時価評価課税の対象外とする

（経済産業省資料）

❸ 実務のポイント

① 第三者が発行した一定の要件に該当する暗号資産は、法人が選定した評価方法（原価法又は時価法）により、その暗号資産の期末における評価額の計算を行うため、原価法を選定した場合には期末時価評価の対象外となります。

② 暗号資産の保有者等は、譲渡についての制限が付されていることを認定資金決済業者協会に公表させるため、その制限が付されている旨を暗号資産交換事業者に対して通知等を行う必要があります。

③ 評価方法の選定は譲渡についての制限等が付されている暗号資産の種類ごとに選定し、暗号資産を取得した事業年度の確定申告書の提出期限までに届出を行う必要がありますが、評価方法の選定をしなかった場合には原価法が適用されます。

④ 自己が発行しその発行の時から継続保有するものについては原価法となるため期末時価評価は不要です。また、活発な市場が存在しない暗号資産についても、従来と変わらず期末時価評価は不要です。

法人課税

8 認定株式分配に係る課税の特例の見直し及び延長

Question

令和5年度税制改正で1年間の時限措置として創設された認定株式分配に係る課税の特例（パーシャルスピンオフ税制）について、一定の見直しと適用期限の延長がされたと聞きましたが、どのような内容でしょうか。

A 認定事業再編計画の公表時期及び税制適格要件についての見直しが行われた上、その適用期限が4年間延長されます。

ここが変わる

　令和5年度税制改正により、現物分配を行う企業に持分を一部残す場合にも、適格株式分配に該当するものとして、現物分配を行う企業の譲渡損益課税の繰延べや、株主の配当課税が対象外となる認定株式分配に係る課税の特例（パーシャルスピンオフ税制）が創設され、本年度改正においては、認定事業再編計画の公表時期の見直しや税制適格要件の追加が行われ、その適用期限が4年間延長されます。

適用時期

　令和6年4月1日から令和10年3月31日までの間に産業競争力強化法の事業再編計画の認定を受けた法人が行う現物分配について適用されます。

［スピンオフにより期待される効果とパーシャルスピンオフの必要性］

- ●一般的に、スピンオフによる効果として、**経営の独立、資本の独立、上場の独立による企業価値の向上**が期待される。
- ●パーシャルスピンオフは、**事業切り出し時点で完全に資本関係を解消することが難しい企業にもスピンオフの選択肢を与えるもの**であり、**事業の切り出しを促進する上で意義がある。**
- ●事業環境が急激に変化し、機動的な事業再編が求められる中、**大企業発のスタートアップ創出や企業の事業ポートフォリオの最適化を実現するためにも、パーシャルスピンオフの促進は重要。**

スピンオフの効果

経営の独立による効果	□ 両社とも、経営者は各々の**中核事業に専念**することが可能に（フォーカス強化）。 □ これにより、投資戦略や資金調達等について**迅速、柔軟な意思決定**が可能に。経営者や従業員の**モチベーションも向上。**
資本の独立による効果	□ スピンオフされた会社は、**独自の資金調達の途**が拓かれ、大規模M&A等の**成長投資が実施可能**に。 □ スピンオフされた会社は、独禁法や系列等の制約から解放され、**元の会社の競合相手との取引も可能**に。他社とのアライアンスや経営統合の自由度も高まる。
上場の独立による効果	□ 両社とも事業構成がシンプルになることで、**コングロマリット・ディスカウント**(注)を克服。 （注）複数の事業を営んでいる場合に、それらを個別に営む場合よりも、事業価値の総和が市場で低く評価されること。 □ 各事業のみに関心のある**投資家を引きつけ**、各々の事業特性に応じた最適資本構成が可能に。 □ 株式報酬のインセンティブ効果も高まる。

（経済産業省資料）

法人課税

[スピンオフに関する日本企業の検討状況]

- 昨年末の税制改正大綱決定以降の**短期間で、4社がスピンオフの検討を正式に公表。**
- **パーシャルスピンオフが時限措置とはいえ可能となったことは、企業によるスピンオフ検討の重要な契機となっている。**
- スピンオフは事業ポートフォリオの見直しのために用いられることが多いが、加えて**自社内で新たに育ってきた事業を更に成長させるためにスピンオフを活用する事例**も出ている。

【スピンオフの検討開始を正式に公表した企業】

公表日	スピンオフ実施会社	スピンオフされる会社	検討中の スピンオフの手法
2023/1/23	(株)メルコホール ディングス	シマダヤ(株) (麺類の製造・販売)	株式分配 (完全に切り出すこと を想定)
2023/5/11	(株)デジタルハーツ ホールディングス	(株)AGEST (情報・通信)	株式分配 (完全に切り出すこと を想定)
2023/5/18	ソニーグループ(株)	ソニーフィナンシャル グループ(株) (金融)	株式分配 (持分を残すこと を想定)
2023/7/14	Hamee(株)	NE(株) (ソフトウェア)	株式分配 (完全に切り出すこと を想定)

ソニーグループ株式会社
2023年度経営方針説明会
（2023年5月18日）

＜抜粋＞

・・・当社は、**金融事業の持続的成長に向けた有力な選択肢の一つ**として、同事業を営む当社の完全子会社であるソニーフィナンシャルグループ株式会社（以下「SFGI」）の株式上場を前提にした**パーシャル・スピンオフ**（以下「本スピンオフ」）**の検討を開始**しましたので、併せてお知らせします。

・・・本スピンオフの実行予定時期は未定ですが、**2～3年後の実行を念頭に置いて、今年度末に向けて検討を進めていきます。**

（以下、略。）

（経済産業省資料）

解　説

❶　改正の背景

　令和５年度税制改正により、現物分配を行う企業に持分を一部残す場合にも一定の要件を満たせば適格株式分配とする認定株式分配に係る課税の特例（パーシャルスピンオフ税制）が令和６年３月31日までの１年間の時限措置として創設され、上場企業を中心にスピンオフへの関心が高まっています。

　今後も事業環境の急激な変化に対応するため、企業の機動的な事業再編が求められる中、大企業発のスタートアップ創出や事業ポートフォリオの最適化の実現のためには、パーシャルスピンオフの促進が重要であると考えられています。

　一方、事業再編は計画から実施まで数年間を要することを踏まえると、現行制度では令和５年度中に産業競争力強化法の事業再編計画の認定を受ける必要があるため、本制度の延長が期待されていました。経済産業省からは本制度の恒久化を求められていましたが、本年度改正では、一定の見直しを行った上で適用期限が４年間延長されています。

❷　改正の内容

　認定株式分配に係る課税の特例（パーシャルスピンオフ税制）について、次の見直しを行った上、その適用期限が４年間延長されます。
① 　主務大臣による認定事業再編計画の内容の公表時期について、その認定の日からその認定事業再編計画に記載された事業再編の実施時期の開始の日（現行：認定の日）とする。
② 　認定株式分配が適格株式分配に該当するための要件に、その認定株式分配に係る完全子法人が主要な事業として新たな事業活動を行っていることとの要件を加える。

[スピンオフの実施の円滑化のための税制措置の拡充及び延長]

- ●**大企業発のスタートアップの創出や企業の事業ポートフォリオの最適化をさらに促進することにより、我が国 企業・経済の更なる成長を図ることは喫緊の課題。**
- ●事業再編は検討から完了まで数年間を要することも踏まえ、制度の予見可能性や利便性を向上するため、**パーシャルスピンオフ税制**※の適用期限を**4年間延長する**とともに、**所要の措置を講ずる。**

  ※ 元親会社に一部持分を残すパーシャルスピンオフ（株式分配に限る）について、一定の要件を満たせば再編時の譲渡損益課税を繰延べ、株主のみなし配当に対する課税を対象外とする特例措置。

改正概要 　【適用期限：令和9年度末まで】

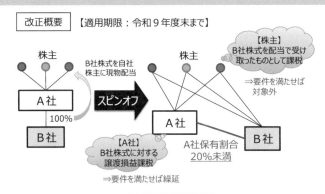

主な適用要件

① スピンオフ後にA社が保有するB社株式が発行済株式の20%未満であること
② スピンオフ後にB社の従業者のおおむね90%以上が、その業務に引き続き従事することが見込まれること
③ A社が産業競争力強化法の事業再編計画の認定を受けていること
― B社の主要な事業として新たな事業活動を行っていること
― B社の役員に対するストックオプションの付与等の要件を満たすこと　　等

事業再編計画の認定要件の見直し	認定を行った事業再編計画の公表時期の見直し
事業再編計画の既存の認定要件に加え、「B社の主要な事業として新たな事業活動を行っていること」を必須要件とする。	認定を行った事業再編計画について、「原則認定日に公表」としていたが、「計画の開始日までに公表」という運用方針に改めることとする。

（経済産業省資料）

[改正後の適格要件]

要　　件	認定株式分配に係る課税の特例
事業再編計画の認定要件	令和6年4月1日から令和10年3月31日までの間に産業競争力強化法の事業再編計画の認定を受けた法人が特定剰余金配当として行う現物分配であること
完全子会社要件	現物分配法人が保有する完全子法人株式を分配すること
非支配要件	現物分配法人が分配の直前に他の者による支配関係がなく、かつ、完全子法人が株式分配後に他の者による支配関係があることとなることが見込まれていないこと
分配要件	現物分配の直後に現物分配法人が有する完全子法人の株式の数が発行済株式の総数の20%未満となること
株式のみ按分交付要件	現物分配によって現物分配法人の株主の持株数に応じて完全子法人の株式のみが交付されること
従業者継続要件	完全子法人の従業者のおおむね90%以上がその業務に引き続き従事することが見込まれていること
主要事業継続要件	完全子法人の主要な事業が現物分配後も引き続き行われることが見込まれていること
特定役員継続要件	完全子法人の特定役員の全てが現物分配に伴って退任をするものでないこと
新株予約権要件	認定に係る関係事業者又は外国関係法人の特定役員に対して新株予約権が付与され、又は付与される見込みがあること等の要件を満たすこと
新たな主要事業要件	完全子法人が主要な事業として新たな事業活動を行っていること

❸　実務のポイント

① 　本制度の適用を受けるためには、令和6年4月1日から令和10年3月31日までの間に産業競争力強化法の事業再編計画の認定を受ける必要があります。

② 　認定を行った事業再編計画については、「原則認定日に公表」としていましたが、「計画の開始日までに公表」という運用方針に改められています。

③ 　今回追加となった適格株式分配に該当するための要件である、「認定株式分配に係る完全子法人が主要な事業として新たな事業活動を行っていること」に関する具体的な内容については、税制改正大綱に明記されていないため、今後公表される法令等により確認が必要です。

9 適格現物出資の対象範囲及び対象資産等の内外判定の見直し

Question

適格現物出資の対象範囲及び対象資産等の内外判定の見直しが行われると聞きましたが、どのような見直しが行われるのですか。

A 内国法人が外国法人の本店等に無形資産等の移転を行う現物出資について、適格現物出資の対象から除くこととなりました。

法人が現物出資を行う場合の適格現物出資への該当性の判定に際して、その現物出資により移転する資産等の内外判定は、法人の本店等を通じて行う事業に係る資産等又は恒久的施設を通じて行う事業に係る資産等のいずれに該当するかによることになりました。

ここが変わる

(1) 適格現物出資の対象範囲

内国法人が外国法人の本店等に無形資産等の移転を行う現物出資について、適格現物出資の対象から除くこととします。

無形資産等については、資産価値が形成された場所から容易に分離することができ、国外の事業所に属するものとしても価値の創出の一部が国内において行われているという実態を踏まえ、内国法人の資産の含み益が我が国から持ち出されることによる課税上の弊害を防止し、我が国の課税権を確実に確保する観点から、無形資産等の移転を行う現物出資について、適格現物出資の対象から除くこととします。

(2) 対象資産の内外判定

現物出資により移転する資産等の内外判定について、「事業所」ではなく、国内源泉所得課税等において用いられる法人の本店等及び恒久的施設（PE）によることとすることにより、内外判定の執行上の安定を

図るほか、外国法人に対し我が国の課税権が及ぶか否かの判定と一致することになります。

適用時期

令和6年10月1日以後に行われる現物出資について適用されます。

解　説

❶　現行制度

⑴　適格現物出資の対象範囲

内国法人が外国法人の本店等に国内資産等の移転を行う現物出資については、適格現物出資の対象外とされていますが、内国法人が外国法人の本店等に国外資産等の移転を行う現物出資については、適格現物出資の対象とされています。

⑵　対象資産の内外判定

国内資産等とは、国内にある不動産等その他国内にある事業所に属する資産（外国法人の発行済株式等の総数の25％以上の株式を有する場合におけるその外国法人の株式を除く）等をいいます。

国外資産等とは国外にある事業所に属する資産（国内不動産等を除く）等をいいます。

❷　改正内容

⑴　適格現物出資の対象範囲

内国法人が外国法人の本店等に無形資産等の移転を行う現物出資について、適格現物出資の対象から除外します。

(注) 上記の「無形資産等」とは、次に掲げる資産で、独立の事業者の間で通常の取引の条件に従って譲渡、貸付け等が行われるとした場合にその対価が支払われるべきものをいいます。

① 工業所有権その他の技術に関する権利、特別の技術による生産方式又はこれらに準ずるもの（これらの権利に関する使用権を含む）

② 著作権（出版権及び著作隣接権その他これに準ずるものを含む）

⑵ 対象資産の内外判定

　改正後の国内資産等とは、国内にある不動産等その他内国法人の本店等又は外国法人の恒久的施設を通じて行う事業に係る資産等（外国法人の発行済株式等の総数の25％以上の株式を有する場合におけるその外国法人の株式を除く）等とします。

　改正後の国外資産等とは、外国法人の本店等又は内国法人の国外事業所等を通じて行う事業に係る資産（国内不動産等を除く）等とします。

　（注） 上記の「国外事業所等」とは、国外にある恒久的施設に相当するもの等をいいます。

❸　実務のポイント

　内国法人が国外資産等のうちの無形資産等の移転を行う現物出資についても、適格現物出資の対象外となります。

[適格現物出資の対象範囲の見直し]

【現行】
　内国法人が外国法人の本店等に**国外資産等**（国外にある事業所に属する資産（国内不動産等を除く。）又は負債）の移転を行う現物出資については、適格現物出資の対象とされている。

- ※1　適格現物出資により移転する資産の譲渡損益については、課税の繰延べが認められる。
- ※2　内国法人が外国法人の本店等に**国内資産等**の移転を行う現物出資については、適格現物出資の対象外（非適格）とされている。

【見直し案】
　内国法人が外国法人の本店等に**無形資産等の移転を行う現物出資**について、**適格現物出資の対象から除く**こととする。

- ※令和6年10月1日以後に行われる現物出資について適用する。

【現行】　　　　**国外資産等**の移転　➡　適格現物出資の対象

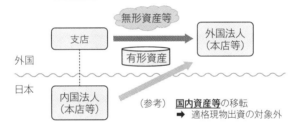

（参考）　**国内資産等**の移転
➡　適格現物出資の対象外

【見直し案】　　**国外資産等**の移転　➡　適格現物出資の対象
※無形資産等を移転する場合は適格現物出資の対象外

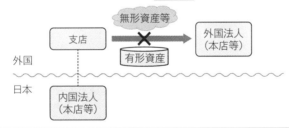

　無形資産等については、資産価値が形成された場所から容易に分離することができ、国外の事業所に属するとしても価値の創出の一部が国内において行われているという実態を踏まえ、内国法人の資産の含み益が我が国から持ち出されることによる課税上の弊害を防止し、我が国の課税権を確実に確保する観点から無形資産等の移転を行う現物出資について、適格現物出資の対象から除くこととする。

（自由民主党税制調査会資料）

［適格現物出資の対象資産等の内外判定の見直し］

【現行】
　適格現物出資への該当性の判定は、以下のとおり、現物出資により移転する資産等が①国内資産等又は②国外資産等のいずれに該当するか（内外判定）等によることとされている。

> ＜資産等の内外判定＞
> ①　国内資産等：国内不動産等その他**国内にある事業所に属する**資産（25％以上を有する外国法人株式を除く。）等
> ②　国外資産等：**国外にある事業所に属する**資産（国内不動産等を除く。）等
> ※　資産等が国内にある事業所又は国外にある事業所のいずれの事業所の帳簿に記帳されているか等により判定

＜適格・非適格の対象例＞
内国法人が外国法人の本店等に対して①国内資産等を移転する現物出資
　➡　適格現物出資の<u>対象外</u>（非適格）
外国法人が内国法人に対して②国外資産等を移転する現物出資
　➡　適格現物出資の<u>対象外</u>（非適格）

【見直し案】
　現物出資により移転する資産等の内外判定について、「事業所」ではなく、外国税額控除制度や国内源泉所得課税において用いられている「法人の本店等」及び「恒久的施設（PE）」によることとする。この対応により、内外判定の執行上の安定を図るほか、外国法人に対し我が国の課税権が及ぶか否かの判定と一致する。

> ＜資産等の内外判定＞
> ❶　国内資産等：国内不動産等その他**内国法人の本店等又は外国法人の国内のPEを通じて行う事業に係る**資産（25％以上を有する外国法人株式を除く。）等
> ❷　国外資産等：**内国法人の国外のPE又は外国法人の本店等を通じて行う事業に係る資産**（国内不動産等を除く。）等
> ※　令和6年10月1日以後に行われる現物出資について適用する。

（自由民主党税制調査会資料）

10　スマート農業技術活用促進税制の
　　創設

> **Question**
>
> 　今度新たに新設されるスマート農業技術活用促進税制とは、どのようなものなのでしょうか。

　A　農業技術に関連する一定の資産を取得した場合、特別償却の適用が可能となります。

ここが変わる

　スマート農業技術の活用を促進するための法整備を前提に、同法の生産方式革新実施計画の認定を受けた農業者等が、生産方式革新事業活動用資産等の取得等をして、当該活動の用に供した場合には、その取得価額の32％（建物等については16％）の特別償却の適用ができることとなりました。

適用時期

　関係法令の施行の日から令和9年3月31日までの間に取得等及び事業供用を行った資産について適用されます。

解　　説

❶　制度の概要

　農業の生産性の向上のためのスマート農業技術の活用の促進に関する法律（仮称）の制定を前提に、青色申告書を提出する法人で同法の生産方式革新実施計画（仮称）の認定を受けた農業者等（その農業者等が団

体である場合におけるその構成員等を含む。以下同じ）又は生産方式革新実施計画の認定を受けた農業者等の同法の生産方式革新事業活動（仮称）の促進に資する措置としてその計画に記載されたもの（以下「促進措置」という）を行う同法のスマート農業技術活用サービス事業者（仮称）若しくは食品等事業者（仮称）であるものが、同法の施行の日から令和９年３月31日までの間に、次の機械その他の減価償却資産のうち一定の基準（下記❸参照）に適合するもの（以下「生産方式革新事業活動用資産等」という）の取得等をして、その法人の生産方式革新事業活動（スマート農業技術活用サービス事業者又は食品等事業者にあっては、その促進措置）の用に供した場合には、その取得価額に、次の生産方式革新事業活動用資産等の区分に応じそれぞれ次の償却率を乗じた金額の特別償却が適用できることとなりました。

　なお、この特別償却制度は法人住民税及び法人事業税にも適用されることとなります。

❷　償 却 率

①　認定生産方式革新実施計画（仮称）に記載されたその農業者等が行う生産方式革新事業活動の用に供する設備等を構成する機械装置、器具備品、建物等及び構築物……32％（建物等及び構築物……16％）
②　認定生産方式革新実施計画に記載された生産方式革新事業活動の促進に資する措置の用に供する設備等を構成する機械装置……25％

❸　一定の基準

⑴　上記❷①の減価償却資産
①　その生産方式革新事業活動による取組の過半がスマート農業技術（仮称）の効果の発揮に必要となるほ場の形状、栽培の方法又は品種の転換等の取組であること等の要件を満たす生産方式革新事業活動の用に供されるものであること。
②　次のいずれかに該当する減価償却資産であること。
　㈤　スマート農業技術を組み込んだ機械装置のうち７年以内に販売されたもの
　㈭　上記㈤と一体的に導入された機械装置、器具備品、建物等及び構

築物のうちスマート農業技術の効果の発揮に必要不可欠なもの

(2) **上記❷②の減価償却資産**

① その認定生産方式革新実施計画に記載された生産方式革新事業活動について、その取組に係る作付面積又は売上高が認定を受けた農業者等の行う農業に係る総作付面積又は総売上高のおおむね80％以上を占めること等の要件を満たすこと。

② その取得予定価額が上記❷②の措置を行う法人の前事業年度における減価償却費の額の10％以上であること等の要件を満たす設備等を構成する減価償却資産のうち次のものに該当すること。

　(イ)　認定生産方式革新実施計画に記載された生産方式革新事業活動を行う農業者等に対して供給する一定のスマート農業技術活用サービス（農業者等の委託を受けて行う農作業に限る）に専ら供される上記(1)②の減価償却資産で、は種、移植又は収穫用のもの

　(ロ)　認定生産方式革新実施計画に記載された生産方式革新事業活動の実施により生産された農産物の選別、調製等の作業を代替して行う一定の農産物等の新たな製造、加工、流通又は販売の方式の導入を図るための取組に専ら供される減価償却資産で、農産物の洗浄、選別等の作業用のもの

❹　実務のポイント

　新設された制度であり、詳細に不明な部分が多いことから、適用可能性がある設備投資を予定している場合又は検討されている場合には、今後の関係法令通達その他各種情報について十分に注意をする必要があります。

[スマート農業]

「農業」×「先端技術」＝「スマート農業」

「スマート農業」とは、「ロボット、AI、IoTなど先端技術を活用する農業」のこと。

「生産現場の課題を先端技術で解決する！農業分野におけるSociety5.0※の実現」

※Society5.0：政府が提唱する、テクノロジーが進化した未来社会の姿

スマート農業の効果

① 作業の自動化
ロボットトラクタ、スマホで操作する水田の水管理システムなどの活用により、作業を自動化し人手を省くことが可能に

② 情報共有の簡易化
位置情報と連動した経営管理アプリの活用により、作業の記録をデジタル化・自動化し、熟練者でなくても生産活動の主体になることが可能に

③ データの活用
ドローン・衛星によるセンシングデータや気象データのAI解析により、農作物の生育や病害虫を予測し、高度な農業経営が可能に

データ連携基盤

農業データ連携基盤

スマート農業に必要なデータを連携・共有・提供。

※内閣府 戦略的イノベーション創造プログラム（SIP第1期）「次世代農林水産業創造技術」において開発。令和元年度から運用を開始。

連携

スマートフードチェーンプラットフォーム

生産から加工・流通・販売・消費に至るデータを連携。

※内閣府 戦略的イノベーション創造プログラム（SIP第II期）「スマートバイオ産業・農業基盤技術」において開発。令和5年度から運用を開始。

（農林水産省資料）

[スマート農業技術]

○ ＩＴやロボット、ＡＩ等の先端技術の著しい進展を背景に、農業分野においても、生産性向上に貢献するスマート農業（欧米では精密農業）が国内外で進められてきた。

[スマート農業関係の技術（例）]

自動運転	作業軽減	センシング/モニタリング	環境制御	経営データ管理	生産データ管理
ロボットトラクタ ● 有人・無人協調システムにより、作業時間の短縮や１人で複数の作業が可能 ● （例：無人機で耕起・整地、有人機で施肥・播種） ● １人当たりの作業可能面積の拡大し、大規模経営化に貢献 **自動操舵システム** ● 自動で正確に作業できるため、大区画の長い直線操作はどても作業が容易になる。非熟練者でも熟練者と同等以上の精度、速度で作業が可能 ● 作業の連続負荷が減り、単位時間あたりの作業面積が約10〜25%増加 （技術イメージ） 人は外面に立つことなく操作	**リモコン草刈り機** ● 急傾斜地等での除草作業に使用可能など、リモコンによる遠隔操作する草刈り機	**収量センサ付きコンバイン** ● 収穫と同時に収量・水分量等を測定し、ほ場ごとの収量・食味等のばらつきを把握 ● 翌年の施肥設計等に役立てることが可能 **水管理システム** ● 圃場の水位・水温等を各種センサーで自動測定し、スマートフォン等においていつでもどこでも確認が可能 **ドローン・人工衛星** ● センシングにより生育・ほ場間のばらつきを把握し、適肥やばらつき解消により収量が増加	**ハウス等の環境制御システム** ● データに基づきハウス内の環境を最適に保ち、高品質化や収量の増加・安定化が可能 （技術イメージ） 設定や実測に基づく自動制御	**経営・生産管理システム** ● ほ場や品目ごとの作業実績を記録し、情報をもとに、生産コストの見える化 ● 面・方法の改善、収量予測等に活用可能 ● 機能を絞った安価な製品から、経営最適化に向けた分析機能等が充実した製品まで幅広く存在 （技術イメージ） 航空画像マップで圃場見える化	**家畜の生体管理システム** ● 牛の分娩兆候や反芻状況、生乳量等など情報をモニタ一元管理
		農業データ連携基盤（データ連携プラットフォーム）			

（農林水産省資料）

第3章 法人課税 **209**

11 交際費等の損金不算入制度の見直し及び延長

Question

交際費等の損金不算入制度が延長されるようですが、どのような内容でしょうか。

A 交際費等の範囲から除外される飲食費に係る金額が1人当たり1万円以下に引き上げられた上で、適用期限が3年間延長されました。

ここが変わる

適用期限が3年間延長されます（令和4年度税制改正では2年間）。

会議費の実態を踏まえ、交際費等の範囲から除外される飲食費に係る金額基準が、1人当たり1万円以下（現行5,000円以下）に引き上げられます。

適用時期

令和6年4月1日から令和9年3月31日までの間に開始する各事業年度において適用されます。

ただし、金額基準を1万円以下に引き上げる改正は、令和6年4月1日以後に支出する飲食費について適用されます。

解　説

❶ 制度延長の背景

企業会計上、交際費は費用として処理されるものですが、法人税法に

[中小法人の交際費課税の特例の延長]

現行制度 【適用期限：令和５年度末まで】

① 交際費等を800万円までは全額損金算入できる特例措置 〔中小企業のみ〕

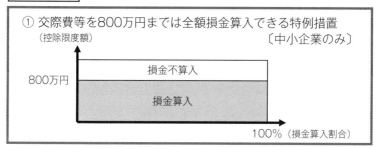

② 飲食費（社内接待費を除く）の50％を損金算入できる特例措置 〔中小企業・大企業（資本金の額等が100億円以下）〕

（参考）社内接待費
専ら当該法人の役員若しくは従業員又はこれらの親族に対する接待等のために支出する費用

※中小法人については、上記特例措置①と交際費等のうち接待飲食費の50％までを損金に算入することができる措置（②）との選択適用が可能。

改正概要 ※下線部分が改正箇所【適用期限：令和８年度末】

※交際費等：交際費、接待費、機密費、その他の費用で法人がその得意先、仕入先その他事業に関係ある者等に対する接待、供応、慰安、贈答その他これらに類する行為のために支出するもの（１人あたり5,000円超の飲食費含む）。
１人当たり5,000円以下の飲食費は、交際費等の範囲から除外されているが、これを**１万円に引上げ**。

（経済産業省資料）

おいては租税特別措置により、原則、支出した交際費を損金に算入することは認められていません。これは法人の無駄な支出（冗費）を抑制し、内部留保を高め、企業の財務体質の改善を図るといった一定の政策的な見地から措置されているものと考えられます。

しかしながら、中小企業については、大企業と比較すると新規顧客の開拓や販売促進の手段が限られていることから、取引の拡大や事業活動の円滑化の手段として交際費を支出することが事業活動において必要不可欠な販売促進手段となっているため、従来から、一定の範囲で交際費の損金算入が認められています。

このような観点から、本税制措置の適用期限を延長し、我が国雇用の7割を支え、地域活性化の中心的役割を担う中小企業の営業活動を促進し、経済活動の活性化を支援することが求められています。

❷　実務のポイント

改正以前より引き続き、以下の留意点があります。

① 引き続き、期末資本金の額が1億円以下の法人の場合、接待飲食費の額が1,600万円を超える場合には、接待飲食費の50％相当額の損金算入を適用した方が有利になります。

② 期末資本金の額が1億円以下の法人であっても、大法人による完全支配関係がある場合等には、定額控除限度額の適用ができないため、自社の資本金の額だけではなく親会社等の資本金の額も確認する必要があります。

③ 改正の内容が、事業年度の中途で変更となるため、1万円以下の飲食費等の取扱いについては、補助科目を設けるなど事前の準備が必要となります。

12　中小企業者の欠損金等以外の欠損金の繰戻しによる還付制度の不適用措置の見直し及び延長

Question

　中小企業者の欠損金等以外の欠損金の繰戻しによる還付制度の不適用措置の適用期限が令和6年3月31日までとされていますが、延長されるのでしょうか。

　A　一定の欠損金額を対象から除外する措置の適用期限を2年延長した上で、不適用措置の適用期限が2年延長されることとなりました。

ここが変わる

　中小企業者の欠損金等以外の欠損金の繰戻しによる還付制度は不適用とされていますが、銀行等保有株式取得機構の欠損金額を対象から除外する措置を2年延長するとともに、不適用措置の適用期限が2年間延長されることとなりました。

適用時期

　適用期限が2年延長され、令和8年3月31日までの間に終了する各事業年度となります。

解　　説

❶　制度の概要

(1) 欠損金の繰戻還付制度

　欠損金の繰戻還付制度とは、青色申告者である確定申告書を提出する事業年度に欠損金が生じた場合において、その欠損金額をその事業年度開始前1年以内に開始したいずれかの事業年度の所得に繰り戻して、その事業年度の所得に対する法人税額の還付請求をする制度です（法法80①）。

　繰戻しにより還付請求できる金額は、次の算式により計算した金額となります。

＜還付される金額＞

$$\text{還付事業年度の法人税額} \times \frac{\text{欠損事業年度の欠損金額}}{\text{還付事業年度の所得金額}} = \text{還付される金額}$$

(2) 欠損金の繰戻還付請求制度の不適用措置

　欠損金の繰戻還付制度は、清算中に終了する事業年度・解散等の事実が生じた場合の事業年度及び災害損失金額が生じた場合の災害欠損事業年度等を除き、平成4年4月1日から令和6年3月31日までの間は適用が停止されています（措法66の12）。

　ただし、平成21年度改正において、一定の中小企業者等については不適用措置の対象から除かれたことから、一定の中小企業者等については青色欠損金の繰戻還付制度の適用を受けることが認められています。

(3) 不適用措置の対象から除かれている一定の中小企業者等

　還付請求ができる中小法人等の範囲は次のとおりです（措法66の12①、措令39の24）。

① 普通法人のうち、欠損事業年度終了の時における資本金の額又は出資の額が1億円以下（投資法人及び特定目的会社を除く）及び資本又は出資を有しないもの（保険業法に規定する相互会社及び外国相互会社を除く）。

　ただし、資本金の額又は出資の額が5億円以上である法人又は相互会社に完全支配されている法人は除かれます。

② 公益法人等又は協同組合等

❷　改正の内容

中小企業者の欠損金等以外の欠損金の繰戻しによる還付制度の不適用措置について、所要の経過措置を講じるとともに、銀行等保有株式取得機構の欠損金額を除外する措置の適用期限が2年間延長されることとなりました。

❸ 実務のポイント

(1) 延長の理由

機構に係る課税の特例措置は、機構が経済情勢等の急激な変動の下においても、可能な限り損失の発生を回避しつつ、そのセーフティネットとして、銀行等による対象株式等の処分、銀行等と銀行等以外の会社とが相互にその発行する株式を保有する関係を解消することに資する、当該銀行等の株式の処分の円滑化を十分に果たせるよう措置されているため、延長が必要とされています。

(2) 欠損金の繰戻還付制度と税務調査

欠損金の繰戻還付制度の条文において、税務署長は、還付請求書の提出があった場合には、その請求の基礎となった欠損金額その他必要な事項について調査し、その調査したところにより、その請求をした内国法人に対し、その請求に係る金額を限度として法人税を還付し、又は請求の理由がない旨を書面により通知することとされています。

しかし、必ずしも実地の税務調査が行われるわけではなく、机上調査で還付がなされることも多いようです。

(3) 地方税の取扱い

欠損金の繰戻還付は法人税法上の制度になりますので、地方税において還付を受けることはできません。

13 中小企業者等の少額減価償却資産の取得価額の損金算入の特例の見直し及び延長

Question

中小企業者等の少額減価償却資産の取得価額の損金算入の特例の見直しが行われるようですが、どのような見直しが行われるのでしょうか。

A 出資金等が1億円を超える組合等のうち、常時使用する従業員数が300人を超えるものは、中小企業者等の少額減価償却資産の取得価額の損金算入の特例を適用できないことになります。

ここが変わる

対象法人から出資金等が1億円を超える組合等のうち、常時使用する従業員の数が300人を超えるものを除外した上、その適用期限が2年延長されます（適用期限の延長は、所得税についても同様とする）。

適用時期

平成18年4月1日から令和8年3月31日までの間に取得等して事業の用に供した場合に適用されます。

解　説

❶ 現行制度

(1)　概　　要

中小企業者等が、取得価額が30万円未満である減価償却資産（以下「少
額減価償却資産」という）を平成18年4月1日から令和6年3月31日ま
での間に取得等して事業の用に供した場合には、一定の要件のもとに、
その取得価額に相当する金額を損金の額に算入することができます。

(2) 適用対象法人

　この特例の対象となる法人は中小企業者[注]又は農業協同組合等で、
青色申告法人（通算法人を除く）のうち、常時使用する従業員の数が
500人以下（令和2年3月31日までの取得などについては、1,000人以下）
の法人（以下「中小企業者等」という）に限られます。

　なお、法人が中小企業者等に該当するかどうかの判定（適用除外事業
者に該当するかどうかの判定を除く）は、原則として、少額減価償却資
産の取得などをした日及び少額減価償却資産を事業の用に供した日の現
況によるものとされます。

　ただし、事業年度終了の日において常時使用する従業員の数が500人
以下の法人が、その事業年度の中小企業者又は農業協同組合等に該当す
る期間において取得などして事業の用に供した少額減価償却資産につい
ては、この制度の適用を受けることができます。

　（注）中小企業者とは、次の要件をすべて満たす法人です。

　　　・資本金又は出資金の額が1億円以下であること

　　　・通算法人でないこと

　　　・適用除外事業者に該当しないこと

　　　※適用除外事業者とは、過去3年間における各事業年度の所得金額の年平均
　　　　額が15億円を超える法人が該当します。

　また、上記の条件を満たしても、下記に該当する法人は対象外となり
ます。

① 　大規模法人（資本金又は出資金の額が1億円超の法人、大法人（資
　本金5億円以上の法人など）との完全支配関係にある法人）に発行済
　株式の総数又は出資金総額の2分の1以上を所有されている法人

② 　複数の大規模法人に発行済株式の総数又は出資金総額の3分の2以
　上を所有されている法人

(3) 適用対象資産

　この特例の対象となる資産は、取得価額が30万円未満の減価償却資産

です。

　ただし、適用を受ける事業年度における少額減価償却資産の取得価額の合計額が300万円（事業年度が１年に満たない場合には300万円を12で除し、これにその事業年度の月数を掛けた金額。月数は、暦に従って計算し、１か月に満たない端数を生じたときは、これを１か月とする。以下同じ）を超えるときは、その取得価額の合計額のうち300万円に達するまでの少額減価償却資産の取得価額の合計額が限度となります。

　なお、令和４年４月１日以後に取得等する場合は、少額減価償却資産から貸付け（主要な事業として行われるものは除く）の用に供したものが除かれます。

⑷　手　　続

　この特例の適用を受けるためには、事業の用に供した事業年度において、少額減価償却資産の取得価額に相当する金額につき損金経理するとともに、確定申告書等に少額減価償却資産の取得価額に関する明細書（別表十六（七））を添付して申告することが必要です。

❷　改正の概要

①　中小企業者等の少額減価償却資産の取得価額の損金算入の特例について、対象法人から電子情報処理組織を使用する方法（e-Tax）により法人税の確定申告書等に記載すべきものとされる事項を提供しなければならない法人のうち出資金等が１億円超の組合等で、常時使用する従業員の数が300人を超えるものは特例の対象になりません。

②　インボイス制度の導入等により事務負担が増加する中で、⑷償却資産の管理等の事務負担の軽減、㋺事務処理能力・事務効率の向上を図るため、本制度の適用期限を２年延長します（適用期限の延長は、所得税についても同様とする）。

[中小企業等の少額減価償却資産の取得価額の損金算入の特例措置の見直し及び延長]

| 改正概要 | ※**太字**が改正箇所 |

【適用期限：**令和７年度末**】

○適用対象資産から、貸付け（主要な事業として行われるものを除く。）の用に供した資産を除く

	取得価額	償却方法	
中小企業者等のみ	30万円未満	全額損金算入（即時償却）	← 合計300万円まで
全ての企業	20万円未満	3年間で均等償却※1（残存価額なし）	本則※2
	10万円未満	全額損金算入（即時償却）	

※1 10万円以上20万円未満の減価償却資産は、3年間で毎年1／3ずつ損金算入することが可能。
※2 本則についても、適用対象資産から貸付け（主要な事業として行われるものを除く。）の用に供した資産が除かれる。
※3 従業員数については、中小企業者は500名以下、**出資金等が1億円超の組合等は300名以下**が対象

（経済産業省資料）

❸ 実務のポイント

① この特例は、取得価額が30万円未満である減価償却資産について適用がありますので、器具及び備品、機械・装置等の有形減価償却資産のほか、ソフトウエア、特許権、商標権等の無形減価償却資産も対象となり、また、所有権移転外リース取引に係る賃借人が取得したとされる資産や、中古資産であっても対象となります。

② この特例の適用を受ける資産は、租税特別措置法上の特別償却、税額控除、圧縮記帳と重複適用はできません。また、取得価額が10万円未満のもの又は一括償却資産の損金算入制度の適用を受けるものについてもこの特例の適用はありません。

③ 法人が中小企業者等に該当するかどうかの判定（適用除外事業者に該当するかどうかの判定を除く）は、原則として、少額減価償却資産の取得等をした日及び少額減価償却資産を事業の用に供した日の現況によるものとされます。

法人課税

④　ただし、常時使用する従業員の数が300人以下に該当するかどうか
　の判定は、事業年度終了の日の現況によって判断することができます。

⑤　常時使用する従業員の数については、常用であるか日々雇い入れる
　ものであるかを問わず、事務所又は事業所に常時就労している職員、
　工員等（役員を除く）の総数により判定することになるため留意が必
　要です。また、繁忙期等に数か月程度の期間労務に従事するものを使
　用するときは、その従事する者の数を常時使用する従業員の数に含め
　ることとされています。

14 外形標準課税の見直し

Question

　資本金が1億円を超える法人が対象になる外形標準課税について、資本金を1億円以下に減資をして、外形標準課税の対象が実質的に縮小する事例も生じていることから外形標準課税の適用対象法人の範囲について見直しが行われるようですが、どのような見直しが行われるのでしょうか。

A 現行の基準（資本金の額が1億円超の法人）を維持した上で、範囲が拡大されます。

　具体的には、前事業年度に外形標準課税の対象であった法人が当期に資本金を1億円以下に減資を行い、その事業年度の資本金と資本剰余金の合計額が10億円を超えている場合には外形標準課税の対象となるよう見直しが行われます。

　また、資本金と資本剰余金の合計額が50億円を超える外形標準課税対象の法人の100％子法人等で資本金が1億円以下で、資本金と資本剰余金の合計額が2億円を超えている場合にも外形標準課税の対象となるよう見直しが行われます。

ここが変わる

(1) 減資への対応

　外形標準課税制度の適用対象法人の範囲について、現行の基準（資本金の額が1億円超の法人）を維持した上で、当分の間、前事業年度に外形標準課税の対象であった法人が、当該事業年度に資本金を1億円以下に減資をし、資本金と資本剰余金の合計額が10億円を超えるものは、外形標準課税の対象とされます。

(2) 100％子法人等への対応

法人課税

資本金と資本剰余金の合計額が50億円を超える法人等の100％子法人等のうち、当該事業年度末日の資本金が１億円以下で、資本金と資本剰余金の合計額が２億円を超えるものは、外形標準課税の対象とされます。

適用時期

① 　減資を行った場合には、令和７年４月１日以後に開始する事業年度より適用されます。
② 　100％子法人等へは、令和８年４月１日以後に開始する事業年度より適用されます。

解　　説

❶　現行制度の概要

　法人事業税のうち、資本金１億円超の法人に対して、収益分配額（報酬給与額、純支払利子及び純支払賃借料の合計額）と単年度損益との合計額を課税標準とする付加価値割と資本金等の額を課税標準とする資本割から外形標準課税が課されています。
　なお、小規模な法人については経営に与える影響等に配慮し、制度対象は「資本金１億円超」の法人とされています。

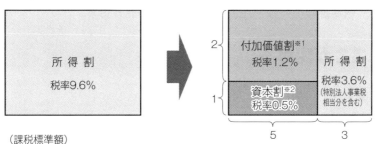

（課税標準額）
※１　付加価値額
　　　＝収益分配額（報酬給与額＋純支払利子＋純支払賃借料）＋単年度損益
※２　資本金等の額
　　　＝法人税法で定める資本金等の額＋無償増減資の加減算
　　　（資本金等の額が資本金＋資本準備金を下回る場合は、資本金＋資本準備金）
（自由民主党税制調査会資料）

❷　改正の概要

⑴　改正の背景

　外形標準課税の対象法人数は、資本金1億円以下への減資を中心とした要因により、導入時に比べて約3分の2まで減少しています。また、持株会社化・分社化の際に、外形標準課税の対象範囲が実質的に縮小する事例も生じています。

　こうした事例の中には、損失処理等に充てるためではなく、財務会計上、単に資本金を資本剰余金へ項目間で振り替える減資を行っている事例が存在します。

　また、子会社の資本金を1億円以下に設定しつつ、親会社の信用力を背景に大規模な事業活動を行っている企業グループの事例もあります。

　こうした減資や組織再編による対象法人数の減少や対象範囲の縮小は、法人税改革の趣旨や、地方税収の安定化・税負担の公平性といった制度導入の趣旨を損なうおそれがあり、外形標準課税の対象から外れている実質的に大規模な法人を対象に、制度的な見直しをする必要があり、減資への対応として、現行の外形標準課税の適用判定指標である資本金に加え、資本金＋資本剰余金の合計額を指標とする追加基準が設けられます。

　また、100％子法人等への対応として、一定規模以上の親法人の100％子会社等が外形標準課税の対象に追加されます。

法人課税

[外形標準課税の見直し（減資対応）の概要]

（経済産業省資料）

(2) 減資への対応

① 減資の主なパターン

(イ) 項目振替（資本金から資本剰余金への振替え）

(ロ) 損失の処理（その他資本剰余金からその他利益剰余金への振替え）

(ハ) 株主への払戻し（項目振替＋資本剰余金の配当）

[株式会社の貸借対照表における減資とその後]

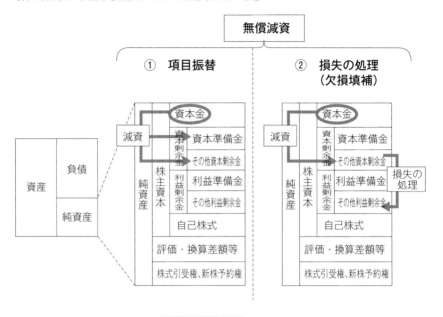

無償減資

① 項目振替
② 損失の処理
（欠損填補）

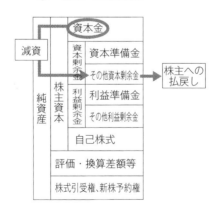

有償減資

③ 株主への払戻し

（自由民主党税制調査会資料）

② 減資に対応するための追加基準

　減資の主なパターンのうち、単に資本金から資本剰余金へ項目振替を行う事例が多く見受けられ、単なる項目振替型減資により、実質的に大規模といえる法人が外形標準課税に含まれないという問題への対応策として、現行の外形標準課税の適用判定指標である資本金に加え、資本金＋資本剰余金の合計額を指標とする追加基準が設けられます。

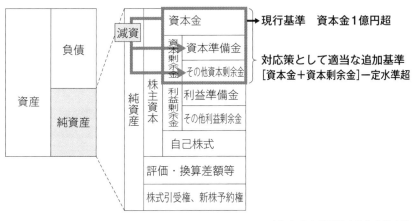

（自由民主党税制調査会資料）

③ 改正の内容
　(イ) 対象法人
　　　ⓐ 外形標準課税の対象は、現行基準である資本金又は出資金１億円超の法人
　　【追加基準】
　　　ⓑ 前事業年度に外形標準課税対象法人であって、当該事業年度に資本金１億円以下で、資本金及び資本剰余金の合計額が10億円を超える法人
　　　ⓒ 施行日（令和７年４月１日）以後最初に開始する事業年度については上記ⓑにかかわらず、公布日を含む事業年度の前事業年度（公布日の前日に資本金が１億円以下の場合は、公布日以後最初に終了する事業年度）に外形標準課税対象法人で、当該施行日以後最初に開始する事業年度に資本金１億円以下で、資本金及び資本剰余金の合計額が10億円を超える法人

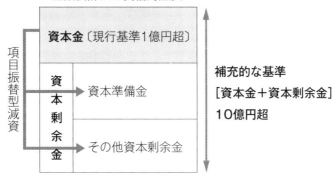

企業会計上の貸借対照表

（総務省資料）

⑶ 100%子法人等への対応

① 組織再編と外形標準課税の対象範囲の関係

　事業部門の分社化や持株会社化、外部の企業の子会社化等の組織再編の際に、子会社の資本金を1億円以下に設定すること等により、外形標準課税の対象から外れます。

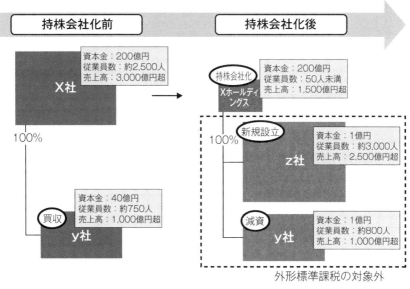

外形標準課税の対象外

（自由民主党税制調査会資料）

そこで、親会社の信用力等を背景に企業グループで一体的に事業活動を行っている点に着目して、一定規模以上の法人（親会社）の100％子会社等が外形標準課税の対象に追加されます。

<法人税〉現行制度

資本金1億円以下であっても、**資本金5億円以上の法人の100％子会社等**（※）は、**一律非中小法人として取り扱う**。

〈外形標準課税〉対応策として適当な追加基準

資本金1億円以下であっても、**［資本金＋資本剰余金］が一定水準を上回る法人の100％子会社等を外形標準課税の対象とする**。

（イメージ）

（イメージ）

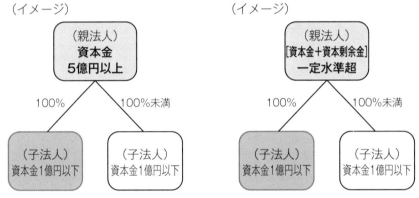

※ ①大法人（資本金5億円以上の法人、相互会社・外国相互会社、受託法人）との間に当該大法人による法人税法に規定する完全支配関係がある法人
　②100％グループ内の複数の大法人に発行済株式等の全部を保有されている法人

（自由民主党税制調査会資料）

②　改正の内容

　(イ)　対象法人

　　資本金と資本剰余金の合計額が50億円を超える法人（非課税又は所得割のみで課税される法人等である場合を除く）又は相互会社・外国相互会社の100％子法人等のうち、事業年度末の資本金が1億円以下で、資本金と資本剰余金の合計額が2億円を超える法人

　　　(注)　公布日以後に、100％子法人等がその100％親法人等に対して資本剰余金から配当を行った場合、当該配当額は、上記の2億円超の判定に含まれます。

　　産業競争力強化法の改正を前提に、令和9年3月31日までの間に特別事業再編計画（仮称）に基づいて行われるM＆Aにより100％子会社となった法人（当該計画の認定を受けた者が当該計画の認定を受ける前5年以内に買収した法人を含む）については5年間、外形標準課

税の対象外とする特例措置が講じられます。

　ただし、その100％子会社が、現行基準（資本金１億円超）又は資本金１億円以下で、資本金及び資本剰余金の合計額が10億円を超え、外形標準課税の対象である場合には特例措置の対象にはなりません。

外形標準課税の対象となる子法人	産業競争力強化法における対象除外措置
「資本金＋資本剰余金」50億円超の大規模法人 （外形対象外である中小企業を除く）	地域の中核となり、成長を目指す「中堅・中小企業」が、M&Aにより中小企業を子会社化し、グループ一体での成長を遂げていくケース
↓ 100％子法人等 （完全支配関係がある場合）	↓ 産業競争力強化法の計画認定を受けた場合
「資本金＋資本剰余金」２億円超の 中小企業は新たに外形対象	既存の100％子法人等も含め、 ５年間は外形対象外

※1 法人税法上の完全支配関係がある法人、100％グループ内の複数の特定法人に発行済株式等の全部を保有されている法人
※2 公布日以後に、100％子法人等が親法人に対して資本剰余金から配当を行った場合、当該配当に相当する額を加算

（経済産業省資料）

㈑　税負担の緩和措置

　改正により、新たに外形標準課税の対象となる法人について、外形標準課税の対象になったことにより、従来の課税方式で計算した税額を超えることとなる場合、影響を軽減するため、新たに本税制の対象となる子法人等について、以下の軽減措置が講じられます。

　ⓐ　令和８年４月１日〜令和９年３月31日に開始する事業年度
　　　従来の課税方式で計算した税額を超える額の３分の２を減額
　ⓑ　令和９年４月１日〜令和10年３月31日に開始する事業年度
　　　従来の課税方式で計算した税額を超える額の３分の１の減額

❸　実務のポイント

①　現在、外形標準課税の対象となっている法人は、本税制公布日以後に資本金を１億円以下に減資したとしても、当該事業年度末日に資本金と資本剰余金の合計額が10億円を超える場合には、外形標準課税の対象になります。

②　資本金と資本剰余金の合計額が50億円超の外形標準課税対象法人の100％子法人で資本金及び資本剰余金の合計額が２億円を超える法人は、外形標準課税の対象になります。

③ 「資本金＋資本剰余金の合計額」の判定は、法人税法上の「資本金等の額」ではなく、会計上の「資本金と資本剰余金の合計額」で判定するので、自己株式を取得しても判定に影響はありません。

④ 増資や組織再編によって資本金及び資本剰余金の増加が想定される場合、外形標準課税の対象となる可能性があります。

⑤ ２億円超の判定に含まれる100％子法人等による資本剰余金の配当について、有償減資等が含まれないか確認する必要があります。

⑥ 公布日の前日までに資本金を１億円以下に減資をし、公布日の前日から継続して資本金が１億円以下の場合には、資本金と資本剰余金の合計額が10億円を超えていても外形標準課税の対象から外れます。

⑦ 改正前に外形標準課税の「対象外」である法人については、現行基準（事業年度末日に資本金１億円超）に該当しない限り、引き続き外形標準課税の「対象外」となります。

⑧ 改正後に新設される法人については、現行基準（事業年度末日に資本金１億円超）に該当しない限り、外形標準課税の「対象外」となります。

第4章

消費課税

1 プラットフォーム課税の導入

Question

プラットフォーム課税とはどのような制度でしょうか。

A 課税期間において、国外事業者がプラットフォームを介して行う消費者向けの音楽や電子書籍の配信等の電気通信利用役務の提供の取引高が 50 億円を超えるプラットフォーム事業者は、国税庁長官から特定プラットフォーム事業者の指定を受けることとなります。

特定プラットフォーム事業者を介して国外事業者が行う消費者向け電気通信利用役務の提供について課税される消費税は、特定プラットフォーム事業者が申告・納税を行います。

ここが変わる

　国外事業者がデジタルプラットフォームを介して行う消費者向け電気通信利用役務の提供のうち、特定プラットフォーム事業者を介してその対価を収受するものについては、特定プラットフォーム事業者が役務提供者とみなされます。これにより、国外事業者に代わり、特定プラット

フォーム事業者に消費税の申告納税義務が課されることとなります。

[現行制度との変更内容の概要]

<イメージ> アプリストアを通じてオンラインゲームを配信

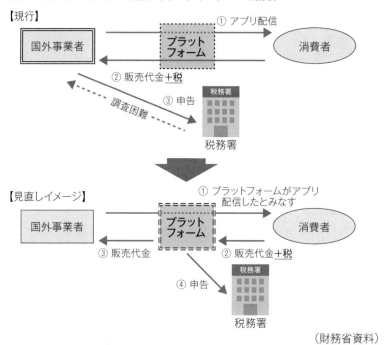

（財務省資料）

適用時期

令和7年4月1日以後に行われる電気通信利用役務の提供について適用されます。特定プラットフォーム事業者の事前の指定及び届出については、所要の経過措置が講じられる見込みです。

解　説

❶　改正の背景

平成27年度の消費税法の改正により、電気通信回線（インターネッ

[国境を越えたデジタルサービスに対する消費税の課税関係]

事業者向け電気通信利用役務の提供に係る課税方式（リバースチャージ方式）

国外事業者が行う「事業者向け電気通信利用役務の提供」について、当該**役務の提供を受けた国内事業者に申告納税義務を課す方式**（対象取引例：広告の配信）

※ 「事業者向け電気通信利用役務の提供」とは、役務の性質又は当該役務の提供に係る取引条件などから、当該役務の提供を受ける者が通常事業者に限られるもの

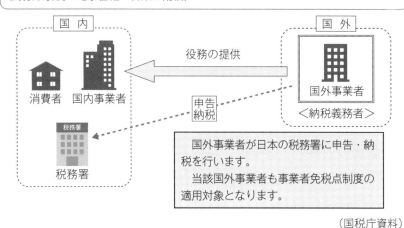

国 内

国内事業者
＜納税義務者＞

申告
納税

税務署

役務の提供

国 外

国外事業者

国内事業者が申告・納税を行います。
当該役務の提供に係る課税仕入れは、仕入控除税額の計算の基礎となります。

上記以外の電気通信利用役務の提供（国外事業者申告納税方式）

国外事業者が行う「電気通信利用役務の提供」のうち、「事業者向け電気通信利用役務の提供」以外のものについて、国外事業者に申告納税義務を課す方式（対象取引例：電子書籍・音楽の配信）

国 内

消費者　国内事業者

申告
納税

税務署

役務の提供

国 外

国外事業者
＜納税義務者＞

国外事業者が日本の税務署に申告・納税を行います。
当該国外事業者も事業者免税点制度の適用対象となります。

（国税庁資料）

消費課税

ト等）を介して国内の事業者・消費者に対して行われる音楽や電子書籍の配信等の電気通信利用役務の提供については、国外から行われるものも、国内取引として消費税が課税されることとなりました。

　国外事業者が行う、広告の配信等の事業者向け電気通信利用役務の提供については、リバースチャージ方式により役務の提供を受けた国内事業者に申告納税義務が課されています。

　また、国外事業者が行う、事業者向け電気通信利用役務の提供以外（消費者向け）の電気通信利用役務の提供については、国外事業者に申告納税義務が課されています（前頁図表参照）。

　近年、大規模なプラットフォームの存在を背景に、デジタル市場が拡大しています。消費者向け電気通信利用役務の提供については、国外事業者に消費税の申告納税義務が課されていますが、プラットフォームを介して数多くの国外事業者が国内市場に参入している中で、課税庁は、国外事業者の捕捉や調査・徴収に課題を抱えています。

　既に、世界の多くの国では、プラットフォームを運営する事業者の役割に着目して、付加価値税の納税義務を課す制度（プラットフォーム課税）が導入されていることから、我が国でもプラットフォーム課税の導入の必要性が検討されてきました。

［諸外国におけるプラットフォーム課税の導入状況］

PF 課税導入の有無が確認できた 85 か国中
　— 導入済み（全事業者対象）……………………63 か国（74%）
　— 導入済み（国外事業者のみ対象）…………19 か国（22%）
　— 未導入 ………………………………………3 か国（4%）
　　　　　　　　　　　　　　　（日本、スイス、イスラエル）

（自由民主党税制調査会資料を一部加工）

❷　改正の内容

(1)　プラットフォーム課税の導入

　国外事業者がデジタルプラットフォームを介して行う消費者向け電気通信利用役務の提供のうち、一定の規模以上の特定プラットフォーム事

業者を介してその対価を収受するものについては、特定プラットフォーム事業者が役務提供を行ったものとみなします。これにより、国外事業者に代わり、特定プラットフォーム事業者に消費税の申告納税義務が課され、適正な課税の確保が見込まれます。

[改正内容の概要]

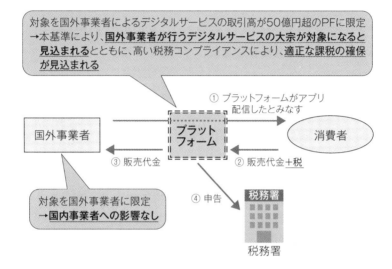

対象を国外事業者によるデジタルサービスの取引高が50億円超のPFに限定
→本基準により、**国外事業者が行うデジタルサービスの大宗が対象になると見込まれる**とともに、高い税務コンプライアンスにより、**適正な課税の確保が見込まれる**

① プラットフォームがアプリ配信したとみなす

国外事業者　　プラットフォーム　　消費者

③ 販売代金　　② 販売代金＋税

④ 申告　　税務署

税務署

対象を国外事業者に限定
→**国内事業者への影響なし**

（自由民主党税制調査会資料）

(2) 特定プラットフォーム事業者の指定及び届出

　プラットフォーム課税の対象となるプラットフォーム事業者は、高い税務コンプライアンスや事務処理能力が求められること等を考慮して、一定の規模を有する事業者が対象となります。国税庁長官は、プラットフォーム事業者のその課税期間において、上記(1)の対象となるべき、国外事業者がプラットフォーム事業者を介して行う消費者向け電気通信利用役務の提供に係る対価の額の合計額が50億円を超える場合には、当該プラットフォーム事業者を特定プラットフォーム事業者として指定します。

　この要件に該当する者は、その課税期間に係る確定申告書の提出期限までに、その旨を国税庁長官に届け出なければなりません。

⑶ 特定プラットフォーム事業者の対応

　指定を受けた特定プラットフォーム事業者は、上記⑴の対象となる国外事業者に対してその旨を通知しなければなりません。なお、国税庁長官は、特定プラットフォーム事業者を指定したときは、当該事業者に対してその旨を通知するとともに、当該特定プラットフォーム事業者に係るデジタルプラットフォームの名称等について、インターネットを通じて速やかに公表します。

　また、特定プラットフォーム事業者は、確定申告書にプラットフォーム課税の対象となる金額等を記載した明細書を添付しなければなりません。

❸　実務のポイント

　プラットフォーム課税の対象は、「国外事業者」がデジタルプラットフォームを介して行う「消費者向け電気通信利用役務の提供」となります。

　国内事業者については、適切な納税が期待できること等を踏まえて「国外事業者」のみを対象としています。

　また、「消費者向け電気通信利用役務の提供」に限定されていることから、事業者向け電気通信利用役務の提供については、当該役務の提供を受けた一定の要件を満たす国内事業者に申告納税義務（リバースチャージ方式）があり、従来どおりの対応が必要となります。

2　事業者免税点制度の特例の見直し

Question

　国外事業者の免税点制度の特例の見直しがあると聞きました。
どの特例が変更となるのでしょうか。

　A　特定期間における課税売上高による納税義務の免除の特例について、課税売上高に代わり適用可能とされている給与支払額による判定が見直されます。また、新設法人の納税義務の免除の特例及び特定新規設立法人の納税義務の免除の特例が変更となります。

ここが変わる

　居住者への給与支払額により判定を可能としている事業者免税点制度に係る特定期間の特例など、国外事業者に対して実質的に意味をなしていない可能性がある特例について、適用要件の見直しがあります。

適用時期

　令和 6 年 10 月 1 日以後に開始する課税期間から適用されます。

解　　説

❶　改正の背景

　次のように、国外事業者が、本来の趣旨に沿わない形で、事業者免税点制度の特例が適用されないことにより免税事業者となり、売手が納税せず買手が控除を行う、いわゆる「納税なき控除」による租税回避が行

われている状況が問題視されていました。これらの問題に対応するため、各特例の適用要件の一部について見直しがされます。

① 特定期間における課税売上高による納税義務の免除の特例について、特定期間における居住者への給与支払額の合計額が適用要件の一つとなっているが、非居住者への給与が対象となっていないため、国外事業者に対して本特例が適切に機能していない。

② 新設法人の納税義務の免除の特例について、その事業年度の基準期間がないことが適用要件の一つとなっているが、国外事業者は、日本への進出時点で設立から一定期間が経過していることが一般的であり、本特例の対象外となってしまう。

③ 特定新規設立法人の納税義務免除の特例について、国内の課税売上高が5億円超の法人等が設立した法人が適用要件の一つとなっているが、設立した法人が事務処理能力を有する大企業であっても、日本での課税売上高がなければ一律に本特例の対象外となってしまう。

❷ 改正の内容

(1) 特定期間における課税売上高による納税義務の免除の特例

その課税期間の基準期間における課税売上高が1,000万円以下であっても、特定期間（前年上半期）における課税売上高が1,000万円を超える場合には、課税事業者となります。なお、特定期間における1,000万円の判定は、課税売上高に代えて、給与等支払額（居住者分）の合計額により判定することもできます。

今回の改正により、国外事業者については、課税売上高に代わり適用可能とされている給与支払額による判定が、認められないこととなります。

(2) 新設法人の納税義務の免除の特例

その事業年度の基準期間がない法人のうち、資本金の額又は出資の金額が1,000万円以上の新設法人は、納税義務が免除されません。

今回の改正により、国外事業者である外国法人については、基準期間を有する場合であっても、国内における事業の開始時において資本金の額又は出資の金額が1,000万円以上であれば、納税義務が免除されないこととなります。

⑶ 特定新規設立法人の納税義務免除の特例

その事業年度の基準期間がない資本金1,000万円未満の新規設立法人のうち、その基準期間がない事業年度開始の日において特定要件^(注)に該当し、かつ、新規設立法人が特定要件に該当する旨の判定の基礎となった他の者及びその他の者が株式等の全部を有する特殊関係法人のうち、いずれかの者の国内における課税売上高（新規設立法人のその事業年度の基準期間に相当する期間の課税売上高）が5億円を超える法人については、特定新規設立法人に該当し、納税義務は免除されません。

> **(注)** 特定要件とは、他の者により新規設立法人の発行済株式又は出資の50%超を直接又は間接に保有される場合など、他の者により新規設立法人が支配される場合をいいます。

本特例の対象となる特定新規設立法人の範囲に、その事業者の国外分を含む収入金額が50億円超である者が直接又は間接に支配する法人を設立した場合のその法人を加えます。なお、⑵の場合と同様に、外国法人については、基準期間を有する場合であっても、国内における事業の開始時に本特例の適用の判定を行います。

すなわち、外国法人が日本進出する際には、基準期間を有する場合であっても、国外分を含む収入金額が50億円超である事業者が設立した法人であれば、納税義務が免除されないこととなります。

［事業者免税点制度の特例の見直しの概要］

	特例の対象（課税事業者）となる場合	課題及び見直し
特定期間の特例	特定期間（前年上半期）における国内の課税売上高が1,000万円超かつ**給与（居住者分）の合計額**が1,000万円超の場合	非居住者への給与が対象となっていないため、**国外事業者**に対して本特例が適切に機能していないことを踏まえ、国外事業者については「**給与（居住者分）の合計額**」による判定を認めないこととする。
新設法人の特例	資本金等が1,000万円以上の法人である場合（**基準期間がない課税期間**が対象）	**国外事業者**は、日本への進出時点で設立から一定期間経過していることが一般的であり、本特例が適用されないことを踏まえ、外国法人については、**日本における事業を開始した時の資本金等により本特例を適用**することとする。
特定新規設立法人の特例	**国内の課税売上高が5億円超の法人等**が設立した資本金等1,000万円未満の法人である場合（**基準期間がない課税期間**が対象）	事務処理能力を有する大企業でも、日本での課税売上高がなければ一律に対象外となってしまうことを踏まえ、**全世界における収入金額が50億円超の法人等**が資本金等1,000万円未満の法人を設立した場合も対象に加える。

（自由民主党税制調査会資料）

❸ 実務のポイント

国外事業者については、給与支払額の要件がなくなることにより、特定期間（前年上半期）における課税売上高が1,000万円を超える場合には、課税事業者となります。

また、新設法人の納税義務免除の特例及び特定新規設立法人の納税義務免除の特例については、基準期間を有する場合でも国内における事業の開始時において各特例の判定を行うことになりますので、国外事業者が日本で事業を開始する場合には、消費税の納税義務の判定に留意をする必要があります。

3 簡易課税制度等の見直し

Question

簡易課税制度等の適用の見直しの概要を教えてください。

A 課税期間の初日において、国内に恒久的施設を有しない国外事業者は、簡易課税制度及び2割特例の適用が認められなくなります。

ここが変わる

　課税期間の初日において、国内に恒久的施設を有しない国外事業者は、簡易課税制度を適用することができなくなります。インボイス発行事業者となる小規模事業者に対する負担軽減措置（いわゆる2割特例）についても同様です。

適用時期

　令和6年10月1日以後に開始する課税期間から適用されます。

解　説

❶ 改正の背景

　国内に恒久的施設を有しない国外事業者については、一般的に国内における課税仕入れ等を行っていないと想定されます。したがって、この事業者が簡易課税制度を適用した場合には、業種ごとのみなし仕入率による仕入税額控除が、実際の課税仕入れ等に係る税額と比べて過大となることで、消費税の納税額が少額となり、適切とはいえないと考えられ

てきました。

　同様に、当該国外事業者が２割特例を適用した場合にも、８割の仕入税額控除を受けることは適切ではないと考えられ、今回の見直しが行われました。

❷　改正の内容

　課税期間の初日において所得税法又は法人税法上の恒久的施設[注]を有しない国外事業者については、次の制度の適用が認められなくなります。

　(注)　恒久的施設（PE）とは事業を行う一定の場所をいい、所得税法又は法人税法上の恒久的施設とは、主に次の三つに区分されています。

　　①　事業の管理を行う場所、支店、事務所、工場、作業場もしくは鉱山その他の天然資源を採取する場所又はその他事業を行う一定の場所（いわゆる「支店 PE」）

　　②　建設、据付けの工事又はこれらの指揮監督の役務の提供で１年を超えて行う場所（いわゆる「建設 PE」）

　　③　非居住者等が国内に置く代理人等で、その事業に関し、反復して契約を締結する権限を有し、又は契約締結のために反復して主要な役割を果たす者等の一定の者（いわゆる「代理人 PE」）

(1)　簡易課税制度

　中小事業者の納税事務負担に配慮する観点から、事業者の選択により、売上げに係る消費税額を基礎として仕入れに係る消費税額を算出することができる制度です。簡易課税制度を選択した課税事業者は、その基準期間における課税売上高が5,000万円以下の課税期間について、売上げに係る消費税額に、事業の種類の区分に応じて定められたみなし仕入率（40％～90％）を乗じて算出した金額を仕入れに係る消費税額として、売上げに係る消費税額から控除することができます。

(2)　２割特例

　インボイス制度を機に免税事業者からインボイス発行事業者として課税事業者になった方については、仕入税額控除の金額を、売上税額の８割に相当する金額とすることができます。したがって、２割特例を適用した場合には、事業区分にかかわらず売上税額の２割を納付することとなります。

[２割特例、一般課税及び簡易課税の概要]

（国税庁資料）

❸　実務のポイント

　改正後は、国内に恒久的施設を有しない国外事業者については、簡易課税制度及び２割特例を適用することはできず、実際に行われた仕入れ取引等を元に仕入税額控除の金額を計算する一般課税（本則課税）を適用することとなります。

　今まで簡易課税を適用してきた国外事業者であっても、令和６年10月１日以後に開始する課税期間からは、国内に恒久的施設を有していない場合には本則課税となりますので、留意をする必要があります。

消費課税

4　外国人旅行者向け免税制度（輸出物品販売場制度）の見直し

Question

外国人旅行者向け免税制度が見直されたとのことですが、どのような内容でしょうか。

A　免税購入物品を仕入れた場合の仕入税額控除について見直しが行われます。また、外国人旅行者向け免税制度について抜本的な見直しが検討され、令和7年度税制改正において、制度の詳細について結論が出されることになりました。

ここが変わる

(1)　免税購入物品の仕入れ

　事業者が、免税購入された物品であることを知りながらその物品を仕入れた場合には、その仕入れた物品について、これまでは仕入税額控除の適用が可能でしたが、その適用を認めないこととされました。

(2)　制度の抜本的な見直し

　出国時に購入品の持出しが確認できた場合に免税販売が成立し、免税店が確認後に消費税相当額を返金する制度への見直しが検討されています。

適用時期

(1)　免税購入物品の仕入れ

　令和6年4月1日以後に国内において事業者が行う課税仕入れについて適用します。

(2)　制度の抜本的な見直し

　令和7年度税制改正において制度の詳細について結論が出る予定で

す。

解　説

❶　改正の背景

(1)　免税購入物品の仕入れ

　輸出物品販売場による免税販売手続が電子化され、国税庁において購入記録情報をデータで把握することが可能となったことにより、国内での譲渡・横流しが疑われる多量・多額な免税販売・購入の実態が明らかになっています。こうした不正に対応するため見直しが行われます。

(2)　制度の抜本的な見直し

　外国人旅行者向け免税制度は、平成26年度税制改正以降、免税対象に消耗品を加えるなどの大幅な制度の見直しにより、免税店数の拡大と外国人旅行者の利便性向上を図り、インバウンド消費拡大の重要な政策ツールとなってきました。

　他方で、足下では多量・多額の免税購入物品が国外に持ち出されず国内での横流しが疑われる事例が多発しています。また、出国時に免税購入物品を所持していない旅行者を捕捉し即時徴収を行っても、その多くが滞納となり、本制度の不正利用は看過できない状況となっています。

　こうした不正を排除しつつ、免税店が不正の排除のために負担を負うことのない制度とするため、出国時に税関において持出しが確認された場合に免税販売が成立する制度とすることを検討しています。

❷　改正の内容

①　外国人旅行者向け消費税免税制度により免税購入された物品と知りながら行った課税仕入れについては、仕入税額控除制度の適用を認めないこととされました。

　（注）　上記の改正は、令和6年4月1日以後に国内において事業者が行う課税仕入れについて適用します。

②　外国人旅行者向け免税制度については、制度が不正に利用されている現状を踏まえ、免税販売の要件として、新たに政府の免税販売管理

システムを通じて取得した税関確認情報（仮称）の保存を求めること
とし、外国人旅行者の利便性の向上や免税店の事務負担の軽減に十分
配慮しつつ、空港等での混雑防止の確保を前提として、令和7年度税
制改正において、制度の詳細について結論を得ます。

(注)　上記の「税関確認情報（仮称）」とは、免税店で免税購入対象者が免税購
入した物品を税関長が国外に持ち出すことを確認した旨の情報をいう。

❸　実務のポイント

外国人旅行者向け免税制度の抜本的な見直しについて、実務的には、
免税店が販売時に外国人旅行者から消費税相当額を預かり、出国時に持
出しが確認された場合に、旅行者にその消費税相当額を返金する仕組み
となる見込みです。

⑴　免税購入物品の仕入れ

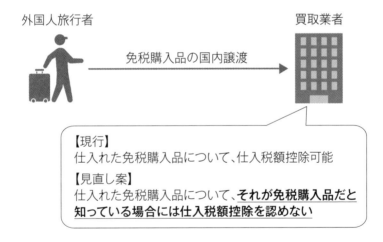

外国人旅行者　　　　　　　　　　　　　　買取業者

免税購入品の国内譲渡

【現行】
仕入れた免税購入品について、仕入税額控除可能

【見直し案】
仕入れた免税購入品について、**それが免税購入品だと
知っている場合には仕入税額控除を認めない**

（自由民主党税制調査会資料）

(2) 制度の抜本的な見直し

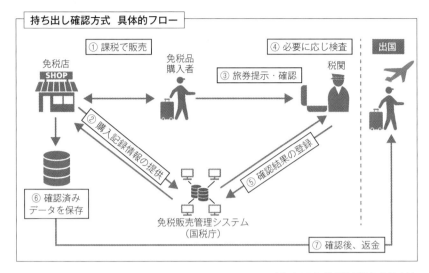

（自由民主党税制調査会資料）

5 高額特定資産を取得した場合等の納税義務の免除の特例の見直し

> **Question**
>
> 高額特定資産を取得した場合等の納税義務の免除の特例が見直されたとのことですが、どのような内容でしょうか。

A 本特例の対象について見直しが行われます。

ここが変わる

本特例の対象に、その課税期間において取得した金又は白金の地金等の額の合計額が 200 万円以上である場合が追加されます。

適用時期

令和 6 年 4 月 1 日以後に国内において事業者が行う金又は白金の地金等の課税仕入れ及び保税地域から引き取られる金又は白金の地金等について適用されます。

解　説

❶ 改正の背景

消費税制度においては、事業者免税点制度及び簡易課税制度の恣意的な適用を防ぐため、一定の高額な資産を仕入れて仕入税額控除の適用を受けた場合には、その後の 2 年間、事業者免税点制度及び簡易課税制度の適用を受けられないこととする特例が設けられています。

高額特定資産は、「1 の取引単位につきその税抜対価の額が 1,000 万円以上」のものとされていますが、金地金等は、1 の取引単位の金額の

調整が容易であり、特例の適用を回避することが可能となっていました。そのため、その課税期間中に仕入れた金又は白金の地金等の合計額が 200 万円以上である場合を、本特例の対象として追加し、事業者免税点制度等の適用を制限する見直しを行います。

❷ 改正の内容

　高額特定資産を取得した場合の事業者免税点制度及び簡易課税制度の適用を制限する措置の対象に、その課税期間において取得した金又は白金の地金等の額の合計額が 200 万円以上である場合を加えます。

　(注) 　上記の改正は、令和 6 年 4 月 1 日以後に国内において事業者が行う金又は白金の地金等の課税仕入れ及び保税地域から引き取られる金又は白金の地金等について適用します。

❸ 実務のポイント

　金又は白金の地金等については、今後は 1 の取引単位でなく、課税期間中に仕入れた合計額で判定する点に留意が必要です。

X 1 期	X 2 期	X 3 期	X 4 期
本則課税	**本則課税（強制）**	**本則課税（強制）**	本則課税 or 簡易課税
高額特定資産の取得	←　高額特定資産の取得により本則課税が強制される　→		

【見直し案】
　本措置の対象に、1 課税期間中に金又は白金の地金等を 200 万円以上仕入れた場合を追加する。

（自由民主党税制調査会資料）

6 消費税に係る帳簿の記載事項の見直し等

Question

　インボイス制度に関連する帳簿の記載事項や経理処理方法、経過措置について見直しが行われたとのことですが、どのような内容でしょうか。

　A (1)一定の取引についての帳簿の記載事項、(2)税抜経理方式を採用する簡易課税適用者・2割特例適用者の経理処理方法、(3)免税事業者等からの仕入れに係る経過措置について見直しが行われました。

ここが変わる

(1)　帳簿の記載事項

　自動販売機による取引や入場券等のように使用時に証票が回収される取引（3万円未満のものに限る）については、帳簿に課税仕入れの相手方の住所・所在地、特例対象である旨の記載をすることで、請求書等の保存がなくても仕入税額控除を可能とする特例が設けられていますが、相手方の住所・所在地の記載が不要となりました。

(2)　経理処理方法

　税抜経理方式を採用する簡易課税適用者・2割特例適用者が行う、インボイス発行事業者以外の者からの仕入れについては、原則、仮払消費税額等は生じませんが、インボイスの保存が仕入税額控除の要件とされていないことも踏まえて、継続適用を要件に、支払対価の額の110分の10（108分の8）相当額を仮払消費税額等として計上できることが明確化されました。

(3)　免税事業者等からの仕入れに係る経過措置

　一の免税事業者等からの仕入額が、1年間で10億円を超える場合、

その超えた部分については、インボイス制度導入に伴う8割控除・5割控除の経過措置の適用を認めないこととされました。

適用時期

(1) 帳簿の記載事項

　令和6年4月1日以後から適用されますが、令和5年10月1日以後に行われる当該課税仕入れに係る帳簿への住所等の記載についても、運用上、記載がなくても改めて求めないものとされました。

(2) 経理処理方法

　令和5年10月1日以後に国内において行う課税仕入れについて適用されます。

(3) 免税事業者等からの仕入れに係る経過措置

　令和6年10月1日以後に開始する課税期間から適用されます。

解　説

❶　改正の背景

　インボイス制度の導入趣旨や制度開始後の経理業務の事務負担等を考慮し、事業者の実務に即して見直しが行われました。

❷　改正の内容

① 　一定の事項が記載された帳簿のみの保存により仕入税額控除が認められる自動販売機及び自動サービス機による課税仕入れ並びに使用の際に証票が回収される課税仕入れ（3万円未満のものに限る）については、帳簿への住所等の記載を不要としました。

　　(注) 　上記の改正の趣旨を踏まえ、令和5年10月1日以後に行われる上記の課税仕入れに係る帳簿への住所等の記載については、運用上、記載がなくとも改めて求めないものとします。

② 　簡易課税制度又は適格請求書発行事業者となる小規模事業者に係る税額控除に関する経過措置を適用する事業者が、令和5年10月1日

以後に国内において行う課税仕入れについて、税抜経理方式を適用した場合の仮払消費税等として計上する金額につき、継続適用を条件として当該課税仕入れに係る支払対価の額に110分の10（軽減対象課税資産の譲渡等に係るものである場合には、108分の8）を乗じた金額とすることが認められることを明確化するほか、消費税に係る経理処理方法について所要の見直しを行います。

③　適格請求書発行事業者以外の者から行った課税仕入れに係る税額控除に関する経過措置について、一の適格請求書発行事業者以外の者からの課税仕入れの額の合計額がその年又はその事業年度で10億円を超える場合には、その超えた部分の課税仕入れについて、本経過措置の適用を認めないこととします。

　（注）　上記の改正は、令和6年10月1日以後に開始する課税期間から適用します。

❸　実務のポイント

　税抜経理方式を採用する簡易課税適用者・2割特例適用者については、経理処理方法が明確化されたことにより、仕入れ先がインボイス発行事業者かどうかを把握する必要がなくなりました。

---

(1)　仕入税額控除に係る帳簿の記載事項の見直し

≪帳簿のみ保存の特例を適用する場合の帳簿記載事項≫

- ・　課税仕入れの相手方の氏名又は名称
- ・　取引年月日
- ・　取引内容（軽減税率対象の場合、その旨）
- ・　対価の額

> **・　課税仕入れの相手方の住所又は所在地**
> （**国税庁長官が指定**するものについては、住所等の記載は不要）

- ・　特例の対象となる旨

　（見直し案）
　自販機や証票が回収される取引（3万円未満の少額なものに限る。）について、住所等の記載を不要とする。

---

(2)　簡易課税適用者が税抜経理方式を採用する場合における経理処理方法の見直し等

免税事業者から110万円の車両を仕入れた場合

【仕訳（原則）】

　　　　車両　110万円　／　現金　110万円

※　この仕訳を行うためには、仕入れ先が免税事業者かどうかを把握する必要がある。

継続適用を要件に以下の仕訳にできることとする。

　【仕訳】

　　　　　車両　100万円　／　現金　110万円
　　仮払消費税額等　10万円

※　仕入れ先が免税事業者かどうかを把握する必要なし

（インボイス導入前と同様の取扱い）

（自由民主党税制調査会資料）

消費課税

第5章

国際課税

1 各対象会計年度の国際最低課税額に対する法人税等の見直し

Question

令和6年度税制改正では、グローバル・ミニマム課税（第2の柱）についてどのような見直しが行われるのでしょうか。

A 令和5年度税制改正に引き続き、国際合意に則った法制化が進められます。

ここが変わる

令和6年度税制改正において、所得合算ルール（IIR：Income Inclusion Rule）については、OECDにより発出されたガイダンスの内容や、国際的な議論の内容を踏まえた制度の明確化等の観点から、所要の見直しが行われます。

適用時期

今後公表される法令等により、ご確認ください。

解　説

❶　改正の背景

　2021年10月にOECD／G20において、市場国への新たな課税権の配分、グローバル・ミニマム課税について、最終合意が行われました。

　グローバル・ミニマム課税については、令和5年度改正において所得合算ルール（IIR）が導入され、また、今後OECDで議論される事項は令和6年度改正以降の法制化を検討することが与党税制改正大綱に明記されていました。

❷　改正の内容

⑴　国　　税

　各対象会計年度の国際最低課税額に対する法人税等について、次の見直しが行われます。

①　構成会社等がその所在地国において一定の要件を満たす自国内最低課税額に係る税を課することとされている場合には、その所在地国に係るグループ国際最低課税額を零とする適用免除基準が設けられます。

②　無国籍構成会社等が自国内最低課税額に係る税を課されている場合には、グループ国際最低課税額の計算においてその税の額が控除されます。

③　個別計算所得等の金額から除外される一定の所有持分の時価評価損益等について、特定多国籍企業グループ等に係る国又は地域単位の選択により、個別計算所得等の金額に含めることとされます。

④　導管会社等に対する所有持分を有することにより適用を受けることができる税額控除の額（一定の要件を満たすものに限る）について、特定多国籍企業グループ等に係る国又は地域単位の選択により、調整後対象租税額に加算することが認められます。

⑤　特定多国籍企業グループ等報告事項等の提供制度について、特定多国籍企業グループ等報告事項等を、提供義務者の区分に応じて必要な

事項等に見直されます。

⑥　外国税額控除について、次の見直しが行われます。

　㈰　次に掲げる外国における税について、外国税額控除の対象から除外されます。

　　ⓐ　各対象会計年度の国際最低課税額に対する法人税に相当する税

　　ⓑ　外国を所在地国とする特定多国籍企業グループ等に属する構成会社等に対して課される税（グループ国際最低課税額に相当する金額のうち各対象会計年度の国際最低課税額に対する法人税に相当する税の課税標準とされる金額以外の金額を基礎として計算される金額を課税標準とするものに限る）又はこれに相当する税

　㈪　自国内最低課税額に係る税について、外国税額控除の対象とされます。

⑦　その他所要の措置が講じられます。

⑵　**地　方　税**

　法人住民税の計算の基礎となる法人税額に各対象会計年度の国際最低課税額に対する法人税の額を含まないよう所要の措置が講じられます。

[経済のデジタル化等に対応した新たな国際課税制度への対応]

- 法人税引き下げ競争に歯止めをかけるとともに、企業間の公平な競争条件を確保することを目的とした**グローバル・ミニマム課税（第2の柱）については、令和5年度税制改正において、一部が法制化された。令和6年度税制改正における更なる法制化**に際して、対象企業に事務負担が新たに生じることから、**同制度の簡素化や明確化により、企業への過度な事務負担の防止を図る。**

- 2023年10月に公表された多数国間条約等の規定を基に、市場国への新たな課税権の配分（第1の柱）に係る国内法制化が行われる際には、対象となる日本企業に過度な事務負担を課さないように配慮しつつ、課税のあり方等について検討を行う。

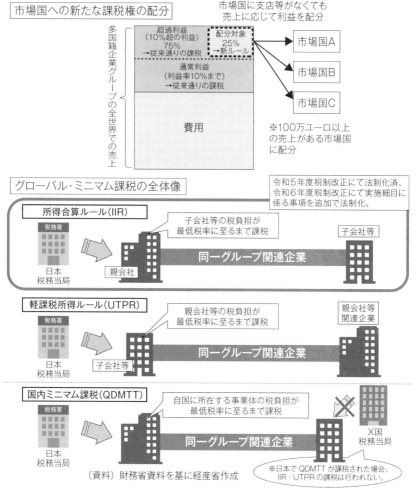

市場国への新たな課税権の配分

市場国に支店等がなくても売上に応じて利益を配分

多国籍企業グループの全世界での売上

超過利益（10%超の利益）75% →従来通りの課税

配分対象 25% →新ルール

通常利益（利益率10%まで）→従来通りの課税

費用

市場国A
市場国B
市場国C

※100万ユーロ以上の売上がある市場国に配分

グローバル・ミニマム課税の全体像

令和5年度税制改正にて法制化済。令和6年度税制改正にて実施細目に係る事項を追加で法制化。

所得合算ルール（IIR）

税務署
日本税務当局
親会社
子会社等の税負担が最低税率に至るまで課税
同一グループ関連企業
子会社等

軽課税所得ルール（UTPR）

税務署
日本税務当局
子会社等
親会社等の税負担が最低税率に至るまで課税
同一グループ関連企業
親会社等関連企業

国内ミニマム課税（QDMTT）

税務署
日本税務当局
自国に所在する事業体の税負担が最低税率に至るまで課税
同一グループ関連企業
X国税務当局

※日本でQDMTTが課税された場合、IIR・UTPRの課税は行われない。

（資料）財務省資料を基に経産省作成

（経済産業省資料）

国際課税

❸ 実務のポイント

国内ミニマム課税（QDMTT：Qualified Domestic Minimum Top-up Tax）を含め、OECDにおいて本年以降も引き続き実施細目が議論される見込みであるもの等については、国際的な議論を踏まえ、令和7年度改正以降に法制化が検討される予定です。

[国際課税ルールの見直しを巡る国際動向]

● 2021年10月にOECD/G20を中心としたBEPS包摂的枠組み会合（約140カ国）において、**①市場国への新たな課税権の配分、②グローバル・ミニマム課税**について、最終合意が実現。
  ※ ①市場国への新たな課税権の配分は多数国間条約を締結。②グローバル・ミニマム課税は、各国国内法の改正によって実施。

● ①は、2023年10月に多数国間条約案が公表。早期署名が目標。
  ※ 多数国間条約案はOECD/G20を中心としたBEPS包摂的枠組みにより、2023年10月11日に公表された。

● **②は、最終合意後、各国で国内法制化が進展。我が国では、令和5年度及び令和6年度税制改正にて、一部法制化済み。**今後OECDで議論される事項は**令和7年度税制改正以降の法制化を検討する**ことが税制改正大綱に明記。

① 市場国への新たな課税権の配分 （利益A）	市場国に支店等の物理的拠点を持たずとも、一定の売上がある場合は、市場国に課税権を配分する

① 全世界売上高200億ユーロ（約3兆円）超かつ利益率10%超※
  ※採掘産業、規制された金融サービス、防衛産業、国内事業中心の企業は除外
② 超過利益（利益率10%を超える部分）のうち25%を、市場国に対し、売上に応じて定式的に配分
③ 英仏等の一部の国で導入済みの独自措置は廃止する方向　等

② グローバル・ミニマム課税	一定の規模以上の多国籍企業を対象に、各国ごとに最低税率（15%）以上の課税を確保する仕組み

① 最低税率は15%
② 課税対象となるのは、年間総収入金額が7.5億ユーロ（約1,200億円）以上
  ※ 年間総収入金額が1,000億円以上の日本所在の多国籍企業（国別報告事項（CbCR）の提出対象）は901グループ（令和3年7月～令和4年6月実績（令和5年1月国税庁発表））
③ 対象所得から、有形資産簿価と支払給与の5%を除外（導入当初は経過措置あり）等

（経済産業省資料）

2 外国子会社合算税制の見直し

Question

　令和6年度税制改正では、外国子会社合算税制（タックス・ヘイブン対策税制）について、どのような見直しが行われるのでしょうか。

　A　「第2の柱」の導入により対象企業に追加的な事務負担が生じること等を踏まえ、令和5年度税制改正に引き続き追加的な見直しが行われます。

ここが変わる

　ペーパー・カンパニー特例に係る収入割合要件について、外国関係会社の事業年度に係る収入等がない場合には、その事業年度における収入割合要件の判定を不要とする等の見直しが行われます。

適用時期

　今後公表される法令等により、ご確認ください。

解　説

❶　改正の背景

　外国子会社合算税制については、国際的なルールにおいても「第2の柱」（グローバル・ミニマム課税）と併存するものとされており、「第2の柱」の導入以降も、外国子会社を通じた租税回避を抑制するための措置としてその重要性は変わらず、他方、「第2の柱」の導入により対象

国際課税

企業に追加的な事務負担が生じること等を踏まえ、令和５年度改正に引き続き追加的な見直しが行われます。

❷ 制度の概要

　外国子会社合算税制は、外国子会社等を利用した租税回避を抑制するため、一定の要件に該当する外国子会社等の所得に相当する金額について、日本の親会社の所得とみなして合算し、日本で課税する制度です。

　具体的には、外国関係会社（内国法人が合計で50％超を直接及び間接に保有又は実質的に支配する外国法人）のうち一定の法人について、その外国関係会社の個々の所得の種類等に応じて算出した所得のうち、その内国法人の持株割合等及び実質支配関係の状況を勘案して計算した金額を、その内国法人の収益の額とみなして所得の金額の計算上益金の額に算入するものです（措法66の６）。

[外国子会社合算税制の見直し]

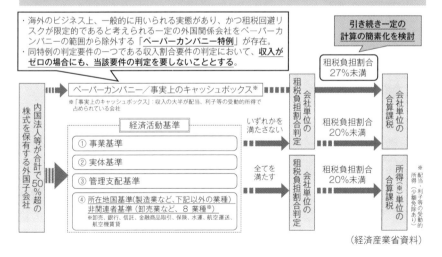

（経済産業省資料）

❸ 改正の内容

① ペーパー・カンパニー特例に係る収入割合要件について、外国関係会社の事業年度に係る収入等がない場合には、その事業年度における収入割合要件の判定が不要とされます。

② 居住者に係る外国子会社合算税制及び特殊関係株主等である内国法人に係る外国関係法人に係る所得の課税の特例等の関連制度につき、上記①と同様の見直しが行われます。

❹ 実務のポイント

外国子会社合算税制については、今までも以下のような改正が行われてきました。

平成22年度	トリガー税率引下げ（25％ → 20％）、統括会社特例の導入
平成25年度	無税国所在外国子会社の外国税額控除の見直し
平成27年度	被統括会社の範囲、税務申告時の別表添付要件の見直し
平成28年度	外国税額控除の適正化
平成29年度	外国関係会社の判定方法における少数株主排除基準の導入、航空機の貸付けの取扱いの見直し
平成30年度	日本企業による外国企業買収後の組織再編における株式譲渡益に対する合算課税、その他外国子会社合算税制について日本企業の経済実態を踏まえた見直し
平成31年度	ペーパーカンパニーの範囲等の見直し
令和2年度	部分合算課税制度の対象となる受取利子等の額の範囲の見直し、投資法人等が適用を受ける場合の見直し
令和4年度	特定外国関係会社等（ペーパー・カンパニー）の判定における、保険委託者特例に関する見直し
令和5年度	特定外国関係会社の各事業年度の租税負担割合が27％以上（改正前：30％以上）である場合には、会社単位の合算課税の適用を免除する等の見直し

[令和６年度与党税制改正大綱における記載（関連部分）]

(3) グローバル化を踏まえた税制の見直し
① 新たな国際課税ルールへの対応

　BEPSプロジェクトの立上げ時から国際課税改革に関する議論を一貫して主導してきたわが国にとって、令和３年10月にOECD/G20「BEPS包摂的枠組み」においてまとめられた、経済のデジタル化に伴う課税上の課題への解決策に関する国際合意の実施に向けた取組みを進めることが重要である。市場国への新たな課税権の配分（「第１の柱」）とグローバル・ミニマム課税（「第２の柱」）の２つの柱からなる本国際合意のうち、「第２の柱」については、わが国企業の国際競争力の維持及び向上にもつながるものであり、**令和５年度税制改正に引き続き、国際合意に則った法制化を進める。**
令和６年度税制改正において、所得合算ルール（IIR：Income Inclusion Rule）については、OECDにより発出されたガイダンスの内容や、国際的な議論の内容を踏まえた制度の明確化等の観点から、所要の見直しを行う。**国内ミニマム課税（QDMTT：Qualified Domestic Minimum Top-up Tax）を含め、OECDにおいて来年以降も引き続き実施細目が議論される見込みであるもの等については、国際的な議論を踏まえ、令和７年度税制改正以降の法制化を検討する。**
（中略）
　外国子会社合算税制については、国際的なルールにおいても「第２の柱」と併存するものとされており、「第２の柱」の導入以降も、外国子会社を通じた租税回避を抑制するための措置としてその重要性は変わらない。他方、「第２の柱」の導入により対象企業に追加的な事務負担が生じること等を踏まえ、令和５年度税制改正に引き続き、外国子会社合算税制について可能な範囲で追加的な見直しを行うとともに、**令和７年度税制改正以降に見込まれる更なる「第２の柱」の法制化を踏まえて、必要な見直しを検討する。**
　「第１の柱」については、**多数国間条約の早期署名に向けて、引き続き国際的な議論に積極的に貢献することが重要である。**今後策定される多数国間条約等の規定を基に、わが国が市場国として新たに配分される課税権に係る課税のあり方、地方公共団体に対して課税権が認められることとなる場合の課税のあり方、条約上求められる二重課税除去のあり方等について、国・地方の法人課税制度を念頭に置いて検討する。

（経済産業省資料）

令和5年度改正により、外国子会社合算税制の対象となっている一定の外国子会社のうち、約4割は除外可能となる見込みがあるとされていました。

　今回の改正は、令和5年度改正に引き続き「第2の柱」の導入により対象企業に追加的な事務負担が生じること等を踏まえて行われるものですが、令和6年度税制改正以降に見込まれる、更なる「第2の柱」の法制化を踏まえて、今後も必要な見直しが検討されます。

国際課税

3 非居住者に係る暗号資産等取引情報の自動的交換のための報告制度の整備

Question

　暗号資産等を利用した国際的な脱税及び租税回避を防止するため、令和6年度税制改正においてどのような取組みが行われたのでしょうか。

　A 国内の暗号資産取引業者等に対し、非居住者の暗号資産に係る取引情報等を税務当局に報告することを義務付ける制度が整備されます。

ここが変わる

　令和4年、OECD において策定された暗号資産等の取引や移転に関する自動的情報交換の報告枠組み（CARF：Crypto- Asset Reporting Framework）に基づき、非居住者の暗号資産に係る取引情報等を租税条約等に基づき各国税務当局と自動的に交換するため、国内の暗号資産取引業者等に対し非居住者の暗号資産に係る取引情報等を税務当局に報告することを義務付ける制度が整備されます。

適用時期

　令和8年分の取引情報について、令和9年より適用されます。

解　説

❶ 改正の背景

　暗号資産等を利用した国際的な脱税及び租税回避のリスクが顕在化し

たことを受け、令和4年、OECDは各国の税務当局が自国の暗号資産取引業者等から報告される非居住者の暗号資産に係る取引情報等を租税条約等に基づいて各国税務当局と自動的に交換するための国際基準（CARF）を策定し、承認・公表されました。

　また、令和5年G20首脳宣言が、「税の透明性と情報交換に関するグローバル・フォーラム」に対し、令和9年の情報交換開始を原則とするCARF実施スケジュールの検討を要請したことを受け、我が国においても所要の整備が行われることとなりました。

❷　改正の内容

⑴　非居住者に係る暗号資産等取引情報の自動的交換のための報告制度の整備

①　令和8年1月1日以後に報告暗号資産交換業者等との間でその営業所等を通じて暗号資産等取引を行う者は、その暗号資産等取引を行う際（令和7年12月31日において報告暗号資産交換業者等との間でその営業所等を通じて暗号資産等取引を行っている者にあっては、令和8年12月31日までに）、その者（その者が特定法人である場合には、その特定法人及びその実質的支配者等。⑴において「特定対象者」という）の氏名又は名称、住所又は本店等の所在地、居住地国、居住地国が外国の場合にあってはその居住地国における納税者番号その他必要な事項を記載した届出書を、その報告暗号資産交換業者等の営業所等の長に提出しなければならないこととされます。

　（注1）　上記の「報告暗号資産交換業者等」とは、暗号資産交換業者、電子決済手段等取引業者（電子決済手段を発行する者を含む）及び金融商品取引業者のうち一定のものをいいます。

　（注2）　上記の「暗号資産等取引」とは、暗号資産等（暗号資産、資金決済に関する法律2条5項4号に掲げる電子決済手段又は一定の電子記録移転有価証券表示権利等をいう。❸において同じ）の売買、暗号資産等と他の暗号資産等との交換若しくはこれらの行為の媒介等又は暗号資産等の移転若しくは受入れに係る契約の締結をいいます。

　（注3）　届出書に記載すべき事項は、電磁的方法による提供も可能とします（下記②の異動届出書についても同様）。

（注4）　報告暗号資産交換業者等の営業所等の長は、届出書に記載されている事項を確認しなければならないこととされます（下記②の異動届出書についても同様）。

②　上記①の届出書を提出した者は、居住地国等について異動を生じた場合には、異動後の居住地国その他必要な事項を記載した届出書（(1)において「異動届出書」という）を、異動を生じた日等から3月を経過する日までに、報告暗号資産交換業者等の営業所等の長に提出しなければならないこととされます。

　なお、その異動届出書の提出をした後、再び異動を生じた場合についても、同様とされます。

③　報告暗号資産交換業者等は、上記①の届出書又は異動届出書（(1)において「届出書等」という）に記載された事項のうち居住地国等と異なることを示す一定の情報を取得した場合には、その取得の日から3月を経過する日までに、その届出書等を提出した者に対し異動届出書の提出の要求をし、その提出がなかったときは、その情報に基づき住所等所在地国と認められる国又は地域の特定をしなければならないこととされます。

　なお、その要求又は特定後に再びそのような情報を取得した場合についても、同様とされます。

④　報告暗号資産交換業者等は、その年の12月31日において、その報告暗号資産交換業者等の営業所等を通じて暗号資産等取引を行った者（外国金融商品取引所において上場されている法人等を除く）が報告対象契約を締結している場合には、特定対象者の氏名又は名称、住所又は本店等の所在地、居住地国等及び居住地国等が外国の場合にあってはその居住地国等における納税者番号、暗号資産等の売買等に係る暗号資産等の種類ごとに、暗号資産等の名称並びに暗号資産等の売買の対価の額の合計額、総数量及び件数その他必要な事項（(1)において「報告事項」という）を、その年の翌年4月30日までに、電子情報処理組織を使用する方法（e-Tax）又は光ディスク等の記録用の媒体を提出する方法により、その報告暗号資産交換業者等の本店等の所在地の所轄税務署長に提供しなければならないこととされます。

（注）　上記の「報告対象契約」とは、暗号資産等取引に係る契約のうち次に掲

[非居住者に係る暗号資産等取引情報の自動的交換のための報告制度の整備等]

≪OECD、G20での議論≫

○ 暗号資産等を利用した脱税等のリスクが顕在化したことを受け、2022年、OECDは、各国の税務当局が自国の暗号資産交換業者等から報告される非居住者の暗号資産等取引情報を租税条約等に基づいて税務当局間で自動的に交換するための国際基準(Crypto-Asset Reporting Framework:「CARF」)を策定し、承認・公表。

（※）併せて、非居住者に係る金融口座情報の自動的交換のための報告制度（CRS）についても、報告事項を拡充する等の改訂を承認・公表。

○ 2023年、G20首脳宣言が、「税の透明性と情報交換に関するグローバル・フォーラム（「GF」：168か国が参加するOECDの関連組織）」に対し、2027年の情報交換開始を原則とするCARF実施スケジュールの検討を要請。

≪上記議論を受けた日本の対応≫

○ 暗号資産交換業者等による、非居住者の暗号資産等取引情報の報告制度を整備する。

（※）併せて、非居住者に係る金融口座情報の自動的交換のための報告制度（CRS）についても、所要の整備を行う。

○ 暗号資産交換業者等の準備期間を考慮し、2024年立法・2027年情報交換開始（2026年分の取引情報）のスケジュールとする。

【日本から外国への情報提供のイメージ】

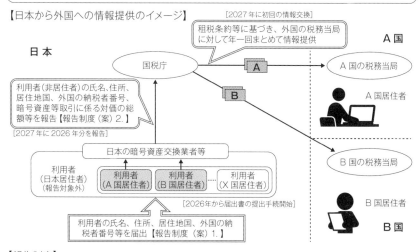

【報告制度】

1. 暗号資産等取引実施者は、その者の居住地国等の情報を記載した届出書を暗号資産交換業者等に提出
2. 暗号資産交換業者等は、一定の条約相手国を居住地国とする暗号資産等取引実施者の取引情報等を国税庁に報告
3. 報告制度の実効性を確保するため、以下の事項を整備
   (1) 暗号資産等取引実施者の居住地国の特定に関する記録の作成・保存義務
   (2) 暗号資産交換業者等の報告に関する調査のための質問検査権
   (3) 報告事項の提供回避を主たる目的とする行為等に対する特例
   (4) 罰則（届出書の不提出、暗号資産交換業者等の不報告、調査に係る検査忌避等）

（注）暗号資産交換業者等から報告を受けた情報は、租税条約等の情報交換に係る規定及び租税条約等実施特例法の規定に基づき、条約相手国に提供。

（自由民主党税制調査会資料）

げる者のいずれかが締結しているものをいいます。

   (イ) 租税条約等の相手国等のうち一定の国又は地域（(ロ)において「報告対象国」という）を居住地国等とする者（(ロ)において「報告対象者」という）

   (ロ) 報告対象国以外の国又は地域を居住地国等とする特定法人で、その実質的支配者が報告対象者であるもの

⑤ 報告暗号資産交換業者等は、特定対象者の居住地国等に関する事項その他必要な事項に関する記録を作成し、保存しなければならないこととされます。

⑥ 届出書等の不提出若しくは虚偽記載又は報告事項の不提供若しくは虚偽記載等に対する罰則を設けるほか、報告制度の実効性を確保するための所要の措置が講じられます。

⑦ 外国居住者等に係る暗号資産等取引情報の自動的な提供のための報告制度が整備されます。

⑧ その他所要の措置が講じられます。

❸ 実務のポイント

　今回の改正により、我が国もOECDにおいて承認された国際基準（CARF）やG20首脳宣言による要請に基づき、暗号資産等を利用した国際的な脱税及び租税回避のリスクに対応することが可能となります。

4 非居住者に係る金融口座情報の自動的交換のための報告制度等の見直し

Question

　非居住者に係る金融口座情報の自動的交換のための報告制度等について、令和6年度税制改正ではどのような見直しが行われたのでしょうか。

　Ａ 報告金融機関の範囲に電子決済手段等取引業者及び特定電子決済手段等を発行する者を加える等、所要の整備が行われます。

ここが変わる

　令和4年に、OECDが非居住者に係る金融口座情報の自動的交換のための報告制度（CRS）について報告事項を拡充する等の改訂を公表したのを受け、我が国においても、報告金融機関の範囲に電子決済手段等取引業者及び特定電子決済手段等を発行する者を加え、特定取引の範囲に特定電子決済手段等に係るものを加える等、所要の整備が行われます。

適用時期

　令和8年1月1日から適用されます。

解　説

❶ 改正の背景

　令和4年に、OECDは各国の税務当局が自国の暗号資産取引業者等から報告される非居住者の暗号資産に係る取引情報等を租税条約等に基

づいて各国税務当局と自動的に交換するための国際基準（CARF）の公表に併せ、非居住者に係る金融口座情報の自動的交換のための報告制度（CRS）について報告事項を拡充する等の改訂も承認・公表しています。

それを受け、我が国も令和6年度改正において、暗号資産取引業者等による、非居住者の暗号資産に係る取引情報等の報告制度を整備することに併せ、CRSについても所要の整備を行うこととなりました。

❷ 改正の内容

● 非居住者に係る金融口座情報の自動的交換のための報告制度等の見直し

① 報告金融機関等について、次の見直しが行われます。

　(イ) 報告金融機関等の範囲に、電子決済手段等取引業者及び特定電子決済手段等を発行する者が加えられます。

　　(注) 上記の「特定電子決済手段等」とは、次に掲げるものをいいます。

　　　ⓐ 資金決済に関する法律2条5項1号から3号までに掲げる電子決済手段

　　　ⓑ 物品等の購入等の代価の弁済のために使用することができる財産的価値（一定の通貨建資産に限るものとし、電子決済手段、有価証券及び前払式支払手段等を除く）であって、電子情報処理組織を用いて移転することができるもの

　(ロ) 報告金融機関等に係る収入割合要件について、投資法人等に係る収入割合の計算の基礎となる有価証券等に対する投資に係る収入金額の範囲に暗号資産等に対する投資に係る収入金額を加えるほか、所要の措置が講じられます。

② 特定取引の範囲に、次に掲げる取引が加えられます。

　(イ) 特定電子決済手段等（上記①(イ)（注）ⓐに掲げるものに限る）の管理に係る契約の締結

　(ロ) 特定電子決済手段等（上記①(イ)（注）ⓑに掲げるものに限る）の発行による為替取引に係る契約の締結

　　(注1) 特定取引から除外される取引の範囲に、報告金融機関等との間でその営業所等を通じて上記(イ)及び(ロ)に掲げる取引を行う者の有する当該取引に係

る特定電子決済手段等のうち、その合計額の90日移動平均値が100万円を超えることがないと認められる一定の要件を満たすものである場合における当該取引が加えられます。

（注2）　報告金融機関等は、当該報告金融機関等の営業所等を通じて上記(イ)及び(ロ)の特定取引を行った者の有する当該特定取引に係る特定電子決済手段等の合計額の90日移動平均値が、その年中のいずれの日においても100万円を超えなかった場合には、当該特定取引に係る契約に関する報告事項については、当該報告金融機関等の本店等の所在地の所轄税務署長に提供することを要しないとされます。

(ハ)　暗号資産、電子決済手段又は電子記録移転有価証券表示権利等の預託に係る契約の締結

　　（注）　報告金融機関等は、令和7年12月31日以前に当該報告金融機関等との間でその営業所等を通じて上記(イ)から(ハ)までの特定取引を行った者で同日において当該特定取引に係る契約を締結しているものに係る特定対象者につき、既存特定取引に係る特定手続と同様の手続を実施しなければならないこととされます。

③　社債、株式等の振替に関する法律の改正に伴い、特定取引から除外される取引の範囲に、振替特別法人出資に係る特別口座の開設に係る契約の締結が加えられます。

④　特定法人から除外される法人に係る収入割合要件について、法人に係る収入割合の計算の基礎となる投資関連所得の範囲に暗号資産等（暗号資産等デリバティブ取引を含む）に係る所得を加えるほか、所要の措置が講じられます。

⑤　我が国及び租税条約の相手国等の双方の居住者に該当する者について、当該租税条約上の双方居住者の振分けルールにかかわらず、我が国及び当該相手国等の双方が居住地国として取り扱われます。

⑥　新規特定取引等に係る特定手続について、次の見直しが行われます。

(イ)　報告金融機関等は、令和8年1月1日以後に当該報告金融機関等との間でその営業所等を通じて特定取引を行う者が届出書を提出しなかった場合には、特定対象者につき、既存特定取引に係る特定手続と同様の手続を実施しなければならないこととされます。

(ロ)　報告金融機関等は、特定対象者に関する事項の変更等があること

国際課税

を知った一定の場合には、当該特定対象者の一定の情報を取得するための措置を講じなければならないこととされます。

⑦　報告金融機関等による報告事項の提供について、次の見直しが行われます。

　㋑　報告対象外となる者の範囲に、外国金融商品取引所において上場されている法人等と一定の関係がある組合等が加えられます。

　㋺　報告事項の範囲に、次に掲げる事項が加えられます。

　　ⓐ　特定取引を行う者の署名等がなされたものであることその他の一定の要件の全てを満たす新規届出書等が提出されているか否かの別

　　ⓑ　特定取引に係る契約が報告金融機関等と複数の者との間で締結されているものであるか否かの別等

　　ⓒ　特定法人とその実質的支配者との関係

　　ⓓ　特定取引に係る契約を締結している者と当該特定取引に係る報告金融機関等（一定の組合契約に係る組合等に係るものに限る）との関係

　　ⓔ　特定取引の種類

　　ⓕ　新規特定取引又は既存特定取引の別

⑧　その他所要の措置が講じられます。

❸　実務のポイント

　OECD において承認された CRS の改訂に基づき、今回の改正により報告制度等の拡充が図られたことにより、今まで以上に国境を越えた資産の保有・運用に係る脱税及び租税回避のリスクに対応することが可能となります。

5 子会社株式簿価減額特例の見直し

Question

令和６年度税制改正では、令和２年度税制改正により創設された子会社株式簿価減額特例について、どのような見直しが行われるのでしょうか。

　Ⓐ　支配関係の発生した事業年度内に受ける期中配当について、特例の対象外とする見直しが行われます。

ここが変わる

　子法人から親法人が受けた配当のうち、その子法人の買収等による特定支配関係の発生後に得た利益剰余金から支払われたものと認められる部分の金額を特例の対象外とする措置について、特定支配関係発生日の属する事業年度内に受けた配当金額も対象外とされます。

適用時期

　今後公表される法令等により、ご確認ください。

解　説

❶　改正の背景

　現行の制度では、特定支配関係が発生した事業年度内に子法人から受ける期中配当については、たとえ特定支配関係の発生後に得た利益剰余金が原資であると認められる場合であっても、子会社株式簿価減額特例の対象とされていました。

❷ 制度の概要

　親法人が子法人を買収した後、親法人に対して多額の配当を行うことでその子法人株式の価値を減少させ、親法人はその株式を譲渡することにより譲渡損失を計上し、一方で受け取った配当は益金不算入となる取引が問題視されていました。

　そこで、令和2年度税制改正により、親法人が人為的に損失を計上することを防止するため、子法人株式の帳簿価額から、その配当金額のうち益金不算入相当額を減額することとされました。

［企業買収後の配当及び株式譲渡を組み合わせた租税回避への対応］

● 企業買収後の配当及び株式譲渡を組み合わせた租税回避に対応するため、法人が一定の子会社から一定の配当を受け取った場合に、子会社株式の帳簿価額を引き下げる見直しを行う。

● 見直しに当たっては、措置の対象を過去10年以内に買収（支配関係発生）した子会社からの配当に限定するなど、企業に過度な負担が及ぶことがないよう配慮。

改正の概要

　法人が（1）一定の支配関係にある子会社から（2）一定の配当額（みなし配当金額を含む）を受ける場合、株式の帳簿価額から、その配当額のうち益金不算入相当額等を減額する。

（1）一定の支配関係のある子会社（対象となる子会社）
⇒ 法人（及びその関係者）が株式等の50％超を保有する子会社
※ 但し、子会社が内国法人であり、かつ、設立から支配関係発生までの間において株式の90％以上を内国法人等が保有しているものを除く。

（2）一定の配当額（対象となる配当）
⇒ 1事業年度の配当の合計額が株式の帳簿価額の10％を超える場合の配当の合計額
※ 但し、その合計額が①支配関係発生後の利益剰余金の純増額に満たない場合または②2,000万円を超えない場合を除く。また、③配当の合計額のうち、支配関係発生から10年経過後に受ける配当額を除く。

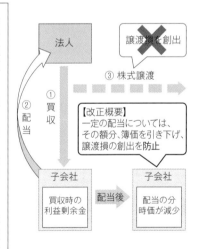

（令和2年度経済産業省資料）

［子会社株式簿価減額特例の見直し］

【現行制度】
▶ 子会社株式簿価減額特例制度は、親子会社間の配当を用いた租税回避を防止するための特例。具体的には、親会社が子会社から非課税で配当を受領することで子会社株式の時価を下落させた後、その子会社株式を譲渡して親会社に人為的に損失を発生させ、その損失により親会社の他の所得を圧縮する租税回避への対抗策。
　➡ 親会社に人為的に損失を発生させることを防ぐため、本特例により親会社は非課税で受領した配当相当分だけ子会社株式分の簿価を引き下げることが求められる。
▶ ただし、子会社から親会社が受けた配当の額のうち、その子会社の買収などによる支配関係の発生後に得た利益が原資であると認められる部分は、租税回避防止のための簿価引下げの範囲から除くことが認められる。
▶ しかし、現行制度では、支配関係の発生した事業年度内に子会社から親会社が受ける期中配当については、支配関係の発生後に得た利益が原資であると認められる場合であっても、租税回避防止措置である本特例が適用される。

【見直し案】
▶ 上記の問題への対応として、支配関係の発生した事業年度内に受ける期中配当について、本特例による租税回避防止策を一部緩和し、本特例の対象外とすることができることとする。

【制度の対象とする租税回避行為のイメージ】

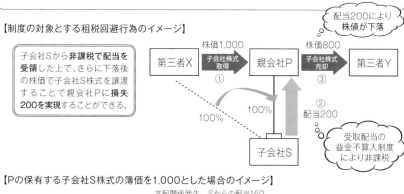

【Pの保有する子会社S株式の簿価を1,000とした場合のイメージ】

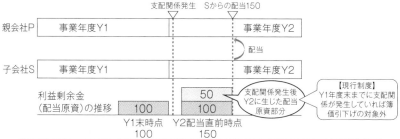

【見直し案】
▶現行制度では、親会社PはSからの配当に当たってS株式の簿価を850（＝1,000-150）まで減額することが求められるが、改正案では、900（＝1,000-(150-50)）まで減額すれば足りることとする。

（自由民主党税制調査会資料）

❸ 改正の内容

　子会社株式簿価減額特例により、その有する子法人の株式等の帳簿価額から引き下げる金額の計算を行う場合に、その子法人から受ける対象配当金額のうち特定支配関係発生日以後の利益剰余金の額から支払われたものと認められる部分の金額を除外することができる措置について、特定支配関係発生日の属する事業年度内に受けた対象配当金額（その特定支配関係発生日後に受けるものに限る）についても、その措置の適用を受けることができることとされます。

❹ 実務のポイント

　今回の改正により、特定支配関係が発生した事業年度内において、その子法人が特定支配関係発生後に得たと認められる利益剰余金を原資とする期中配当については、子会社株式簿価減額特例の対象外となります。

納税環境整備

1 GビズIDとの連携によるe-Taxの利便性の向上

Question

GビズID との連携により e-Tax の利便性が向上すると聞きましたが、その内容を教えてください。

A GビズID の利用のみで、e-Taxの申請等が可能になります。

ここが変わる

GビズIDを利用してログインした場合、e-Tax の ID、パスワードの入力、申請等の際の「電子署名・電子証明書」の送信が不要とされます。

適用時期

今後公表される法令等により、ご確認ください。

解　説

❶　改正の背景

　規制改革実施計画（令和4年6月7日閣議決定）では、e-Tax の利便性向上について「Gビズ ID と e-Tax との連携について、デジタル庁と連携の上、必要な措置を講ずる」とされていました。

　この連携に向けて、納税環境整備に関する研究会（財務省設置）では、納税者・税務当局間の手続のデジタル化について、納税者の利便性等を踏まえ G ビズ ID との連携による e-Tax の利便性向上を進める必要があるとされていました。

❷　改正前の制度

⑴　e-Tax により申告・申請等を行う場合

　e-Tax の「ID（識別符号）・パスワード（暗証符号）」を入力して、「電子署名・電子証明書」を付して送信します。

　利用の流れは、以下のとおりです。

①　利用者識別番号（半角16桁の番号）を取得する。

②　電子署名を行うために、事前に電子証明書を取得し、それを使用するための IC カードリーダライタを準備する。

③　電子証明書を使って「電子証明書の登録」を行う。

④　申告・申請データへ電子署名及び電子証明書を添付する。

　(注)　所得税徴収高計算書、納付情報登録依頼、納税証明書の交付請求（署名省略分）の手続など、一部電子署名が不要な手続も存在します。

⑵　個人納税者に関する e-Tax 利用簡便化策

①　原　　則

　個人納税者が行う本人送信の際の e-Tax の利用方法についても、申告・申請データを e-Tax へ送信する際には、原則として、利用者本人がデータを作成しそのデータが改ざんされていないことを確認するため、電子証明書による電子署名が必要です。

　電子署名を行うためには、事前に電子証明書を取得するとともに、

IC カードリーダライタが必要です。

なお、電子証明書としてマイナンバーカードを利用する場合は、マイナンバーカードの読取りに対応したスマートフォンを IC カードリーダライタの代替として利用することができます。

このような原則的な e-Tax 利用方法に対し、平成 31 年 1 月以降、e-Tax 利用の簡便化策として「②ID・パスワード方式」及び「③マイナンバーカード方式」が導入されています。

② ID・パスワード方式

平成 31 年から個人が行う e-Tax の利用手続に、ID・パスワード方式が導入されています。国税庁 HP の「確定申告書等作成コーナー」でのみ利用できる送信方式で、事前に税務署等で職員による本人確認を受けて発行された e-Tax 用の ID・パスワードを利用します。

マイナンバーカードが普及するまでの暫定的な対応として導入されたもので、税務署等の職員が事前に本人確認を行っているため、データを送信する際に、電子証明書による電子署名が不要となります。

③ マイナンバーカード方式

マイナンバーカードを使ってマイナポータル経由又は e-Tax ホームページなどから e-Tax へログインし、申告等データの送信ができる方法です。

マイナンバーカード方式を利用すれば、マイナンバーカードを読み取り、マイナンバーの利用者証明用電子証明書の暗証番号（数字 4 桁）を入力することで e-Tax へログインでき、e-Tax の利用者識別番号（数字 16 桁）及び暗証番号の入力が不要となります。

事前準備として必要であった電子証明書の登録が不要ですが、マイナンバーカードの電子証明書（有効期限：5 年間）が失効した場合は、市区町村の窓口で更新手続が必要です。

❸ 改正の内容

⑴ G ビズ ID による e-Tax の利用

G ビズ ID 利用者の利便性の向上に資する観点から、所要の法令改正等を前提に、法人が、G ビズ ID（一定の認証レベルを有するものに限る）を用いて、e-Tax にログインをする場合には、e-Tax の「ID（識別符号）・

パスワード（暗証符号）」の入力が不要になります。

　また、申請等の際の「電子署名・電子証明書」の送信も不要となります。

	ログイン方法	e-Tax の ID・パスワード	電子署名・電子証明書
法人ユーザー	原則	要	要
	Gビズ ID	要⇒**不要**	要⇒**不要**

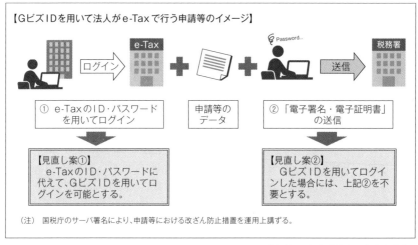

【GビズIDを用いて法人がe-Taxで行う申請等のイメージ】

ログイン　e-Tax　＋　申請等の データ　＋　Password...　送信　税務署

① e-TaxのID・パスワードを用いてログイン

申請等のデータ

②「電子署名・電子証明書」の送信

【見直し案①】
　e-TaxのID・パスワードに代えて、GビズIDを用いてログインを可能とする。

【見直し案②】
　GビズIDを用いてログインした場合には、上記②を不要とする。

（注）　国税庁のサーバ署名により、申請等における改ざん防止措置を運用上講ずる。

（自由民主党税制調査会資料）

(2)　Gビズ ID とは

　Gビズ ID は、法人及び個人事業主向け共通認証システムをいいます。

　Gビズ ID を取得すると、一つの ID・パスワードで、複数の行政サービスにログインできます。

　アカウントは最初に一つ取得するだけで有効期限、年度更新の必要はありません（令和3年8月現在）。

　Gビズ ID には、gBizID プライム、gBizID メンバー、gBizID エントリーという3種類のアカウントがあり、サービスにより必要なアカウントが異なります。

gBizIDプライム	gBizIDエントリー
✓会社代表、個人事業主向け ✓2つの申請方法を提供 ・書類郵送申請（書類審査／発行 約1週間） ・オンライン申請※（即時発行） ※個人事業主のみが対象でマイナンバーカード要。 ✓行政サービス 無制限	✓事業しているなら誰でも ✓書類郵送は不要（即時発行） ✓行政サービス 制限あり

↓

gBizIDメンバー

✓gBizID プライム取得組織の従業員向け
✓書類審査 不要
✓行政サービス 制限あり

様々な行政サービスに活用されています

（デジタル庁 HP）

❹ 実務のポイント

　e-Tax で利用可能な G ビズ ID（gBizID プライム）の作成には一定の証明書類あるいはマイナンバーカード等が必要になります。

　法人が利用開始するためには、書類提出後 1 週間程度が必要となるこ

とに留意が必要です。

	書類郵送申請（1週間程度）	オンライン申請（即時）
対象者	個人事業主・法人	個人事業主
必要なもの	gBizIDの申請書 印鑑（登録）証明書 登録印 申請用端末（PC）・メールアドレス SMS受信用スマートフォン等	マイナンバーカード スマートフォン

2 処分通知等の電子交付の拡充

Question

　税務当局から納税者に対して電子交付される処分通知等が見直されると聞きましたが、その内容を教えてください。

　A　納税者の同意を前提に、すべての処分通知等について電子交付することができるようになります。

ここが変わる

　納税者の事前の同意を前提に、すべての処分通知等の電子交付をすることができることとされ、事前の同意を行う場合のメールアドレスの登録が必須となります。

　電子交付の対象となる処分通知等について、事前の同意を行う方式は、e-Tax 上で一括して行う方式へ変更されます。

適用時期

　上記の改正は、令和8年9月24日以後適用されます。

解　　説

❶ 改正の背景

　行政手続のデジタル完結の推進について、「デジタル手続法」に規定する処分通知等のデジタル化率は依然として低水準で推移しており、このことが行政手続のデジタル完結の課題となっているとされ、処分通知等の文書発出をより円滑にオンラインで行うことが可能となるよう検討

を進めるべきであるといわれてきました。

　令和5年度税制改正大綱には、「e-Tax の利便性の向上及び税務手続のデジタル化の推進を図る観点から、国税庁の新たな基幹システム(次世代システム)の導入時期に合わせ、処分通知等の更なる電子化に取り組む」と記載されていました。

❷　改正前の制度

　税務当局から納税者に対して電子交付をすることができる処分通知等は、以下の九つの手続とされていました。
① 　所得税の予定納税額通知書
② 　加算税の賦課決定通知書
③ 　クラウドの認定等に係る通知
④ 　国税還付金振込通知書
⑤ 　消費税適格請求書発行事業者の登録に係る通知
⑥ 　更正の請求に係る減額更正等の通知
⑦ 　住宅ローン控除証明書
⑧ 　納税証明書
⑨ 　電子申請等証明書

❸　改正の内容

(1)　国税の処分通知

　e-Tax により行うことができる処分通知等について、次の措置が講じられます。
① 　法令上、すべての処分通知等について、電子情報処理組織を使用する方法(e-Tax)により行うことができるようになります。
② 　電子情報処理組織を使用する方法(e-Tax)により処分通知等を受ける旨の同意について、処分通知等に係る申請等に併せて行う方式を廃止し、あらかじめメールアドレスを登録してその同意を行う方式へ改正されます。

	改正前	改正後
処分通知の範囲	九つの手続に限定	すべての処分通知
メールアドレスの登録	任意	必須 メールアドレスを登録して事前の同意を行う
事前の同意	個々の処分通知等ごとに同意	e-Tax 上で一括して行う

【処分通知等の電子交付（イメージ）】

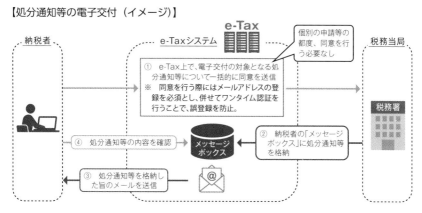

（自由民主党税制調査会資料）

⑵　地方税関係通知

　地方税においてもさらなるデジタル化に向け、地方税関係通知のうち固定資産税・自動車税種類別割等の納税通知書等について、eLTAX 及びマイナポータルの更改・改修スケジュール等を考慮しつつ、納税者からの求めに応じて、電子的に送付する仕組みの導入に向けた取組みが進められます。

［納税通知書等のデジタル化］

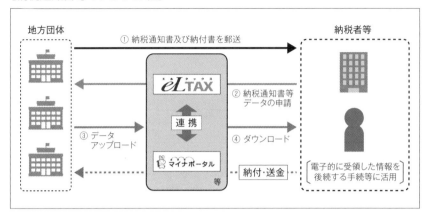

（自由民主党税制調査会資料）

❹ 実務のポイント

　処分通知等の性質上、電子交付に適さないものについては、運用上、電子交付しないとされています。

　また、納税者の見落としを防止する観点から、納税者に対して、処分通知等を格納した旨のメールが送信されます。

3 　隠蔽し、又は仮装された事実に基づき更正請求書を提出していた場合の重加算税制度の整備

Question

　隠蔽し、又は仮装された事実に基づき更正請求書を提出した場合の加算税について見直されるそうですが、その内容を教えてください。

　A　申告後に隠蔽し、又は仮装したところに基づき「更正請求書」を提出した場合についても、重加算税の賦課対象に加えることとなります。

ここが変わる

　隠蔽し、又は仮装したところに基づき「更正の請求書」を提出した場合についても重加算税の賦課対象に加え、過少申告加算税に代え、35％（又は40％）の重加算税が賦課されることとなります。

　また、隠蔽し、又は仮装したところに基づき「更正の請求書」を提出した場合について、延滞税の除算期間は適用されないことを明確化する運用上の対応が行われます。

適用時期

　上記の改正は、令和7年1月1日以後に法定申告期限等が到来する国税について適用されます。

納税環境整備

解　説

❶　改正の背景

　誠実に納税を行う納税者の税に対する公平感を損なうことがないよう、近年見られる新たな事例に対応し課税・徴収関係の整備・適正化をする必要があります。

　納税者が申告後に税額の減額を求めることができる「更正の請求書」において、隠蔽し、又は仮装が行われているにもかかわらず、重加算税等が課されない事例が把握されていました。

　「納税申告書の提出（税額を確定させるための手続）」か「更正請求書の提出（税額を減額させるための手続）」といった、税務当局に対する手続の性質により、隠蔽・仮装行為が行われた場合のペナルティの水準が異なるのは、納税義務違反の発生の防止という重加算税の趣旨に照らして適切ではなく、更正の請求に係る隠蔽・仮装行為を未然に抑止する必要が生じていました。

❷　改正前の制度

⑴　重加算税の賦課

　重加算税は、納税者がその国税の課税標準等又は税額等の計算の基礎となるべき事実の全部又は一部を隠蔽し、又は仮装し、その隠蔽し、又は仮装したところに基づき「納税申告書」を提出していたとき、過少申告加算税等に代えて、当該基礎となるべき税額に 35 ％（又は 40 ％）を乗じて計算した金額を課されるものです（通則法 68 ①）。

⑵　納税申告書の範囲

　納税申告書とは、申告納税方式による国税に関し国税に関する法律の規定により次に掲げるいずれかの事項その他当該事項に関し必要な事項を記載した申告書をいい、国税の還付を受けるための申告書を含むものとされています（通則法 2 六）。

①　課税標準

②　課税標準から控除する金額

③　所得税の純損失又は雑損失、法人税の欠損金額等ほか

④　納付すべき税額

⑤　還付金の額に相当する税額

⑥　④の税額の計算上控除する金額又は還付金の額の計算の基礎となる税額

　「更正の請求書」（通則法23③）はこれに該当せず、納税者が事実を隠蔽し、又は仮装し、その隠蔽し、又は仮装したところに基づき更正請求書を提出していたときには、重加算税を賦課することはできませんでした。

(3)　過少申告加算税等の賦課

　申告後に隠蔽し、又は仮装したところに基づき「更正請求書」を提出した場合であったとしても、重加算税を賦課することはできず、過少申告加算税又は無申告加算税が賦課されていました。

・過少申告加算税……原則15％

・無申告加算税………原則20％

❸　改正の内容

(1)　更正の請求書の取扱い

　過少申告加算税又は無申告加算税に代えて課される重加算税の適用対象に、隠蔽し、又は仮装された事実に基づき更正の請求書を提出していた場合を加えることとされます。

(2)　除算期間の取扱い

① 　除算期間とは

　偽りその他不正の行為により国税を免れた場合等を除き、一定の期間を延滞税の計算期間に含めない除算期間があります。申告期限後1年以上経過後に更正等があった場合でも、1年経過した日から更正等があった日までの期間は延滞税の計算期間から控除されるというものです。

② 　除算期間の不適用

　偽りその他不正の行為により国税を免れた場合等には、この除算期間が不適用となる措置について、隠蔽し、又は仮装された事実に基づき更正の請求書を提出していた一定の場合が対象となることを明確化する運用上の対応が行われます。

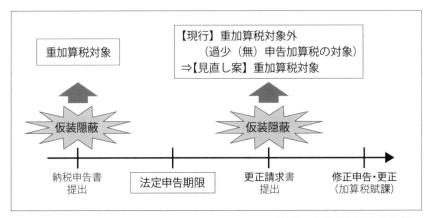

（自由民主党税制調査会資料）

❹ 実務のポイント

　上記の改正は、令和7年1月1日以後に法定申告期限等が到来する国税について適用することとなりますので、例えば以下の申告分から適用が開始される予定となります。

① 確定申告分の所得税……令和6年分から（申告期限：令和7年3月15日）

② 法人税……令和6年10月決算期分から（申告期限：令和7年1月4日）

　なお、令和7年1月1日前に法定申告期限が到来した国税については従前どおりの取扱いとなります。

4 偽りその他不正の行為により国税を免れた株式会社の役員等の第二次納税義務の整備

Question

不正行為により納税義務を免れた法人の役員等の第二次納税義務について、見直しがあるようですが、どのような見直しですか。

A その役員等が不正行為に係る財産の移転を受け、あるいはその財産を外部に移転した場合には、その役員等に第二次納税義務が課されることとなります。

ここが変わる

偽りその他不正の行為により国税を免れた株式会社の役員等(注)は、株式会社等から徴収不足となるときに限り、株式会社等から移転した一定の財産の価額を限度として、その国税の第二次納税義務を負うこととされます。

(注) 株式会社の発行済株式の50%超を有し、偽りその他不正の行為をした者等に限ります。

適用時期

上記の改正は、令和7年1月1日以後に滞納となった一定の国税について適用されます。

解　説

❶　改正の背景

　法人が財産を散逸させた上で廃業する等により納税義務を免れようとする事案が散見され、調査や滞納処分を行う段階では、既にその法人の財産が残存していない場合が多く、滞納国税の徴収が困難となっていました。

　仮に、法人の代表者等が簿外財産や不正還付金といった不正行為に係る財産を創出し、自らが当該財産の移転を受けた場合や、自ら実行して法人外部へ移転（散逸）させた場合でも、代表者等に追及することはできませんでした。

❷　改正前の制度

(1)　基本的な考え方

　第二次納税義務の制度は、納税者の財産について滞納処分を執行してもなお徴収すべき国税に不足すると認められる場合に、その納税者と一定の関係がある者に対して納税義務を負わせる制度です（徴収法32）。

　第二次納税義務者は、自己以外の者の国税についての納税義務を負うことになるため、違法又は不当とならないよう以下に掲げる事項について厳正な対応が必要になっています。

① 　第二次納税義務の成立要件についての事実関係及び徴収不足であるかどうかの判定
② 　第二次納税義務を負うべき者であることの認定
③ 　第二次納税義務の限度の判定

(2)　**合名会社等の社員の第二次納税義務**

　無限責任社員の第二次納税義務とは、合名会社等^(注)の財産について滞納処分を執行してもなお徴収すべき税額に満たないと認められる場合に、それらの会社の無限責任社員に対して第二次的に納税義務を負わせる制度です（徴収法33）。

　(注)　合名会社等とは、以下の法人をいいます。

合名会社・合資会社・税理士法人・弁護士法人・外国法事務弁護士法人・監
査法人・弁理士法人・司法書士法人・行政書士法人・社会保険労務士法人・
土地家屋調査士法人

　なお、無限責任社員から徴収することができる金額は、合名会社等か
ら滞納処分により徴収することができる滞納に係る国税の全額であり、
合名会社等の滞納処分後なお国税の額に不足すると認められる場合のそ
の不足する額に限られません。

⑶ 同族会社の第二次納税義務

　次に掲げる要件のいずれにも該当するときは、同族会社に対し、第二
次納税義務を負わせることができます（徴収法35①）。

　この場合、会社は株式会社及び持分会社（合名会社・合資会社・合同
会社）をいいます。

① 　主たる納税者が同族会社の株式又は出資（以下「株式等」という）
　を有していること。

② 　主たる納税者が有する株式等につき次に掲げる事由があること。

　㈑ 　差し押さえた株式等を２回以上換価に付してもなお買受人がない
　　こと（徴収法35①一）。

　㈪ 　差し押さえた株式等の譲渡につき法律若しくは定款に制限がある
　　こと又は株券の発行がないため譲渡することにつき支障があること

❸　改正の内容

⑴ 適　　用

　偽りその他不正の行為により国税を免れ、又は国税の還付を受けた株
式会社、合資会社又は合同会社がその国税（その附帯税を含む）を納付
していない場合において、徴収不足であると認められる場合に適用され
ます。

⑵ 対象となる役員

　その偽りその他不正の行為をした以下の役員で、その役員等を判定の
基礎となる株主等として選定した場合にその株式会社、合資会社又は合
同会社が被支配会社に該当する場合におけるその役員等に限ります。

　この場合の「被支配会社」とは、１株主グループの所有株式数が会社
の発行済株式の50％を超える場合等におけるその会社をいいます。

納税環境整備

① 株式会社の役員
② 合資会社、合同会社の業務を執行する有限責任社員
(3) **限 度 額**
　以下の価額のいずれか低い額を限度として、その滞納に係る国税の第二次納税義務を負うことになります。
① その偽りその他不正の行為により免れ、若しくは還付を受けた国税の額
② その株式会社、合資会社若しくは合同会社の財産のうち、その役員等が移転を受けたもの及びその役員等が移転をしたものの額
（通常の取引の条件に従って行われたと認められる一定の取引として移転をしたものは除かれる）

[適用イメージ]

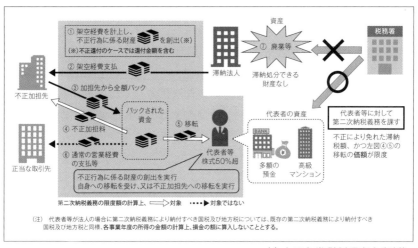

（自由民主党税制調査会資料）

❹ 実務のポイント

(1) 地方団体の徴収手続の整備

　国税に関する見直しと同様、偽りその他不正の行為により地方団体の徴収金を免れた株式会社の役員等の第二次納税義務についても整備されます。

⑵　社会保険料の第二次納税義務

　社会保険料（厚生年金・健康保険・労働保険等）を規定する各法律に、「国税徴収の例により徴収する」と規定されているため国税と同様の第二次納税義務があると考えられています。

5 保全差押え等を解除しなければならない期限の整備

> **Question**
>
> 　国税の税額確定前に、一定の保全差押金額を決定し、直ちに財産の保全のための差押え（保全差押え）を行う制度について、見直しがされると聞きました。どのような見直しがされるのでしょうか。

　A　保全差押え又は担保を解除しなければならない期限が、その保全差押金額をその者に通知をした日から1年（現行：6か月）を経過した日までとされます。

ここが変わる

　納税義務があると認められる者が不正に国税を免れたことの嫌疑等に基づき一定の処分を受けた場合における税務署長が決定する金額（以下「保全差押金額」という）を限度とした差押え（以下「保全差押え」という）又はその保全差押金額について提供されている担保に係る国税について、その納付すべき額の確定がない場合におけるその保全差押え又は担保を解除しなければならない期限が延長されます。

適用時期

　上記の改正は、令和7年1月1日以後にされる保全差押金額の決定について適用されます。

解　説

❶　改正の背景

　不正申告の疑い等により緊急に対応する必要がある場合（一定の査察調査や逮捕が行われた場合等）において、国税の税額確定手続（申告・更正等）が行われた後においては徴収を確保することができないと認められるときは、国税の税額確定前に、一定の保全差押金額を決定し、直ちに財産の保全のための差押え（保全差押え）を行うことができます（この金額の決定に当たっては、国税局長の承認が必要）。

　ただし、上記の保全差押金額の通知をした日から 6 か月を経過した日までに、その差押え等に係る国税につき納付すべき額の確定がないときは、上記の保全差押えを解除しなければなりません。

　事案の複雑化に伴い、査察調査が長期化しており、多くが調査の終了前に保全差押えが解除され、徴収手続に支障が生じ得ることから、現状、この保全差押えはほとんど活用されていない状態でした。

　（参考） 令和 4 年度の査察調査について、着手から終了までの処理期間の平均値は 1 年程度であり、着手から 6 月以内に終了した事案は 30％程度でした（国税庁調べ）。

❷　改正の内容

　改正前は、保全差押金額の通知をした日から 6 か月を経過した日までに、その差押え等に係る国税につき納付すべき額の確定がないときは、上記の保全差押えを解除しなければなりませんでしたが、改正後はそれが 1 年に延長されます。

納税環境整備

[保全差押手続のイメージ]

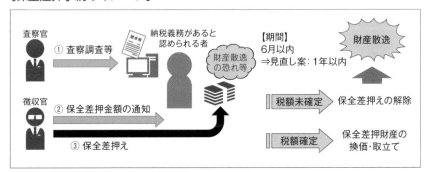

（自由民主党税制調査会資料）

❸ 実務のポイント

　近年の税務調査は手続の複雑さを背景に、査察調査の内容確定・終了まで時間がかかるようになってきており、上記保全差押手続は徴収においては有用な手続でありながら、時間的な制約からほとんど利用されていませんでしたが、その期間が延長されたことにより、悪質脱税事案を中心に税金徴収の可能性が高くなります。

　いままでは、制度の利用が少なかったため、査察調査中においても財産を自由に使用することが可能でしたが、今後、保全差押えが行われた場合、業務の都合で土地建物などの資産の売却を行う必要が出た場合に売却できない、定期預金の解約ができなくなり資金需要がひっ迫するなど、本業に支障が出てくることも考えられます。

6 税務代理権限証書等の様式の整備

Question

税務代理権限証書の記載事項等に改正があるとのことですが、どのように変更されるのでしょうか。

A 税務代理権限証書・申告書の作成に関する計算事項等記載書面及び申告書に関する審査事項等記載書面の様式が見直されます。

ここが変わる

税務代理権限証書・申告書の作成に関する計算事項等記載書面及び申告書に関する審査事項等記載書面の様式について、国税庁長官が必要がある場合に、所要の事項を付記すること又は一部の事項を削ることができることとするほか、「所属税理士会等」の欄の記載事項の簡素化が行われます。

適用時期

上記の改正は、令和8年9月1日以後に提出する税務代理権限証書・申告書の作成に関する計算事項等記載書面及び申告書に関する審査事項等記載書面について適用されます。

解　説

❶　改正の背景

税務代理権限証書に関する改正は令和4年度税制改正でも行われており、令和6年4月1日以降は改正を反映した新たな税務代理権限証書を

納税環境整備

使用することになっています。今回の改正は新たな様式の税務代理権限証書の利便性を高めるための措置と考えられます。

❷ 令和４年度税制改正の内容

令和６年４月１日以降使用する税務代理権限証書等は国税庁ホームページにて既に公表されています（https://www.nta.go.jp/law/tsutatsu/kobetsu/zeirishi/2204xx/01.htm）。

その中でも、次の様式の変更について説明します。

(1) 税務代理権限証書の改正

具体的な改正内容としては「調査の通知・終了の際の手続きに関する同意」の欄と「税務代理の対象となる書類の受領に関する事項」の欄、「委任状」の欄となります。

「調査の通知・終了の際の手続きに関する同意」の欄では、いままで調査の通知のみであったものが、「調査終了時点において更正決定等をすべきと認められない場合における、その旨の通知」「調査の結果、更正決定等をすべきと認められる場合における、調査結果の内容の説明等」の項目が設けられました。今までは税務調査の終了の際の調査内容の説明等の手続について税務代理人がいる場合、納税義務者の同意があるときには税務代理人に行うことができることされていましたが、別途同意書（添付参考）の提出が必要でした。この書類作成の煩雑さを省くことが可能となります。

「税務代理の対象となる書類の受領に関する事項」欄では、税務官公署から送付される書類のうち、「税務代理の対象に関する事項」欄に記載した税目・年分等に係る書類の受領について、その書類の名称を記載することにより、税務代理人に書類の受領を委任することができます。今まで納税義務者本人しか受け取ることができなかった書類を税務代理人に送ることが可能です。具体的には次の通知書等が想定されています。

・更正通知書
・加算税の賦課決定通知書

「委任状」の欄は、税務代理以外の行為について委任する場合に使用します。具体的には「納税証明書の受領」や「所得税申告書及び青色決算書の閲覧等」の行為を委任する場合等に記載することで使用できま

令和　　年　　月　　日

_____税務署長　殿

調査の終了の際の手続に関する同意書

税　理　士 又は 税理士法人	事務所の名称 及び所在地	電話　（　　　）　　－		
	氏名又は名称			
	所属税理士会等	税理士会　　　　支部　登録番号　第　　　号		

〔私・当法人〕は、上記〔税理士・税理士法人〕を代理人と定め、〔私・当法人〕に代わって代理人が下記の行為（国税通則法第74条の11第1項から第3項に規定する行為）を行うことに同意します。

依　頼　者 （個　人）	住　　所 又は 事務所所在地	電話　（　　　）　　－
	氏名又は名称	㊞

依　頼　者 （法　人）	本店所在地	電話　（　　　）　　－
	商号又は名称	
	代　表　者	㊞

対象とする行為 ※該当する項目に✓を付すこと	下欄に掲げる税目の調査対象となった年分等について、
	☐ 1　実地調査の結果、更正決定等をすべきと認められない場合において、その旨が記載された書面を受領すること
	☐ 2　調査の結果、更正決定等をすべきと認められる場合において、その調査結果の内容（更正決定等をすべきと認められた額及びその理由を含む。）の説明を受けること
	☐ 3　上記2の説明を受ける際に、修正申告又は期限後申告の勧奨が行われた場合における次に掲げる事項 ① 調査の結果に関し納税申告書を提出した場合には不服申立てをすることはできないが更正の請求をすることはできる旨の説明を受けること ② 上記①の内容を記載した書面の交付を受けること
	（　　　　　　）税　（　　　　　　）税　（　　　　　　）税

備　　考	

（日税連HP　データライブラリー参照）

す。今までは別途委任状を作成して個別に対応していたものが税務代理権限証書で一括しての対応が可能となります。

納税環境整備

税 務 代 理 権 限 証 書

受付印

※整理番号

令和　年　月　日　　　殿	税理士又は税理士法人	氏名又は名称	
		事務所の名称及び所在地	電話(　　)　　－
		所属税理士会等	税理士会　　　　　支部 登録番号等　第　　　号

上記の　税理士／税理士法人　を代理人と定め、下記の事項について、税理士法第２条第１項第１号に規定する税務代理を委任します。　　　　　　　　　　　　　　　　　　　　令和　年　月　日

過年分に関する税務代理	下記の税目に関して調査が行われる場合には、下記の年分等より前の年分等（以下「過年分」といいます。）についても税務代理を委任します（過年分の税務代理権限証書において上記の代理人に委任している事項を除きます。）。【委任する場合は□にレ印を記載してください。】	□
調査の通知・終了の際の手続に関する同意	上記の代理人に税務代理を委任した事項（過年分の税務代理権限証書において委任した事項を含みます。以下同じ。）に関して調査が行われる場合には、私（当法人）への下表の通知又は説明等は、私（当法人）に代えて当該代理人に対して行われることに同意します。【同意する場合は□にレ印を記載してください。】	
	調査の通知	□
	調査終了時点において更正決定等をすべきと認められない場合における、その旨の通知	□
	調査の結果、更正決定等をすべきと認められる場合における、調査結果の内容の説明等（当該説明に併せて修正申告等の勧奨が行われる場合における必要な説明・書面の交付を含む。）	□
代理人が複数ある場合における代表する代理人の定め	上記の代理人に税務代理を委任した事項に関しては、当該代理人をその代表する代理人として定めます。【代表する代理人として定める場合は□にレ印を記載してください。】	□
依頼者	氏名又は名称	
	住所又は事務所の所在地	電話(　　)　　－

1　税務代理の対象に関する事項

税目（該当する税目にレ印を記載してください。）		年　分　等
所得税（復興特別所得税を含む）※申告に係るもの	□	平成・令和　　　　年分
法人税（復興特別法人税・地方法人税を含む）	□	自　平成・令和　年　月　日　至　平成・令和　年　月　日
消費税及び地方消費税（譲渡割）	□	自　平成・令和　年　月　日　至　平成・令和　年　月　日
所得税（復興特別所得税を含む）※源泉徴収に係るもの	□	自　平成・令和　年　月　日　至　平成・令和　年　月　日（法定納期限到来分）
	□	
	□	
	□	

2　税務代理の対象となる書類の受領に関する事項

3　その他の事項

委　任　状

令和　年　月　日

上記の_____を代理人と定め、_____

について、委任します。

依頼者：_____　（住所又は事務所の所在地は、上記税務代理権限証書に記載のとおり）

※事務処理欄	部門		業種		他部門等回付	・　・　（　　）部門

税務代理権限証書に記載した税務代理の委任が終了した旨の通知書

		氏名又は名称		※整理番号	
令和　年　月　日 　　　　　　　殿	税理士 又は 税理士法人	事務所の名称 及び所在地		電話（　　）　　－	
		所属税理士会等	税理士会 登録番号等　第	支部 号	

平成・令和　　　年　　　月　　　日（e-Tax 受付番号：　　　　　　　　　　　）に提出した「税務代理権限証書」に記載した税務代理については、令和　　　年　　　月　　　日に委任が終了した旨を通知します。

過年分に関する税務代理	上記の「税務代理権限証書」に記載した各税目に関する年分に加えて、当該「税務代理権限証書」の「過年分に関する税務代理」欄の□にレ印がある場合における当該過年分の各税目に係る税務代理についても、委任が終了した旨を通知します。【通知する場合は□にレ印を記載してください。】	□

依頼者であったもの	氏名又は名称	
	住所又は事務所の所在地	電話（　　）　　－

- 参考（任意）

上記の「税務代理権限証書」に記載した事項

		有	□	無	□
過年分に関する税務代理		有	□	無	□
調査の通知・終了の際の手続に関する同意					
	調査の通知	有	□	無	□
	調査終了時点において更正決定等をすべきと認められない場合における、その旨の通知	有	□	無	□
	調査の結果、更正決定等をすべきと認められる場合における、調査結果の内容の説明等（当該説明に併せて修正申告等の勧奨が行われる場合における必要な説明・書面の交付を含む。）	有	□	無	□
代理人が複数ある場合における代表する代理人の定め		有	□	無	□

1　税務代理の対象に関する事項

税　目 （該当する税目にレ印を記載してください。）		年　分　等
所得税（復興特別所得税を含む） ※　申告に係るもの	□	平成・令和　　　年分
法　人　税 （復興特別法人税・ 地方法人税を含む）	□	自　平成・令和　年　月　日　至　平成・令和　年　月　日
消費税及び 地方消費税（譲渡割）	□	自　平成・令和　年　月　日　至　平成・令和　年　月　日
所得税（復興特別所得税を含む） ※　源泉徴収に係るもの	□	自　平成・令和　年　月　日　至　平成・令和　年　月　日 （法定納期限到来分）
	□	
	□	
	□	

2　税務代理の対象となる書類の受領に関する事項

3　その他の事項

委任状に記載した委任が終了した旨の通知書

令和　　　年　　　月　　　日

令和　　　年　　　月　　　日（e-Tax 受付番号：　　　　　　　　　　　）に提出した「委任状」に記載した委任については、令和　　　年　　　月　　　日に終了した旨を通知します。

氏名又は名称：

（住所又は事務所の所在地は、上記「税務代理権限証書に記載した税務代理の委任が終了した旨の通知書」に記載のとおり）

- 参考（任意）

上記の「委任状」に記載した事項

委任事項	

※事務処理欄	部門		業種		他部門等回付	・　・　（　　）部門

⑵　税務代理権限証書に記載した税務代理の委任が終了した旨の通知書
　の新設

　この通知書は、税務官公署に提出した税務代理権限証書に記載した税務代理の委任が終了した場合に、その税務代理の委任を受けていた税理士又は税理士法人が提出します。

　今までは、顧問契約の終了等で税務代理行為も終了したとしても、税務署に税務代理が終了したことを通知することができず、顧問契約終了後も税務調査の通知や、各種問合せなどの連絡が届くことがあり、そのたびに口頭や文章にて税務代理が終了したことを説明しており、税務署と税理士にとってお互い煩雑なことがありました。それがこの通知書を提出することにより、事前に知らせることが可能となり、関与終了後の問合せ等に対応することがなくなります。

❸　改正の内容

　令和4年度税制改正では税務代理における利便性の向上を目的として税務代理権限証書が改正されました。今まで以上に利用頻度が高まり、多く場面での使用が見込まれます。そのため、令和6年度税制改正では簡素化できる部分を簡素にするなど利便性をさらに高めることが見込まれます。

　詳しくは、今後公表される情報等を参考にしてください。

❹　実務のポイント

　税務代理権限証書を使用することで調査結果内容の通知を納税者等に代わって受領することも委任できるようになるほか、更正通知書や賦課決定通知書等の通知の代理受領行為、委任状欄にて税務代理行為以外の行為の委任など幅広く使用されることが見込まれます。

　納税者に代わって行うことが可能となる行為が増えることで、今まで以上に税務代理業務がスムーズに行える半面、納税者との信頼関係が重要となってきます。また、今まで存在しなかった「委任が終了した旨の通知書」が新たにできたことで、書類作成の手間が増えますが、権限が増えることから税務代理終了後は立場を明確にしておくことも重要となります。

7 個人番号を利用した税理士の登録事務等の利便性の向上

税理士の登録事務等について、見直しがされると聞きました。どのような見直しがされるのでしょうか。

A 個人番号（マイナンバー）を利用した手続のデジタル化が進められます。

ここが変わる

個人番号を利用して、税理士の登録事務及び税理士試験事務手続の利便性を向上させるための措置が講じられます。

適用時期

上記の改正は、デジタル社会の形成を図るための関係法律の整備に関する法律附則1条10号に掲げる規定の施行の日から施行されます。

ただし、上記の施行の日から令和7年3月31日までの間に提出される税理士の登録申請書について、日本税理士会連合会が税理士登録のため必要があると認める場合には、従前どおり戸籍抄本及び住民票の写しを添付しなければならないこととする経過措置を講じられます。

解　説

❶ 改正の背景

税理士を含む社会保障等に係る国家資格等については、マイナンバー（個人番号）を利用した手続のデジタル化を進め、住民基本台帳ネット

ワークシステム等との連携等により資格取得・更新等の手続時の添付書類の省略等を目指すこととされています（デジタル社会の実現に向けた重点計画（令和4年6月7日閣議決定））。

　上記の措置の実現のための番号法改正（番号利用事務に税理士の登録事務・試験事務を追加等）や資格管理者等が共同利用できる資格情報連携等に関するシステム整備等が実施され、税理士登録事務や税理士試験事務においても、令和6年度中に個人番号を利用した資格管理が行われることになりました。

❷　改正の内容

(1)　登録事務の見直し

　税理士の登録事務に関して、次のような見直しが行われます。

①　税理士の登録事項について、個人番号を加えるとともに、登録事項のうち「本籍」を「本籍地都道府県名」とします。

②　税理士の登録申請書について、住民票の写し及び戸籍抄本の添付を要しないこととします。

③　電子情報処理組織を使用する方法により日本税理士会連合会又は税理士会に対して申請等を行う者は、その申請等に関して添付すべきこととされている書面等でその書面等に記載されている事項又は記載すべき事項を入力して送信することができないものについて、書面等による提出に代えて、スキャナによる読取り等により作成した電磁的記録（いわゆる「イメージデータ」）を送信することにより行うことができることとします。

(2)　試験事務の見直し

　税理士の試験事務に関して、次のように見直しが行われます（税理士試験の手続等に関しては令和7年度から適用予定）。

①　次に掲げる申請書等の様式について、個人番号記載欄が設けられます。

　㈶　税理士試験受験資格認定申請書

　㈹　税理士試験受験願書

　㈺　研究認定申請書

　㈻　税理士試験免除申請書

㈭　研究認定申請書兼税理士試験免除申請書

②　税理士試験に係る受験手数料又は認定手数料について、現在印紙での納付のみとされているところ、電子情報処理組織を使用する方法による申請等により国税審議会会長から得た納付情報及び識別符号を入力して、これらを送信することにより納付（ペイジーによるオンライン納付手続）することができるようになります。

[個人番号を利用した資格管理のイメージ]

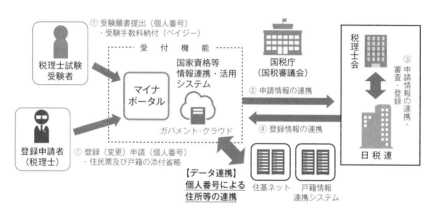

（自由民主党税制調査会資料）

❸　実務のポイント

　税理士名簿への登録事務に個人番号を使用することで、マイナポータルの連携を利用しデジタル化を進める制度となります。添付する書類の省略や事務手続の簡素化が期待されます。また、税理士試験受験者も受験手数料をペイジーで決済することで自宅に居ながら申込みを完了することができ、仕事等で日中に外出することが難しい者でも申込みが可能となり、利便性が向上すると考えられます。

　また、一方でマイナンバー制度に関する事務手続ミスや不信感も一定数あることから、制度に対する信頼性を向上させていくことも重要な要素になっていくと考えられます。

8 長期間にわたり供託された換価代金等の配当がされない事態へ対応するための措置の整備

Question

　長期間にわたり供託された換価代金等の配当がされない事態へ対応するための措置について、どのような整備が行われるでしょうか。

　A　必要な手続を行わない「供託に係る債権者」を除外して、配当手続を進めることを可能とします。

ここが変わる

　以下の見直しが行われます。
① 「供託に係る債権者」は、その供託の事由が消滅したときは、直ちに、その旨を税務当局に届け出なければならないこととされます。
② 税務当局は、供託後、届出がされることなく2年を経過したときは、その「供託に係る債権者」に対し、届出をすべき旨を催告しなければならないこととされます。
③ 催告を受けた日から14日以内に届出をしないときは、その「供託に係る債権者」を除外して配当が実施されます。

適用時期

　民事の長期間にわたり供託金の配当がされない事態へ対応するための措置の適用時期を踏まえ、実施されます。

解　説

❶　改正の背景

供託の事由が消滅した後も、債権者が必要な手続を行わないことにより、配当を実施することができないため、長期間にわたり供託金の配当がされない事態へ対応するための措置が求められていました。

❷　改正の内容

供託された換価代金等の配当について、民事の長期間にわたり供託金の配当がされない事態へ対応するための措置と同様に、次の措置が講じられます。

⑴　税務署長へ届出

その供託に係る債権を有する者は、その供託の事由が消滅したときは、直ちに、その旨を税務署長に届け出なければならないこととされます。

⑵　供託に係る債権を有する者へ催告

税務署長は、換価代金等の供託がされた場合において、その供託がされた日から届出がされることなく一定期間を経過したときは、その供託に係る債権を有する者に対し、その届出について催告しなければならないこととされます。

⑶　供託に係る債権を有する者を除外して配当を実施

催告を受けた供託に係る債権を有する者が、催告を受けた日から一定期間内に届出をしないときは、税務署長はその供託に係る債権を有する者を除外して供託金について換価代金等の配当を実施することができることとされます。

⑷　その他

その他、所要の措置が講じられます。

[長期間にわたり供託金の配当がされない事態へ対応するための配当手続の整備]

【現行】
○ 滞納処分による差押えが行われた場合、その差押財産から配当を受けるべき債権者に直ちに配当を行えないときは、配当の額に相当する金銭を供託する必要がある。
○ 税務当局がこの供託金について配当を行う際、「供託に係る債権者」が必要な手続を行わない場合には長期間にわたって「他の債権者」に配当を行うことができない事態が生じることが課題。

【見直し案】
○ 必要な手続を行わない「供託に係る債権者」を除外して配当手続を進めることを可能とするため、民事執行法の改正により整備された「長期間にわたり供託金の配当がされない事態へ対応するための措置」と同様に、以下の見直しを行うほか、所要の措置を講ずる。
⑴ 「供託に係る債権者」は、その供託の事由が消滅したときは、直ちに、その旨を税務当局に届け出なければならないこととする。
⑵ 税務当局は、供託後、上記の届出がされることなく2年を経過したときは、その「供託に係る債権者」に対し、届出をすべき旨を催告しなければならないこととする。
⑶ 上記の催告を受けた日から14日以内に届出をしないときは、その「供託に係る債権者」を除外して配当を実施する。

《現行》

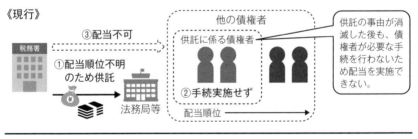

《見直し案》

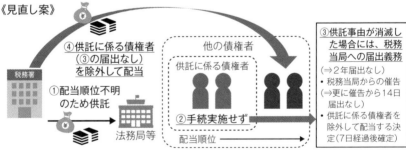

（自由民主党税制調査会資料）

❸ 実務のポイント

　供託とは、供託者が供託物（金銭・有価証券・振替国債等）を国家機関である供託所に提出してその管理を委ね、供託所を通じて、債権者等の特定の相手に取得させることにより、一定の法律上の目的を達成しようとする制度をいいます。

　しかしながら、供託については、事後的に供託の事由が消滅したときに、供託金について配当を実施することとされていますが、債権者が必要な手続を行わないために、長期間にわたっていつまでも配当を実施することができず、他の債権者が配当を受けることできないという事態が生じており、このような事態を解消するための方策を検討する必要がありました。

　供託の事由が消滅したときは、その旨を税務署長に届け出なければならないことにより、期限が設けられるため、他の債権者に配当を行えることが期待できます。

9　学資支給金に係る国税の滞納処分による差押禁止措置の整備

Question

　学資支給金に係る国税の滞納処分による差押禁止措置について
どのような見直しが行われるのでしょうか。

　Ａ　引き続き国税の滞納処分による差押えが禁止されます。

ここが変わる

　独立行政法人日本学生支援機構法の学資支給金について、所要の法令
改正を前提に、引き続き国税の滞納処分による差押えが禁止されること
となります。

適用時期

　今後公表される法令等により、ご確認ください。

解　　説

❶　改正の背景

　独立行政法人日本学生支援機構法（以下「JASSO法」という）の一
部を改正する法律（平成29年法律第9号）により、特に優れた学生等
であって経済的理由により極めて修学に困難があるものと認定された者
に対して、新たに学資支給金（いわゆる給付型奨学金）が支給されるこ
ととなりました。
　高等教育への進学に係る費用については、所得の多寡にかかわらず相
当の額が必要とされるため、低所得世帯ほど所得に対する進学費用の割

合が高く、その経済的負担が重くなっている中で、意欲と能力があるにもかかわらず、経済的事情により進学を断念せざるを得ない者が存在する状況となっており、学資支給金は、こうした進学を断念せざるを得ない者の進学を後押しすることを目的として支給されるものです。

一方で、国税における差押禁止の規定の趣旨は、差押禁止財産は、一般に債務者及びその家族の最低生活の保障や、債務者の生業の維持等の社会政策的な配慮から設けられています。一般の差押禁止財産については、国税徴収法75条に定められていますが、その他特別法の立法目的に照らして、それぞれ特別法の規定により差押禁止財産（差押禁止規定）が定められており、JASSO法もその特別法の一つとして位置づけられています。

こうした趣旨を踏まえて、給付型奨学金制度が創設された平成29年度税制改正及び高等教育の就学支援新制度が創設された令和元年度税制改正により、学資支給金については、国税の滞納処分による差押えを禁止する措置が講じられてきました。

❷ 改正の内容

大学等に通う学生等に対して給付型奨学金の支給と授業料等減免を併せて実施する「高等教育の修学支援新制度」について、令和6年4月から中間所得層の多子世帯や理工農系の学部・学科に通う学生等に授業料等減免措置及び給付型奨学金の対象を拡大することとしており、この拡大対象者への給付型奨学金についても、現行制度と同様に国税の差押えが禁止されます（JASSO法17の5）。

❸ 実務のポイント

本改正は、「教育未来創造会議「我が国の未来をけん引する大学等と社会の在り方について（第一次提言）（令和4年5月10日）」」、「経済財政運営と改革の基本方針2022（令和4年6月7日）」、「こども未来戦略方針（令和5年6月13日）」及び「経済財政運営と改革の基本方針2023（令和5年6月16日）」等に基づいて行われるJASSO法の改正に伴って講じられる措置です。

新たに拡大される対象者への学資支給金についても、現行制度（授業

料等減免及び給付型奨学金）の枠組みの中で行われるものであり、改正前の学資支給金と同様に、国税の滞納処分による差押えを禁止することにより、中間所得層の学生等のうち比較的経済的負担の大きい多子世帯や、私立理工農系の学生等についての支援が拡充されることが期待され、政府としての大きな課題である少子化対策及びデジタルやグリーンなどの成長分野の振興に資するという目的の達成に貢献することが期待できます。

第3編

検討事項

検討事項

令和6年度税制改正大綱において、下記の検討事項が挙げられています。

❶ 年金課税

> 　年金課税については、少子高齢化が進展し、年金受給者が増大する中で、世代間及び世代内の公平性の確保や、老後を保障する公的年金、公的年金を補完する企業年金を始めとした各種年金制度間のバランス、貯蓄・投資商品に対する課税との関連、給与課税等とのバランス等に留意するとともに、平成30年度税制改正の公的年金等控除の見直しの考え方や年金制度改革の方向性、諸外国の例も踏まえつつ、拠出・運用・給付を通じて課税のあり方を総合的に検討する。

　年金課税については、拠出・運用・給付の各段階を通じた適正かつ公平な税負担を確保することが求められており、諸外国においては、我が国のような年金収入に対する大幅な控除はなく、拠出段階、給付段階のいずれかで課税される仕組みとなっている例もあることから、これらを参考に、世代内・世代間の公平性を確保しつつ、人生100年時代といわれる現代社会において、働き方やライフコースが多様化する中、働き方の違いによって有利・不利が生じない公平な税制の構築という観点から、年金課税のあり方については、引き続き、総合的に検討することになります。

　なお、今般の税制改正大綱においても、私的年金等に関する公平な税制のあり方について触れられており、退職金や私的年金の給付に係る課

税について中立性が確保されていないという点や、退職所得課税について勤続年数が20年を超える部分の退職所得控除額が現代社会における雇用の流動化、転職などの増加に対応していないという点を例に挙げ、年金等に関する課税のあり方は、老後の生活設計に密接に関係することを十分に踏まえつつ、拠出・運用・給付の各段階を通じた適正かつ公正な税負担を確保できる包括的な見直しが必要であるとしています。

❷ デリバティブ取引に係る金融所得課税の一体化

　デリバティブ取引に係る金融所得課税の更なる一体化については、意図的な租税回避行為を防止するための方策等に関するこれまでの検討の成果を踏まえ、総合的に検討する。

　我が国における個人投資家による成長資金の供給は、株式や公募投資信託などの現物取引が主流となっていますが、ヘッジ手段や分散投資の目的となるデリバティブ取引について、これを損益通算の対象に追加する方向で投資環境の整備を進めることができれば、投資手段の幅が広がり、家計による成長資金の供給を通じた経済成長の促進と、成長の果実の分配を通じた家計の資産形成という経済の好循環へのさらなる寄与が期待できることになります。

　他方で、デリバティブ取引を損益通算の対象に追加する場合に想定される租税回避として、ストラドル取引（デリバティブ取引の「売建取引」と「買建取引」を両建てした上で、損失があるポジションのみを実現損として損益通算する取引）があり、この防止策となり得る時価評価課税の導入検討及びその有効性の検証、また、個人投資家の利便性、税務当局や金融機関の実務といった執行面についても考慮しつつ、デリバティブ取引に係る金融所得課税の一体化（損益通算の拡大）について、総合的な検討をすることになります。

❸ 小規模企業等に係る税制

　小規模企業等に係る税制のあり方については、働き方の多様化を

踏まえ、個人事業主、同族会社、給与所得者の課税のバランスや勤労性所得に対する課税のあり方等にも配慮しつつ、個人と法人成り企業に対する課税のバランスを図るための外国の制度も参考に、正規の簿記による青色申告の普及を含め、記帳水準の向上を図りながら、引き続き、給与所得控除などの「所得の種類に応じた控除」と「人的控除」のあり方を全体として見直すことを含め、所得税・法人税を通じて総合的に検討する。

　小規模企業等に係る税制のあり方については、例えば、個人事業主と実質的１人会社の課税上の不公平が長らく問題視されています。実質的１人会社において、事業主報酬の損金算入が認められ、かつ、一定の給与所得控除が受けられるという制度と、個人事業主課税とのバランスを図るため、外国の制度も参考に、今後の個人所得課税改革において給与所得控除などの「所得の種類に応じた控除」と「人的控除」のあり方を全体として見直すことを含め、所得税・法人税を通じた幅広い観点から総合的に検討することになります。

❹　相続税の物納制度

　いわゆる「老老相続」や相続財産の構成の変化など相続税を取り巻く経済社会の構造変化を踏まえ、納税者の支払能力をより的確に勘案した物納制度となるよう、延納制度も含め、物納許可限度額の計算方法について早急に検討し結論を得る。

　我が国では、高齢化の進展に伴い、高齢な親や配偶者、兄弟姉妹が死去して年老いた子などが相続人となるいわゆる「老老相続」の増加によって、年老いた世代に資産が偏在しており、また、相続財産の構成の変化や近年の税制改正など、相続税を取り巻く経済社会の構造は大きく変わってきています。
　高齢の親が亡くなった際に、相続により、不動産等の財産が承継されても、年老いた相続人は既に財産のほとんどを金銭から不動産等にシフトしている場合など、多額の相続税額を金銭で納付することが困難であ

るようなケースでは、一定の要件の下で、金銭納付の例外として物納制度が措置されています。

　他方で、現行の物納制度は、延納によっても金銭で納付することが困難な金額の範囲内でしか認められず、物納に充てることのできる財産の種類にも一定の制限があるなど、制度適用の利便性の乏しさから、納税者の利用実績も限定的となっているのが実情です。相続税が、財産税の性格を有しているという見地から、キャッシュが乏しくとも課税がなされるという点を鑑みると、納税者が利用しやすい物納制度の環境を整備していくことが必須であるため、納税者の支払能力をより的確に勘案した制度となるよう、延納制度も踏まえた上で、物納許可限度額の計算方法などについて、早急に検討をし結論を得ることとされています。

❺　自動車関係諸税のあり方

　自動車関係諸税の見直しについては、日本の自動車戦略やインフラ整備の長期展望を踏まえるとともに、「2050年カーボンニュートラル」目標の実現に積極的に貢献するものでなければならない。その上で、自動車の枠を超えたモビリティ産業の発展に伴う経済的・社会的な受益者の広がりや保有から利用への移行、地域公共交通へのニーズの高まり、CASEに代表される環境変化にも対応するためのインフラの維持管理・機能強化の必要性等を踏まえつつ、国・地方を通じた財源を安定的に確保していくことを前提に、受益と負担の関係も含め、公平・中立・簡素な課税のあり方について、中長期的な視点に立って検討を行う。その際、電気自動車等の普及や市場の活性化等の観点から、原因者負担・受益者負担の原則を踏まえ、また、その負担分でモビリティ分野を支え、産業の成長と財政健全化の好循環の形成につなげるため、利用に応じた負担の適正化等に向けた具体的な制度の枠組みについて次のエコカー減税の期限到来時までに検討を進める。また、自動車税については、電気自動車等の普及等のカーボンニュートラルに向けた動きを考慮し、税負担の公平性を早期に確保するため、その課税趣旨を適切に踏まえた課税のあり方について、イノベーションの影響等の多面的な観点も含め、関係者の意見を聴取しつつ検討する。

検討事項

約550万人の雇用を創出するなど日本経済の基幹産業である自動車産業は、グローバルでの熾烈な競争環境の下で、CASEに代表される100年に一度ともいわれる大変革に直面しています。具体的には、電気自動車の普及や内燃機関自動車に対する規制強化にみられる脱炭素の要請への対応、保有から利用への移行、ネットワーク接続された自動車を中心とした自動運転技術の登場といった動きが挙げられており、これらの動きは、自動車産業に変質を迫ると同時に、より多様な産業が自動車産業に関連付けられていくということを意味しています。こうした関連産業を含めたモビリティ産業が社会課題の解決に貢献し、引き続き日本経済を牽引する存在であり続けるためには、モビリティ産業の発展に向けた青写真を描き上げ、その中で自動車産業のあるべき姿を再定義した上で、この大変革への対応に臨む必要があるということが示されています。

　税制面においては、さらなる電動化を始めとするこれらの変革に向けた自動車産業の対応を後押しするとともに、モビリティ産業の広がりを踏まえたものとしていくため、抜本的な見直しに向けた第一歩を踏み出す必要があり、加えて、2050年のカーボンニュートラルの達成に向けて、多様な選択肢の下、将来の合成燃料の内燃機関への活用も見据え、電気自動車等の普及と競争力強化に引き続き取り組むことが求められることとなります。

　今後の自動車関係諸税における見直しに当たっては、日本の自動車戦略やインフラ整備の長期展望、2050年カーボンニュートラルへの貢献等を踏まえ、CASEを代表とする技術やサービスでの大変革、これに伴う受益と負担の関係も含め、国・地方を通じた財源を安定的に確保していくことを前提に、公平・中立・簡素な課税のあり方について、中長期的な視点に立った検討をすることになります。

❻　原料用石油製品等に係る免税・還付措置の本則化

　原料用石油製品等に係る免税・還付措置の本則化については、引き続き検討する。

我が国の現行制度においては、揮発油税、地方揮発油税及び石油石炭税について、課税対象物が石油化学製品等の製造プロセスに不可欠な原料用途等として使用される場合に、租税特別措置として、これを免税又は還付とする措置が講じられています。

　他方、諸外国においては、原料用の揮発油、石油、石炭については、特別措置による免税・還付ではなく、非課税措置が講じられていることから、課税環境の国際的なイコールフッティングを確保することで、産業の空洞化の回避及び国際競争力の維持・強化等を図る必要があり、これらの免税・還付措置については、非課税化を含めた本則化へ向けた検討をすることになります。

❼　帳簿等の税務関係書類の電子化

> 　帳簿等の税務関係書類の電子化を推進しつつ、納税者自らによる記帳が適切に行われる環境を整備することは、申告納税制度の下における適正・公平な課税の実現のみならず、経営状態の可視化による経営力の強化、バックオフィスの生産性の向上のためにも重要である。これに鑑み、記帳水準の向上、トレーサビリティの確保を含む帳簿の事後検証可能性の確立の観点から、納税者側での対応可能性や事務負担、必要なコストの低減状況も考慮しつつ、税務上の透明性確保と恩典適用とのバランスも含めて、複式簿記による記帳や優良な電子帳簿の普及・一般化のための措置、記帳義務の適正な履行を担保するためのデジタル社会にふさわしい諸制度のあり方やその工程等について更なる検討を早急に行い、結論を得る。その際、取引に係るやり取りから会計・税務までデジタルデータで処理することで、納税者側の事務負担の軽減等及び適正・公平な課税・徴収の実現を図る観点を踏まえることとする。

　記帳水準の向上は、適正な税務申告の確保のみならず、経営状態の可視化による経営力の強化やバックオフィスの生産性向上、金融機関との資金繰り相談や取引関係の構築などにおける信頼の確保・向上の観点からも重要であり、また、会計ソフトなどのICT技術の活用によって、簿

記会計の専門知識を有さない納税者においても、大きな手間や費用をかけずに複式簿記による記帳や帳簿等の電子化を行うことが可能な環境が整ってきており、複式簿記による記帳を更に普及・一般化させる方向で、納税者側での対応可能性も十分踏まえつつ、所得税の青色申告制度の見直しを含めた記帳水準向上についての議論を進めていくことになります。

　また、正確な記録及びトレーサビリティが確保された会計帳簿の保存は、会計監査や税務調査における事後検証可能性の観点に加え、内部統制や対外的な信頼性確保の観点からも重要であることから、既存のインセンティブ措置に加えて、融資審査等における帳簿の活用範囲の拡大や税務調査におけるさらなるデジタル技術の活用などを通じて、納税者における優良な電子帳簿の利用を促していくことが望ましく、あわせて、必要な機能を充足した会計ソフトの低価格化の見通しなどをはじめ、納税者において優良な電子帳簿の保存に対応するためのコストや事務負担の低減可能性について、関係者との意見交換等を通じた見極めを行いつつ、優良な電子帳簿の普及・一般化に向けた措置の検討を早急に行い、結論を得ることとされています。

❽　事業税における社会保険診療報酬に係る実質的非課税措置等

　　事業税における社会保険診療報酬に係る実質的非課税措置及び医療法人に対する軽減税率については、税負担の公平性を図る観点や、地域医療の確保を図る観点から、そのあり方について検討する。

　「社会保険診療報酬に係る事業税の非課税措置」については、我が国の国民皆保険制度の下において、社会保険診療は国民に必要な医療を提供するという極めて高い公共性を有するものであることを前提に措置されており、また、「医療法人の自由診療に係る事業税の軽減措置」については、地域における医療提供体制の中核を担う医療法人について、経営基盤の強化に資することで、医療事業の安定性・継続性を高め、良質かつ適切な医療を提供する体制を確保すべく措置されたところ、医療事業を取り巻く環境の変化等を踏まえつつ、そのあり方について検討をす

ることになります。

❾ 電気供給業及びガス供給業に係る外形標準課税のあり方

　電気供給業及びガス供給業に係る収入金額による外形標準課税については、地方税体系全体における位置付けや個々の地方公共団体の税収に与える影響等を考慮しつつ、事業環境や競争状況の変化を踏まえて、その課税のあり方について、引き続き検討する。

　電気供給業及びガス供給業に係る収入金額による外形標準課税については、電気供給業及びガス供給業を取り巻く事業環境や他業種との競争力からの観点、これまでの改正点を踏まえ地方公共団体の税収に与える影響、地方税体系全体における位置づけや公平性の観点から、その課税のあり方について、引き続き検討をすることになります。

❿ 新築住宅に係る固定資産税の税額の軽減措置

　新築住宅に係る固定資産税の税額の軽減措置については、社会経済の情勢等を踏まえ、安全安心な住まいの実現など住生活の安定の確保及び向上の促進に向け国として推進すべき住宅政策との整合性を確保する観点から、地方税収の安定的確保を前提に、そのあり方について検討する。

　住宅価格は年々上昇傾向にあり、その取得環境は厳しい状況が続いているところ、住宅取得者の初期投資の軽減を通じて良質な住宅の建設を促進し、居住水準の向上及び耐震基準や省エネルギー基準を達成する良質な住宅ストックの形成を図る政策（住生活基本計画：令和3年3月19日閣議決定）を税制面からも後押しするべく、一定の要件を満たす新築住宅に対して課する固定資産税額の2分の1を軽減する措置については、引き続きその期限を2年延長することが今般の税制改正大綱に盛り込まれています。

　他方で、経済等の東京一極集中により、人口数や新規住宅の建設数等

検討事項

[新築住宅に係る税額の減額措置の延長（固定資産税）]

　住宅取得者の初期負担の軽減を通じて、良質な住宅の建設を促進し、居住水準の向上及び良質な住宅ストックの形成を図るため、新築住宅に係る固定資産税の減額措置を2年間延長する。

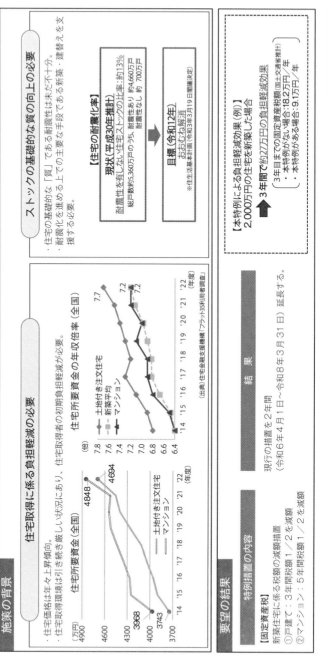

施策の背景

住宅取得に係る負担軽減の必要

・住宅価格は年々上昇傾向。
・住宅取得環境は引き続き厳しい状況にあり、住宅取得者の初期負担軽減が必要。

住宅所得要資金（全国）

（万円）
4900
4694 / 4848
4600
4300
3968
4000
3743
3700
'14 '15 '16 '17 '18 '19 '20 '21 '22（年度）

　─ 土地付き注文住宅
　─ マンション

住宅所得要資金の年収倍率（全国）

（倍）
7.8　　　　　　7.7
7.6
7.4　　　　　　7.2
7.2　　　　　　7.2
7.0
6.8
6.6
6.4
'14 '15 '16 '17 '18 '19 '20 '21 '22（年度）

　─◆ 土地付き注文住宅
　─ 新築平均
　─▲ マンション

（出典）住宅金融支援機構「フラット35利用者調査」

ストックの基礎的な質の向上の必要

・住宅の基礎的な「質」である耐震性は未だ不十分。
・耐震化を進める上での主要な手段である新築・建替えを支援する必要。

【住宅の耐震化率】

現状（平成30年推計）
耐震性を有しない住宅ストックの比率：約13%

総戸数約5,360万戸のうち　耐震性あり 約4,660万戸
　　　　　　　　　　　　　耐震性なし 約 700万戸

↓

目標（令和12年）
おおむね解消

※住生活基本計画（令和3年3月19日閣議決定）

要望の結果

特例措置の内容

【固定資産税】
新築住宅に係る税額の減額措置
①戸建て：3年間税額1／2を減額
②マンション：5年間税額1／2を減額

結果

現行の措置を2年間
（令和6年4月1日～令和8年3月31日）延長する。

【本特例による負担軽減効果（例）】
2,000万円の住宅を新築した場合

3年間で約27万円の負担軽減効果

3年目までの固定資産税額（国土交通省推計）
　本特例がない場合：18.2万円／年
　本特例がある場合：9.1万円／年

（国土交通省資料）

の地域間格差が続く中、国として推進すべき住宅政策との整合性を確保する観点から、地方税収の安定的確保を踏まえて、本軽減措置のあり方について検討をすることとされています。

◆著者略歴

編著者

成田　一正（なりた　かずまさ）

　東京都生まれ。明治大学経営学部卒業。東京税理士会理事、東京税理士会日本橋支部研修部長などを歴任。現在、日本税務会計学会相談役。税理士法人おおたか特別顧問として、企業や個人に対するタックス・プランニングの指導などコンサルティング業務に従事。

　著書等：『事業承継・自社株対策の実践と手法』（日本法令・共著）、『企業組織再編税制の解説』（日本法令・共著）、『認定医療法人制度と医業承継対策』（法令出版・共著）、『危ない民事信託の見分け方』（日本法令・共著）、『民事信託ワークブック』（法令出版・共著）、『民事信託を活用するための基本と応用』（大蔵財務協会・共著）、『賃貸アパートマンションの民事信託実務』（日本法令・共著）ほか

■事務所：税理士法人おおたか

　〒103-0002　東京都中央区日本橋馬喰町1丁目1番地2号　ゼニットビル

ホームページ　http：//www.ootaka.or.jp/

執筆者

中島　孝一（なかじま　こういち）

　東京都生まれ。現在、中島税理士事務所・所長、日本税務会計学会・相談役、東京税理士会・会員相談室運営委員、日本税務研究センター・税務相談室相談員。

　著書等：『税制改正と税理士の心得』（税務経理協会）、『税賠保険事故から学ぶ科目別税理士実務の落とし穴』（ぎょうせい）、『最新　賃上げ促進税制のすべて』（日本法令・共著）、『新型コロナ・災害対応の税務申告マニュアル』（ぎょうせい）、『相続税実務の"鉄則"に従ってはいけないケースと留意点』（清文社・共著）、『「事業承継税制の特例」完全ガイド』（税務研究会・共著）、『改訂版 資産をめぐる複数税目の実務』（新日本法規・共著）、『租税基本判例80』（日本税務研究センター・共著）ほか

■事務所：中島税理士事務所

　〒120-0034　東京都足立区千住1丁目30番3号503

飯塚　美幸（いいづか　みゆき）

　静岡県生まれ。静岡大学人文学部卒業。平成7年エクスプレス・タックス㈱・飯塚美幸税理士事務所設立、平成22年松木飯塚税理士事務所設立。平成25年松木飯塚税理士法人設立。資産税関係のコンサルティングを中心業務とする。税理士・中小企業診断士。事業承継協議会会員、不動産コンサルティング登録技能士試験委員。（公社）日本証券アナリスト協会PB教育委員会委員。

　著書等：単著：『令和3年度税制改正対応　税理士のための相続税Q&A―贈与税の特例』（中央経済社）、『平成30年度税制改正対応版　目的別生前贈与

のポイントと活用事例』（新日本法規）、『新版　小規模宅地特例—実務
で迷いがちな複雑・難解事例の適用判断』（清文社）、『財産を殖やす相
続対策プログラム』（日本法令）、共著：『税制改正と資産税の実務
Q&A』（清文社）、『最新相続税の物納実務取扱い事例Q&A』（日本法令）、
『新版「資本の部」の実務』（新日本法規出版）、監修：『不動産税制の
手引き』、『宅地建物取引士法定研修テキスト』各年度版（公財）不動産
流通推進センター）ほか

■事務所：松木飯塚税理士法人
　〒107-0051　東京都港区元赤坂1丁目3番10-1910号
　ホームページ　http：//www.mi-cpta.com/
　ブログ　資産税の税理士ノート　https：//expresstax.exblog.jp

市川　康明（いちかわ　やすあき）

　東京都生まれ。東海大学工学部卒業。税理士法人おおたか副代表・社員税理士。
　著書等：『事業承継税制ハンドブック』（東京商工会議所・共著）、『土地建物の譲
　　　　　渡所得Q&A』（税務経理協会・共著）、『贈与税の基本と特例Q&A』（税
　　　　　務経理協会・共著）、『事業承継を成功させる自社株承継の実務』（税務
　　　　　経理協会・共著）
■事務所：税理士法人おおたか

西野　道之助（にしの　みちのすけ）

　東京都生まれ。中央大学経済学部卒業。日本税務会計学会常任委員、東京税理士
会・会員相談室電話相談委員。
　著書等：『最新　賃上げ促進税制のすべて』（日本法令・共著）、『相続税実務の"鉄
　　　　　則"に従ってはいけないケースと留意点』（清文社・共著）、『「事業承継
　　　　　税制の特例」完全ガイド』（税務研究会・共著）、『改訂版資産をめぐる
　　　　　複数税目の実務』（新日本法規・共著）ほか
■事務所：税理士　西野会計事務所
　〒110-0016　東京都台東区台東1-12-10　小守ビル3F

松木　愼一郎（まつき　しんいちろう）

　兵庫県生まれ。中央大学卒業。
　税理士・宅地建物取引士。
■事務所：松木飯塚税理士法人

松木　眞美（まつき　まみ）

　東京都生まれ。日本大学経済学部卒業。
　税理士・宅地建物取引士・賃貸不動産経営管理士。
■事務所：松木飯塚税理士法人

佐々木　京子（ささき　きょうこ）

　東京都生まれ。学習院大学経済学部卒業。税理士法人平川会計パートナーズ・税
理士。
　著書等：『消費税　複数税率の申告実務−区分経理からインボイスまで−』（ぎょ

うせい)、『法人税　税務証拠フォーム作成マニュアル』(日本法令・共著)、『改訂版　資産をめぐる複数税目の実務』(新日本法規・共著)、『業種別税務・会計実務処理マニュアル』(新日本法規・共著)、『中小企業会計指針の入門P&A』(税務経理協会・共著)、『地方税Q&A』(大蔵財務協会・共著)

■事務所：税理士法人平川会計パートナーズ
　　〒101−0021　東京都千代田区外神田6丁目9番6号
　ホームページ　http：//www.hirakawa-tax.co.jp/

高野　雅之 (たかの・まさゆき)

新潟県生まれ。中央大学商学部卒業。税理士法人スバル合同会計長岡事務所　所長
著書等：『業種別税務・会計実務処理マニュアル』(新日本法規・共著)、『相続税の"鉄則"に従ってはいけないケースと留意点』(清文社・共著)、『目的別　相続対策選択ガイドブック』(新日本法規・共著)

■事務所：税理士法人スバル合同会計　長岡事務所
　　〒940-0094　新潟県長岡市中島1丁目11番20号

若山　寿裕 (わかやま　としひろ)

東京都生まれ。明治大学商学部卒業。税理士法人TOC英和・社員税理士。
著書等：『最新　賃上げ促進税制のすべて』(日本法令・共著)、『目的別　相続対策選択ガイドブック』(新日本法規出版・共著)、『相続税実務の"鉄則"に従ってはいけないケースと留意点』(清文社・共著)、『民事信託実務ハンドブック』(日本法令・共著)、『「事業承継税制の特例」完全ガイド』(税務研究会・共著)、『取引相場のない株式の評価　完全入門 (改訂版)』(税務経理協会・共著)、『よくわかる民事信託—基礎知識と実務のポイント』(ビジネス教育出版社・共著) ほか

■事務所：税理士法人TOC英和　東簗瀬
　　〒321−0925　栃木県宇都宮市東簗瀬1丁目7番地3

佐久間　美亜 (さくま　みあ)

東京都生まれ。大妻女子大学社会情報学部卒業。現在、ゆずりは税理士事務所・所長。日本税務会計学会・会計部門特別委員、日本税務研究センター・相談事例小委員会委員。
著書等：『2023年対応　Q&A確定申告』(ビジネス教育出版社・共著)、『目的別相続対策選択ガイドブック』(新日本法規・共著)、『相続税の"鉄則"に従ってはいけないケースと留意点』(清文社・共著)、『事業承継税制ナビ』(税務経理協会・共著)、『法人税　税務証拠フォーム作成マニュアル』(日本法令・共著)、『業種別税務・会計実務処理マニュアル』(新日本法規出版・共著)

■事務所：ゆずりは税理士事務所
　　〒135−0048　東京都江東区門前仲町1丁目5番12号　船山ビル2階
　ホームページ　https://office-yuzuriha.com/

塩野　貴史（しおの　たかし）

東京都生まれ。青山学院大学理工学部卒業。現在、塩野貴史税理士事務所・所長。

■事務所：塩野貴史税理士事務所

　〒135-0004　東京都江東区森下1丁目8番6号　305号

深津　栄一（ふかつ　えいいち）

東京都生まれ。東洋大学経営学部卒業。税理士法人おおたか・代表社員。

著書等：『事業承継を成功させる自社株承継の実務』（税務経理協会・共著）

■事務所：税理士法人おおたか

望月　麻衣子（もちづき　まいこ）

神奈川県生まれ。税理士法人おおたか・社員税理士。

著書等：『土地建物の譲渡所得Q&A』（税務経理協会・共著）、『贈与税の基本と
　　　　特例Q&A』（税務経理協会・共著）、『事業承継を成功させる自社株承継
　　　　の実務』（税務経理協会・共著）

■事務所：税理士法人おおたか

阿部　雅樹（あべ　まさき）

北海道生まれ。税理士法人おおたか・社員税理士。日本税務会計学会常任委員
（会計部門）。

著書等：『事業承継を成功させる自社株承継の実務』（税務経理協会・共著）

■事務所：税理士法人おおたか

荒川　大輔（あらかわ　だいすけ）

栃木県生まれ。駒澤大学経済学部卒業。税理士法人おおたか・税理士。

著書等：『事業承継を成功させる自社株承継の実務』（税務経理協会・共著）

■事務所：税理士法人おおたか

谷中　淳（やなか　あつし）

茨城県生まれ。学習院大学経済学部卒業。税理士法人おおたか・税理士。

著書等：『本業から不動産賃貸業への転換の税務』（税務経理協会）、『事業承継を
　　　　成功させる自社株承継の実務』（税務経理協会・共著）

■事務所：税理士法人おおたか

横山　直人（よこやま　なおと）

福島県生まれ。帝京大学大学院博士前期課程修了。税理士法人おおたか・税理士。

著書等：『事業承継を成功させる自社株承継の実務』（税務経理協会・共著）

■事務所：税理士法人おおたか

櫻井　佳子（さくらい　よしこ）

埼玉県生まれ。文京学院大学大学院経営学研究科修了。税理士法人おおたか・税
理士。

■事務所：税理士法人おおたか

今野　宏樹（こんの　ひろき）

　埼玉県生まれ。立教大学経済学部卒業。税理士法人おおたか・税理士。
■事務所：税理士法人おおたか

押川　浩之（おしかわ　ひろゆき）

　山梨県生まれ。税理士法人おおたか・税理士。
■事務所：税理士法人おおたか

執筆協力

鈴木　俊介（すずき　しゅんすけ）

　埼玉県生まれ。西野会計事務所所属。

髙田　京輔（たかた　きょうすけ）

　埼玉県生まれ。西野会計事務所所属。

令和6年度　よくわかる
税制改正と実務の徹底対策

平成 10 年 2 月 10 日　初 版 発 行
令和 6 年 2 月 20 日　6 年版発行

 日本法令 ®

検印省略

〒 101-0032
東京都千代田区岩本町1丁目2番19号
https://www.horei.co.jp/

編 著 者	成 田	一	正
著 者	中 島	孝	一
	飯 塚	美	幸
	市 川	康	明
	西 野	道之	助
発 行 者	青 木	鉱	太
編 集 者	岩 倉	春	光
印 刷 所	丸 井 工	文	社
製 本 所	国	宝	社

（営 業）　TEL　03-6858-6967　　E メール　syuppan@horei.co.jp
（通 販）　TEL　03-6858-6966　　E メール　book.order@horei.co.jp
（編 集）　FAX　03-6858-6957　　E メール　tankoubon@horei.co.jp

（オンラインショップ）　https://www.horei.co.jp/iec/
（お 詫 び と 訂 正）　https://www.horei.co.jp/book/owabi.shtml
（書籍の追加情報）　https://www.horei.co.jp/book/osirasebook.shtml

※万一、本書の内容に誤記等が判明した場合には、上記「お詫びと訂正」に最新情報を掲載し
　ております。ホームページに掲載されていない内容につきましては、FAX または E メールで編集まで
　お問合せください。

税理士業務、企業実務に役立つ情報提供Webサービス

税理士情報サイト

Tax Accountant Information Site

https://www.horei.co.jp/zjs/

税理士情報サイトとは

「業務に役立つ情報を少しでも早く入手したい」
「業務で使える規定や書式を手軽にダウンロードしたい」
「日本法令の商品・セミナーを割引価格で利用したい」
などといった税理士の方のニーズにお応えする、
"信頼"と"実績"の総合Webサービスです。

税理士情報サイト
Tax Accountant Information Site

税理士情報サイトの

1 税理士業務書式文例集

税理士事務所の運営に必要な業務書式はもちろん、関与先企業の法人化の際に必要となる定款・議事録文例、就業規則等各種社内規程、その他税務署提出書式まで、約500種類の書式が、編集・入力が簡単なWord・Excel・Text形式で幅広く収録されています。

●主な収録書式
各種案内・挨拶文例／業務処理書式／決算処理書式／税務署提出書式／労務書式／身元保証書等書式／取締役会議事録／株主総会議事録／売買契約書文例／賃貸借・使用貸借契約書文例／金銭消費貸借契約書文例／税理士法人関係書式／会計参与関係書式 ほか多数

2 ビジネス書式・文例集

企業の実務に必要となる書式、官庁への各種申請・届出様式、ビジネス文書、契約書等、2,000以上の書式・文例をWEB上でダウンロードすることができます(Microsoft Word・Microsoft Excel・PDF形式)。

●主な収録書式
社内外で必要とされるビジネス文書約600文例／契約書270文例／内容証明約470文例
会社規定19文例／各種申請書約800書式

3 電子書籍の無料提供

税理士にとって日頃の情報収集は必要不可欠。そこで、税理士情報サイトの有料会員向けに、年間に数冊、日本法令発刊の税理士向け書籍のWEB版(PDFファイル形式)を無料提供します。

4 ビジネスガイドWEB版

会社の総務・経理・人事で必要となる企業実務をテーマとした雑誌「月刊ビジネスガイド」のWEB版を無料で購読できます。

https://www.horei.co.jp/zjs/

お役立ちコンテンツ

5 税理士向け動画セミナー

無料会員向けの「セレクト動画」、有料会員向けの「プレミア動画」で、著名な税理士、弁護士、学者やその道のプロが、タイムリーなテーマを深く掘り下げてレクチャーします。いつでも時間が空いた時に視聴可能です。

6 税制改正情報ナビ

毎年度の税制改正に関する情報を整理し、詳しく解説します。税制改正に関する日々のニュース記事の配信と、日本法令刊『よくわかる税制改正と実務の徹底対策』WEB版、さらにはその著者による詳細な解説動画で、いち早く今年度改正の要点を押さえましょう！

7 税務判決・裁決例アーカイブ

税理士業務遂行上、さまざまな税務判断の場面で役立てたいのが過去の税務判決・裁決例。ただ、どの事例がどこにあるのか、探すのはなかなか一苦労だし、イチから読むのは時間がかかる…。そこで、このアーカイブでは「キーワード検索」と「サマリー」を駆使することで、参照したい判決・裁決例をピンポイントで探し出し、スピーディーに理解することが可能となります。

8 モデルフォーム集

税理士業務におけるチェック漏れによるミスを未然に防ぐため、さまざまな税務のチェック表、確認表、チェックリストほか、日常業務で活用できるオリジナルのモデルフォーマットを提示します。

9 弊社商品の割引販売

日本法令が制作・販売する書籍、雑誌、セミナー、DVD商品、様式などのすべての商品・サービスをZJS会員特別価格〈2割引き〉で購入できます。高額な商品ほど割引額が高く、お得です！

税理士情報サイト
Tax Accountant Information Site

会員限定無料動画シリーズ

大淵博義教授×三木義一教授
税務判例批評

大淵博義中央大学名誉教授と三木義一青山学院大学名誉教授が
最近の注目判決について語り尽くす！

第9回 　最高裁平成30年9月25日判決
　　　　──理事長の債務免除益の賞与認定と納税告知処分の是非
第10回　札幌地裁令和5年10月4日判決
　　　　──長期間放置され、公売された建物の固定資産税評価額
第11回　東京高裁令和4年8月25日判決等
　　　　──調査終了時の説明義務懈怠と課税処分の効力

税理士情報サイトで、続々配信！

税理士情報サイト　お申込みの手順

① WEB で「税理士情報サイト」を検索
② トップページ右上の「新規会員登録」をクリック
③ 「無料会員登録」or「有料会員登録」を選択

[無料会員登録]

④ 「個人情報方針」への「同意」をチェックして「申込ページ」へ。
⑤ お名前とメールアドレスを入力して、お申込み完了。
⑥ お申込みを確認後、ご登録いただいたメールアドレス宛に、「ログイン ID（会員番号）：弊社が設定した 5 ケタの半角数字」と「パスワード：お客様が設定した 8 文字以上の半角英数字」をご連絡いたします。

[有料会員登録]

有料会員年会費　税込 **29,700** 円

④ 「個 人 情 報 方 針」、「会 員 規 約」、「Japplic 利用規約」への「同意」をチェックして「申込フォーム」へ。
⑤ 入会申込フォームに必要事項を入力、お申込み。
⑥ お申込みを確認後、弊社から請求書と郵便振込用紙（払込取扱票）をお送りいたしますので、所定の年会費をお振り込みください。お振込みを確認後、ご登録いただいたメールアドレス宛に、「ログイン ID（会員番号）：弊社が設定した 5 ケタの半角数字」と「パスワード：お客様が設定した 8 文字以上の半角英数字」をご連絡いたします。

日本法令　お問合せ
〒101-0032　東京都千代田区岩本町1-2-19
　　　　　　株式会社日本法令　ZJS会員係
　　　　　　電話：03-6858-6965 FAX：03-6858-6968
　　　　　　Eメール：sjs-z@horei.co.jp